温故知新

例说中国文化往事

党明放 编著

中国书籍出版社
China Book Press

图书在版编目（CIP）数据

温故知新：例说中国文化往事 / 党明放编著. --北京：中国书籍出版社，2019.12
 ISBN 978-7-5068-7725-1

Ⅰ.①温… Ⅱ.①党… Ⅲ.①汉语—成语—典故 Ⅳ.①H136.31

中国版本图书馆CIP数据核字(2020)第004677号

温故知新：例说中国文化往事

党明放　编著

策　　划	游　翔
责任编辑	游　翔
责任印制	孙马飞　马　芝
封面设计	闰江文化
出版发行	中国书籍出版社
地　　址	北京市丰台区三路居路 97 号（邮编：100073）
电　　话	（010）52257143（总编室）　（010）52257140（发行部）
电子邮箱	eo@chinabp.com.cn
经　　销	全国新华书店
印　　刷	河北省三河顺兴印务有限公司
开　　本	787毫米×1092毫米　1/16
印　　张	23.25
字　　数	300千字
版　　次	2020年4月第1版　2020年4月第1次印刷
书　　号	ISBN 978-7-5068-7725-1
定　　价	49.00元

版权所有　翻印必究

目录
contents

文化典故

为学 / 2

不耻下问 / 3

脍炙人口 / 5

运筹帷幄 / 7

韦编三绝 / 10

约法三章 / 12

手不释卷 / 14

孟母三迁 / 17

凿壁偷光 / 20

江郎才尽 / 22

牛角挂书 / 24

悬梁刺股 / 27

抛砖引玉 / 30

程门立雪 / 32

行止 / 34

民惟邦本 / 35

唇亡齿寒 / 37

从善如流 / 40

百步穿杨 / 42

长袖善舞 / 45

破釜沉舟 / 47

卧薪尝胆 / 49

毛遂自荐 / 52

坚壁清野 / 55

萧规曹随 / 57

不为五斗米折腰 / 60

万事俱备，只欠东风 / 63

情感 / 65

结草衔环 / 66
伯乐一顾 / 68
老马识途 / 70
管鲍之交 / 72
高山流水 / 75
负荆请罪 / 78
举案齐眉 / 80
杜鹃啼血 / 83
红叶题诗 / 87
月下老人 / 92
闭月羞花 / 95
沉鱼落雁 / 98

讽喻 / 102

退避三舍 / 103
抱薪救火 / 105
掩耳盗铃 / 107
道听途说 / 109
明珠暗投 / 111
鸡鸣狗盗 / 113
以身试法 / 117
梁上君子 / 119
煮豆燃萁 / 121
黄粱一梦 / 124

诙谐 / 127

二桃杀三士 / 128
化干戈为玉帛 / 131
明修栈道，暗度陈仓 / 133
吴市吹箫 / 135
家喻户晓 / 138
攀龙附凤 / 140
一箭双雕 / 142
飞黄腾达 / 145
天衣无缝 / 148
弄巧成拙 / 151
金玉其外，败絮其中 / 153
解铃还需系铃人 / 155

际遇 / 157

众志成城 / 158
挟天子以令诸侯 / 161
图穷匕见 / 163
祸起萧墙 / 165
螳螂扑蝉，黄雀在后 / 167
过河拆桥 / 170
围魏救赵 / 172
项庄舞剑，意在沛公 / 174
成也萧何，败也萧何 / 177
大器晚成 / 179
请君入瓮 / 181

文坛掌故

为学 / 184
听诵舌耕 / 185
阚泽抄书 / 186
搓绳诵书 / 187
池塘草梦 / 188
织帘诵书 / 189
袁峻抄书 / 190
仰屋著书 / 191
意尽 / 192
推敲 / 193
锦囊诗草 / 194
诗瓢 / 195
快马追"而"字 / 196
摘叶书事 / 197
香漏验时 / 198
飞马索诗 / 199
脱裘换书 / 200
改诗成剧 / 201
名士回文诗 / 203

行止 / 207
鸣琴而治 / 208
鼓盆而歌 / 209
行吟泽畔 / 210

黄石传书 / 211
梁园盛会 / 212
负薪行歌 / 213
辞激义士 / 214
击鼓辱曹 / 215
借石喻冤 / 216
盘中诗 / 217
赋词殉国 / 218
黄耳传书 / 219
击壶擂鼓 / 220
奉酒纳谏 / 221
鼓乐催诗 / 222
赋诗谦让 / 223
赞楼得赏 / 224
曲水流觞 / 225
刻烛赋诗 / 226
负书候车 / 227
著史自名 / 228
朝宴妙论 / 229
约君以礼 / 230
老僧赠句 / 231
以诗加官 / 233
称量天下 / 234
醉醒书诏 / 236

千里鹅毛 / 237
醉写清平调 / 238
应声续诗 / 240
异曲同工 / 241
泥涂驿诗 / 242
谜考华佗 / 243
割毡奖学 / 244

妙对 / 245

足诗借眠 / 246
解解元妙对乐乐府 / 247
李梦阳巧对李梦阳 / 248
三难新郎 / 249
三难佛印 / 250
佳联得妻 / 252
题诗般若寺 / 254
巧对主考官 / 255
句对宾客 / 257
巧对天子 / 258
巧对知府 / 259
新科状元对宰相 / 260
双价买藕 / 261
闯席解谜 / 262
巧对叶梅开 / 263
巧对析字联 / 264
妙答乾隆 / 266
巧联对父 / 267

妙词设谜 / 268
村姑妙对 / 269
望江楼上 / 271
迎亲猜哑谜 / 272
联选佳婿 / 273
出谜考婿 / 275
联对表嫂 / 276

情感 / 277

诗感郎心 / 278
谜为媒 / 280
乘兴访友 / 281
对诗融情 / 282
璇玑图 / 283
题诗章台柳 / 285
王维买药 / 287
赋诗得妻 / 288
临风兴叹 / 289
夫妻回文诗 / 290
终当一别 / 291
诗结情缘 / 292
赠佣人新婚诗 / 293
情定《西江月》 / 294
幸嫁状元郎 / 295
神智体诗寄夫君 / 296
联语得妻 / 297
怨曲题扇 / 298

讽喻 / 299

讽诗获赏 / 300
弃琴赠文 / 301
且论禅道 / 302
一语镇知府 / 303
让棋失官 / 304
妄言疗疾 / 305
集句解嘲 / 306
联讽权贵 / 307
嘲讽二进士 / 308

诙谐 / 309

怪题考徒 / 310
风幡之辩 / 311
卒解铭文 / 312
乐天罢题 / 313
诗释帝怨 / 314
因梦改诗 / 315
气义助人 / 316
皮陆宴饮 / 317
奇句联诗 / 318
奇诗救友 / 319
燕词谢恩 / 320
以"迟"夺魁 / 321
因诗御宴 / 322
赋诗争席 / 323

句对老僧 / 324
题诗得园 / 325
一字丢状元 / 326
诗判从良 / 327
偷狗作赋 / 328
押蝗公文 / 329
荷爵莲杯 / 330
风流联句 / 332
巧对辽使 / 334
字谜求婚 / 335
编梦得妻 / 336
巧解题壁诗 / 337
只三句绝佳 / 338
醉后赋词 / 339
承恩侍宴 / 340
因诗遭贬 / 341
殿试得妻 / 342

际遇 / 343

吟诗巧辩 / 344
巧言避祸 / 345
贼窝赋诗 / 346
慧摽谀诗 / 347
黄台瓜辞 / 348
以诗失意 / 349
旗亭画壁 / 350
让诗脱祸 / 352

以诗惹祸 / 353	卖字葬友 / 360
日日得相见 / 355	刑场吟联 / 361
临刑唱归宿 / 356	凭棺赋诗 / 362
典衣获赦 / 357	自题诗谶 / 363
河东狮吼 / 358	添字易像 / 364
雁足系书 / 359	巧解三字免杀身 / 365

文化典故

为学

不耻下问

"不耻下问",语出《论语·公冶长篇第五》:子贡问曰:"孔文子何以谓之'文'也?"子曰:"敏而好学,不耻下问,是以谓之'文'也。"

孔子,是我国春秋时代伟大的思想家、教育家,儒家学派的创始人。他学识渊博,门下有弟子三千,七十二贤人。历代封建统治者都尊奉他为"圣人"。然而,孔子认为:无论什么人,包括他自己,都不是生下来就有学问的。

在当时,从民间的老百姓到朝中的王公大臣,甚至国君,凡遇到不懂的问题都喜欢向孔子请教。在他们的眼中,孔子简直就是无所不知、无所不晓的圣人。然而,孔子并没有因国人的极力推崇而骄傲自满,而是更加谦虚谨慎。

一次,孔子去太庙参加鲁国国君的祭祖典礼,他一进太庙,就向别人问这儿问那儿,包括祭祖典礼的事。差不多每件事都问到了。当时就有人在背后讥笑他,说他不懂礼仪,什么都要问。孔子听到这些议论后说:"对于不明白的事,问个明白,这正是我要求知礼的表现啊!如果明明不知道,却要假装知道,而耻于向别人请教,那就是我不懂礼仪了!"

孔子为了增长学问和见识,曾拜许多人为师。他跟苌弘学过音乐,跟师襄学过瑶琴,还跟老子学过《周礼》,在当时,苌弘、师襄这些人的名声远在孔子之下,但孔子却能向他们虚心请教,取长补短,学问日益精进。

那时,卫国有个大夫叫孔圉,为人正直,虚心好学,深受卫国国君的尊崇。当时社会有个习惯,在最高统治者或其他有地位的人死后,所给予的评价文字,叫谥号。按照这个习俗,孔圉死后,国君授予他

的谥号为"文"，所以，后来人们又称他为孔文子。

　　孔子有一个学生名叫子贡，也是卫国人。他认为孔圉有很多不足的地方，于是就去问孔子："老师，孔圉凭什么可以被称为'文'呢？"孔子微笑着回答："敏而好学，不耻下问，是以谓之'文'也。"意思是说：孔圉不把向职位比自己低、学问比自己差的人请教当成耻辱的事。说明他虚心好学。所以，可以用"文"字作为他的谥号。清代作家刘开《问说》："孔文子不耻下问，夫子贤之。"

脍炙人口

"脍炙人口",语出《孟子·尽心下》:"公孙丑问曰:'脍炙与羊枣孰美?'孟子曰:'脍炙哉!'公孙丑曰:'然则曾子何为食脍炙而不食羊枣?'曰:'脍炙所同也,羊枣所独也。讳名不讳姓,姓所同也,名所独也。'"

春秋时,鲁国有父子俩,父亲名叫曾点,字皙;儿子名叫曾参(约前505—前436),字子舆。他们父子二人都是孔子的学生,俱列孔门七十二贤。曾参以孝著称,据说,《孝经》即出自他手,《大戴礼记》有《曾子》十篇,相传《大学》也为他所著。曾参于鲁定公五年(前505)生于鲁国的南武城(今山东费县),比孔子小46岁,是孔子晚年的得意门生。他的思想主要承传孔子,他重视仁德,提倡孝道,主张内省。曾子说:"士不可以不弘毅,任重而道远。仁以为己任,不亦重乎!死而后已,不亦远乎!"曾子还提出了"吾日三省吾身:为人谋而不忠乎?与朋友交而不信乎?传不习乎?"(《论语·学而》)在曾子的思想中最为突出,影响也最大的是他的孝道思想。曾子的孝道思想符合后世当政者稳定社会秩序的需要,越来越被朝廷重视,曾子的社会地位和谥号,也随之被抬高,入"孔门十哲"之列,后被尊为"宗圣"。东汉明帝时,包括曾子在内的孔门弟子,就不断受到官府的祭祀。唐高宗时,封曾参为太子少保;唐玄宗时,封曾参为郕伯。到了宋代,又改"郕伯"为"郕侯",政和元年(1111),又封为"武城侯",咸淳三年(1267),又封为"郕国公"。元至顺元年(1330),更封为"宗圣公",至此,曾子的谥号达到了"圣"的高度,地位仅次于"复圣"颜渊。

父亲曾皙爱吃羊枣(一种野生果名。本名叫君迁,或君迁子。长椭圆形,初生色黄,熟则黑,似羊矢,俗称"羊矢枣"。俗名又叫牛奶柿。比柿子甜）；儿子曾参是个孝子，父亲死后，他不忍心吃羊枣。这件事情在当时被儒家弟子大为传颂。

到了战国时，孟子的弟子公孙丑对这件事不能理解，于是就向老师孟子请教。公孙丑问："老师，脍炙和羊枣，哪一样好吃？""当然是脍炙好吃，没有哪个不爱吃脍炙的！"公孙丑又问："既然脍炙好吃，那么曾参和他父亲也都爱吃脍炙了？可为什么曾参不戒吃脍炙，只戒吃羊枣呢？"孟子回答说："脍炙，是大家都爱吃的；羊枣的滋味虽比不上脍炙，但却是曾晳特别爱吃的东西。所以，曾参只戒吃羊枣。好比对长辈只忌讳叫名字，不忌讳称姓一样，姓有相同的，名字却是自己所独有的。"孟子的一席话，使公孙丑明白了其中的道理。

脍是细切的肉；炙是烤肉，皆为佳肴。脍炙人口，原指人人爱吃的美食，常用来比喻人人赞美的事物和传诵的诗文。唐末五代时王定保《唐摭言·海叙不遇》："李涛，长沙人也，篇咏甚著。如'水声常在耳，山色不离门'又'扫地树留影，拂床琴有声'又'落日长安道，秋槐满地花'皆脍炙人口。"唐代诗人林嵩《周朴诗集序》："一篇一咏，脍炙人口。"宋代《宣和书谱》卷十："（韩偓）所著歌诗颇多，其间绮丽得意者数百篇，往往脍炙人口。"现代诗人闻一多《歌与诗》："一部脍炙人口的《国风》与《小雅》，也是'三百篇'的最精彩部分，便是诗歌合作中最美满的成绩。"现代作家秦牧《花城》："一年一度的广州年宵花市，素来脍炙人口。"现代作家林语堂《红牡丹》："有一天他们到虎跑寺去喝茶，那儿的春水脍炙人口。"

运筹帷幄

"运筹帷幄",语出西汉司马迁的《史记·高祖本纪》:"夫运筹帷幄之中,决胜于千里之外,吾不如子房。"

张良(?—前189),字子房,贵族出身。相传为城父(今河南宝丰东)人。张良的爷爷和父亲都做过韩国的国相。韩国是被秦国灭亡的。张良还很小的时候,就立志要为韩国报仇。稍大的时候,他请人铸造了一个一百二十斤重的铁椎,以此招募天下最勇敢的大力士,其实,张良是在招募刺客。后来,他还真的招募到了一位,请刺客随同他一起去刺杀秦王嬴政。

有一天,秦始皇要巡行东方,张良便和那位刺客埋伏在一个名叫博浪沙(今河南原阳东南)的地方,当秦始皇的车队经过时,他和刺客奋起一击,可惜没有击中。传说,张良和刺客一起逃亡到了下邳(今江苏睢宁北),在这里,他遇到了黄石公,黄石公送给了他一部《太公兵法》。后来,刘邦起兵,他便聚众归顺了刘邦。

张良身体不甚健康,经常闹病。带兵作战的事从来没有过。尺有所短,寸有所长,但张良博学多才,远见卓识,曾为刘邦出了很多妙计,成为刘邦推翻秦王朝最得力的助手之一。张良、萧何、韩信名重当时,被誉为"兴汉三杰"。

秦朝灭亡后。张良劝刘邦应以天下为重,万万不可贪财恋色,又通过项伯出面缓解刘邦和项羽之间的矛盾。在鸿门宴上,使刘邦免遭杀身之祸。后来,张良又用财物贿赂项伯,为刘邦求得汉中之地。汉高祖刘邦元年(前206),张良为给刘邦的军事行动作掩护,假装投降韩王,以此麻痹项羽,达到了预期的结果。在楚汉战争的紧要关头,张良又向刘邦提出先拉拢英布,后联络彭越,同时器重韩信的抗楚方略。自刘邦和项羽达成鸿沟和议后,为了防止纵虎归山。他又建议刘

邦乘项羽依约退兵之机追击楚军，献计刘邦继续重赏韩信和彭越，让其死心塌地为刘邦效力。

公元前202年，与刘邦在经历了长达五年的楚汉战争之后，项羽终于败北，自刎乌江。刘邦在汜水（今山东曹县）之阳即位，建立了汉朝。随后，迁往关中，定都长安。

刘邦当了皇帝之后，先在洛阳南宫设宴招待文武大臣。席间，刘邦说："诸位不要瞒我，都要说真心话，我为什么能取得天下？而项羽又为什么会失去天下的呢？"刘邦的话音刚落，高起和王陵就马上回答说："项羽待人傲慢，陛下以仁厚之心爱护人才。陛下派人攻打城池，所夺取的土地就分封给大家，跟天下人共享利益。而项羽妒贤嫉能，有功的忌妒，有才能的怀疑，打了胜仗不给人家授功，夺得了土地不给人家好处。这就是他失去天下的原因。"

刘邦听后，摇摇头，说："你们只知其一，但不知其二。如果说在军帐中出谋划策，决胜于千里之外，我比不上张良；镇守国家，安抚百姓，供给粮饷，保证运粮道路畅通无阻，我比不上萧何；统率百万大军，攻则必取，战则必胜，我比不上韩信。这三个人都是人中俊杰，这就是我能够取得天下的根本原因。项羽虽然有一位重要的谋士范增，但不信任他。这就是被我打败的原因。"

在西汉建立的第二年，汉高祖刘邦大封功臣，封张良三万户土地，张良谢绝，只对刘邦说："我和您初次见面的地点在留，把我封在留就可以了。"所以，张良受封为"留侯"。对此，有些将领很不服气，认为张良从未在疆场上杀敌，谈不上有什么功劳。刘邦说："运筹于帷幄之中，决胜于千里之外，这就是张良的最大功劳！"

筹：古代用以计数的筹码，引申为计谋；帷幄：古代军队中用的帐幕。"运筹帷幄"原指在帐幕中谋划军机，后泛指拟定计划。西汉思想家、文学家刘安《淮南子·兵略训》："故运筹于庙堂之上，而决胜乎千里之外矣。"唐代李卓《黄石公祠记》："运筹帷幄之中，决胜千里之外，其功神也。"明代小说家罗贯中《三国演义》第三十九回："岂不闻运筹帷幄之中，决胜千里之外，二弟不可违令。"明代小说家施耐庵《水浒全传》第七十八回："设计施谋，众伏智多吴学究；运筹帷幄，替天行道宋明公。"现代作家姚雪垠《李自成》："他竭智尽忠，为爱新觉罗家族驰驱疆场，运筹帷幄。"

韦编三绝

"韦编三绝",语出西汉司马迁《史记·孔子世家》:"孔子晚而喜《易》,序《彖》《系》《象》《说卦》《文言》。读《易》,韦编三绝。曰:'假我数年,若是,我于《易》则彬彬矣。'"

春秋时代的"书",主要是以竹子为材料制造的,把竹子做成一定长度和宽度的竹签,称为竹简,待烘干后在上面写字。一根竹简只能写一行字,多则几十个,少则八九个。一部书要用很多竹简,这些竹简必须按顺序用绳子编联起来才能阅读。这样的过程就叫"韦编"。但也相当沉重。像《易》这样的书,孔丘花了很大的精力把它全部读了一遍,基本上了解了它的内容。不久,又读第二遍,进一步掌握了它的基本要点。接着,他又读第三遍,对其中的精神有了透彻的理解。从此以后,又为了给弟子讲解,他不知翻阅了多少遍,竟然把串联竹简的皮革磨断了几次,尽管到了这样的地步,孔子还谦虚地说:"假如让我多活几年,我就可以完全掌握《易》了。"

"韦编三绝"是说孔子读《易》次数之多,竟然把串联书简的编绳翻断了多次。其实,这种说法是错误的。其一,今之形声字古时每书作假借字,汉代文献中此例不胜枚举。汉代许慎《说文》有"经,织从丝也"。许慎所用的"从"字,即今之形声字"纵"字的假借字。我们既知"纵"字在汉代时写作"从",那么我们把司马迁写的"韦编"读作"纬编"是合乎汉人用字常理的。纬编:即编联简策的纬绳,因为古人常把纵横称作经纬,所以,《说文》又称:"纬,织衡丝也。"简书的竹简是纵向排列的,犹如织布帛的经线,编联简册的组绳则是横向编联的,犹如织布帛的纬线。据此,把横向编联简册的组绳称作"纬绳""纬编"是理所当然的。其二,古代简书并非全都是用皮绳编缀的。陈梦家在《汉简缀述》中写道:"所用以编简札为册者,多为丝纶。

字或作绳或作编。荀勖《穆天子传》谓汲郡魏冢所出'皆竹简素丝编',《南齐书·文惠太子传》记襄阳古冢所出《考工记》'竹简书,青丝编……'居延出土汉简册,则用麻绳。"毫无疑义,所谓"素丝编""青丝编"都是指的丝绳。出土简册,则木简仅见用麻绳。除了"韦编三绝"的"韦"被释为皮绳外,尚不见任何关于用皮绳编联简册的记载和实物。

"韦编三绝"后来成为一句成语,人们常用它来称赞刻苦读书的好学精神。

东晋时期道教领袖葛洪《抱朴子·自叙》:"圣者犹韦编三绝,以勤经业,凡才近人,安得兼修!"唐代诗人许浑《元处士自洛归宛陵山居》诗:"紫霄峰下绝韦编。"自注:"元君旧隐庐山学《易》。"唐代诗人杨炯《中书令汾阴公薛振行状》:"在邛都十余载,沉研《易》象,韦编三绝,赋诗纵酒,以乐当年。"明代文学家袁中道《李温陵传》:"公自少至老,惟知读书,而吾辈汩没尘缘,不亲韦编。"

亦作"易韦三绝"。北宋文学家、书画家苏轼《夜梦》诗:"弃书事君四十年,仕不顾留书绕缠。自视汝与丘孰贤,《易》韦三绝丘犹然。"

亦作"韦编屡绝"。南宋诗人陆游《寒夜读书》诗之二:"韦编屡绝铁砚穿,口诵手钞那计年。不是爱书即欲死,任从人笑作书癫。"

亦作"绝韦编"。北宋诗人陈师道《次韵晁无斁除日书怀》诗:"袁酒无何饮,陶琴不具弦。平生挥翰手,几见绝韦编。"

亦作"绝编"。南宋诗人陆游《寓叹》诗:"老生读书百绝编,日晏忘食夜废眠。"

亦作"三绝韦编"。元人鲜于必仁《折桂令·书》曲:"送朝昏雪暗萤灯,三绝韦编。"

约法三章

"约法三章",语出西汉司马迁《史记·高祖本纪》:"吾与诸侯约,先入关者王之,吾当王关中。与父老约法三章耳:杀人者死,伤人及盗抵罪。余悉除去秦法。诸吏人皆案堵如故。凡吾所以来,为父老除害,非有所侵暴,无恐!且吾所以还军霸上,待诸侯至而定约束耳。"

沛公(即刘邦)原本只是个小亭长,公元前206年,刘邦率领大军攻入关中,到达离秦都咸阳只有几十里路的霸上。子婴在当了46天的秦王后,就被迫向刘邦投降。刘邦进入咸阳后,见秦宫富丽豪华,美女如云,于是,就赖在宫中饮酒作乐不愿离开。但他的心腹樊哙和张良告诫他别这样做,秦王因荒淫无道而灭亡,若刘邦重蹈秦王覆辙,早晚也会以失败告终。刘邦接受了他俩的建议,下令封闭皇宫,并留下少数士兵保护皇宫和藏有大量财宝的库房,随即还军霸上。

为了取得民心,刘邦把关中各县父老豪杰都召集起来,郑重地向他们宣布道:"秦朝的严刑苛法,把众位害苦了,应该全部废除。当时,楚怀王曾对我和项羽说:'你们谁先入关谁即称王。'一路上,我没有受到什么阻力,还打了几场胜仗,顺利地进了关中。现在我和诸位约定:不论是谁,都要遵守三条法律。这三条是:杀人者要处死,伤人者要抵罪,盗窃者也要判罪!"父老豪杰们都表示拥护"约法三章"。接着,刘邦又派出大批人员,到各县各乡去宣传"约法三章"。百姓们听了,都热烈拥护,纷纷取来了牛羊酒食来慰劳刘邦的军队。刘邦深感张良的劝告正确。他对百姓们说:"军中有的是粮食,不可接受你们的礼物,若任意收礼,则违反了我刘邦进关的初衷了!"由于坚决执行"约法三章",刘邦得到了百姓的信任、拥护和支持,最后取得了天下,建立了西汉王朝。

"约法三章"的典故原指订立法律与人民相约遵守,后泛指订立简单的条款。东汉史学家班固《汉书·刑法志》："汉兴之初，虽有约法三章，漏网吞舟之鱼，然其大辟，尚有夷三族之令。"南朝宋范晔《后汉书·杨终传》："高祖平乱，约法三章。"元代学者、教育家耶律楚材《怀古一百韵寄张敏之》："约法三章日，恩垂四百基。"元代小说家罗贯中《三国演义》第六十五回："昔高祖约法三章，黎民皆感其德。"清代小说家文康《儿女英雄传》第二十二回："因姑娘当日在青云山庄有'一路不见外人'的约法三章，早吩咐过公子沿路无事，不必到姑娘船上去。"清代小说家吴趼人《二十年目睹之怪现状》第五十一回："这位继室夫人生得十分精明强干，成亲的第三天，便和督办约法三章，约定从此以后，不许再娶姨太太。"现代出版家邹韬奋《经历种种尴尬》："我们很郑重地和工头约法三章，什么时候交稿，什么时候看校，什么时候拼版。"

亦作"法三章"。唐代诗人李商隐《赠送前刘五经映三十四韵》："鼎新麾一举，革故法三章。"

亦作"三章约"。唐代诗人李商隐《今月二日不自量度辄以诗一首干渎尊严复五言四十韵》："愿守三章约，还期九译通。"

亦作"三章律"。唐代诗人骆宾王《畴昔篇》诗："慎罚宁凭两造辞，严科直挂三章律。"

亦作"汉三章"。唐代诗人李商隐《故番禺侯以赃罪致不辜事觉》诗："杀人须显戮，谁举汉三章。"

手不释卷

"手不释卷",语出西晋陈寿《三国志·吴书·吕蒙传》:"鲁肃代周瑜,当之陆口,过蒙屯下。肃意尚轻蒙,或说肃曰:'吕将军功名日显,不可以故意待也,君宜顾之。'遂往诣蒙。酒酣,蒙问肃曰:'君受重任,与关羽为邻,将何计略,以备不虞?'肃造次应曰:'临时施宜。'蒙曰:'今东西虽为一家,而关羽实虎熊也,计安可不豫定?'因为肃划五策。肃于是越席就之,拊其背曰:'吕子明,吾不知卿才略所及乃至于此也。'遂拜蒙母,结友而别。"《江表传》曰:"初,权谓蒙及蒋钦曰:'卿今并当涂掌事,宜学问以自开益。'蒙曰:'在军中常苦多务,恐不容复读书。'权曰:'孤岂欲卿治经为博士邪?但当令涉猎见往事耳。卿言多务孰若孤?孤少时历《诗》《书》《礼记》《左传》《国语》,惟不读《易》。至统事以来,省三史(魏晋南北朝以《史记》《汉书》《东观汉记》为三史),诸家兵书,自以为大有所益。如卿二人,意性朗悟,学必得之,宁当不为乎?宜急读《孙子》《六韬》《左传》《国语》及三史。孔子言:'终日不食,终夜不寝以思,无益,不如学也。'光武当兵马之务,手不释卷。孟德亦自谓老而好学。卿何独不自勉勖邪?'蒙始就学,笃志不倦,其所览见,旧儒不胜。后鲁肃上代周瑜,过蒙言议,常欲受屈。肃拊蒙背曰:'吾谓大弟但有武略耳,至于今者,学识英博,非复吴下阿蒙。'蒙曰:'士别三日,即更刮目相待。大兄今论,何一称穰侯乎。兄今代公瑾,既难为继,且与关羽为邻。斯人长而好学,读《左传》略皆上口,梗亮有雄气,然性颇自负,好陵人。今与为对,当有单复以卿(卿,当为"乡"。从卢弼说)待之。'密为肃陈三策。肃敬受之,秘而不宣。权常叹曰:'人长而进益,如吕蒙、蒋钦,盖不可及也。富贵荣显,更能折节好学,耽悦书传,轻财尚义,所行可迹,并作国士,不亦休乎?'"

汉末，东吴有一员大将名叫吕蒙（178—220），字子明。汝南富陂（今安徽阜南东南）人。年轻时，由于家境贫寒，无法读书。十五六岁时便南渡长江，投靠姐夫邓当。时邓当为孙策的部将，数次征伐山越（指汉末三国时期东吴境内山贼式武装集团的统称）。后来，袁雄将他推荐给孙策。孙策见吕蒙确有过人之处，便把他安排在身边做事。几年后，邓当死。张昭推荐吕蒙接替邓当职务，任别部司马。建安五年（200），孙策死，孙权接管大权，并为吕蒙增加了兵员。建安九年（204），孙权讨伐黄祖，吕蒙随军征讨。至豫章郡（今江西南昌），孙权命吕蒙与别部司马黄盖、韩当、周泰等率兵镇守险要，担任山越最为活跃地区的县令或县长。吕蒙因功被任命为平北都尉，兼任广德长。建安十三年（208）十月，吕蒙还跟随周瑜、程普等人在赤壁大破曹操。吕蒙又因功被任命为偏将军，兼任浔阳令。吕蒙虽然作战勇敢，常立战功，但还是由于缺少文化，甚至连战例经验的总结都很难写下来。

有一天，吴主孙权对他说："你现在是一员大将，掌权管事，更应该好好地读一些书，以增长知识和增加自己的才干。"吕蒙一听主公要他读书，便推托地说："军队里的事情又多又杂，事事都要我亲自过问，恐怕挤不出时间来读书啊！"

孙权听了，很严肃地说："你口口声声说事情忙，难道比我还要忙吗？我并不是要你去研究学问，而只是要你翻阅一些古书，从中得到一些启发罢了。这样的话，对你今后很有益处。"吕蒙问："可我不知道应该去读哪些书？"孙权听了，微笑着说："你可以先读些《孙子》《六韬》等兵法书，再读些《左传》《史记》等历史书，这些书对于以后带兵打仗很有好处。"停了停，孙权又说："时间嘛，要自己去挤出来。从前汉光武帝刘秀在行军作战的紧张关头，手里还总是拿着一本书不肯放下来呢！曹操也称得上老而好学。你为什么偏偏不能主动自求上进呢？"吕蒙听了孙权的话很受感动，回去后便开始认真读书学习，并坚持不懈。日积月累，他读的书，超过了宿儒耆旧。

儒将鲁肃到陆口，途经吕蒙驻地，称其"学识英博，非复吴下阿蒙"。鲁肃死了之后，吕蒙代其统领军队。袭破蜀将关羽，占领了荆州。建安二十二年(217)正月，吕蒙被任命为左护军、虎威将军；十一月，又被任命为大都督；十二月，江陵一战，吕蒙立功至巨，孙权再次任命他为南郡太守，封孱陵侯，赐钱一亿，黄金五百斤。吕蒙推辞再三，不肯接受金钱，孙权不许。封爵还未颁布，吕蒙疾病发作。孙权时在公安，就把吕蒙接来安置在内殿诊治护理，并下令，在东吴境内招募医者，有能治好吕蒙病的人，赏赐千金。

　　孙权虽尽心为吕蒙治疗疾病，每当医者给吕蒙针灸，孙权就为之难过。孙权想多看看吕蒙，又怕他太过劳碌，于是命人凿通墙壁暗中观看。如发现吕蒙吃下点东西，孙权就高兴，对手下人有说有笑；如发现吕蒙饭茶不进，孙权就长吁短叹，夜不能寐。吕蒙病情略有好转，孙权就下令，让群臣都来庆贺。后来，吕蒙病情加重，孙权亲自到床前探视，命道士为他祈祷，想保全他的性命。但吕蒙终于在内殿中去世，寿四十二岁。孙权悲痛万分，缩食减眠以示哀悼。吕蒙死后，其子吕霸袭爵，并赐给他守家墓的人家三百户，免收田赋的田地五十顷。

　　释：放下；卷：古代抄写的卷帙。形容读书用功，勤奋好学。不知倦怠。三国魏曹丕《典论·自叙》："上（指曹操）雅好诗书文籍，虽在军旅，手不释卷。"元代脱脱《宋史·赵普传》："普少习吏事，寡学术，及为相，太祖常劝以读书，晚年手不释卷，每归私第，阖户启箧取书，读之竟日。"北宋文学家欧阳修《晏元献公神道碑铭》："自少笃学，至其病亟，犹手不释卷。"也作"手不辍卷"。唐代史学家姚思廉《梁书·杨公则传》："性好学，虽居军旅，手不辍卷。"清代小说家李伯元《文明小史》第八回："他本是手不释卷的人，到了此时，甚觉无聊得很。"现代作家孙犁《好的语言和坏的语言》："好书使人手不释卷，是因为里面的思想好，人物使人喜爱。"

孟母三迁

"孟母三迁",语出西汉刘向《烈女传·母仪·邹孟轲母传》:"邹孟轲之母也,号孟母。其舍近墓,孟子之少也,嬉游为墓间之事,踊跃筑埋。孟母曰:'此非吾所以居处子也。'乃去。舍市傍,其嬉戏为贾人衒卖之事。孟母又曰:'此非吾所居处子也。'复徙,舍学宫之傍,其嬉游乃设俎豆,揖让进退。孟母曰:'真可以居吾子矣!'遂居之。及孟子长,学六艺,卒成大儒之名。"

孟子(约前372—前289),名轲,字子舆。战国时期伟大的思想家、政治家、教育家。儒家的主要代表人物之一。邹(今山东邹城东南)人。师从孔子的孙子子思。孟子认为,孔子是有人类以来最伟大的圣人,于是,他继承和发扬了孔子的德治思想,立志把孔子"仁"的观念发展为"仁政"学说。强调道德修养是搞好政治的根本。他说:"天下之本在国,国之本在家,家之本在身。"后来,《大学》提出的"修齐治平"就是根据孟子的这种思想发展而来的。后游历宋、齐、滕、魏等国,以士的身份游说诸侯,一度曾任齐宣王客卿。邹国和鲁国国君也都时常向他请教治国之道。可惜邹、鲁这样的小国,很难实施孟子"仁政"的抱负。他决定带着学生到齐国去。但是,齐国所采取的是锻炼精兵使国家更为富强的政策,对孟子的思想毫不理睬。最后,孟子来到滕国,滕国太子对孟子的"仁政"学说十分感兴趣,于是孟子便在滕国实行他的"仁政"思想。遗憾的是,滕国是个小国,时时有被灭亡的危险,不可能把"仁政"推行天下。于是,孟子便到其他国家宣扬他的"仁政"思想。可是没有一位君主愿意实施他的政策。孟子暂时放弃宣扬"仁政"的念头,与弟子万章等著书立说,终于名声大噪,被尊奉为"亚圣"。

孟子哲学思想的最高范畴是"天"。孟子继承了孔子的天命思想,把"天"想象成为具有道德属性的精神实体。他说:"诚者,天之道也。"孟子把诚这个道德概念规定为"天"的本质属性,认为"天"是人性固有的道德观念的本原。孟子的思想体系,包括他的政治思想和伦理思想,都是以"天"这个范畴为基石的。

孟子很小的时候就非常调皮,他父亲死得早,他母亲仉氏守节,为了让他受到良好的教育,花费了不少的心血。起初,他们住在墓地旁边,有一次,孟子就和邻居的小孩儿一起学着大人跪拜、哭嚎的样子,玩起办理丧事的游戏。孟母看到了,就皱起眉头:"不行!我不能让我的孩子住在这里了!"于是,孟母就带着孟子搬到市集旁边去住。到了市集,孟子又和邻居的小孩儿学起商人做生意的样子:一会儿鞠躬欢迎客人,一会儿招待客人,一会儿和客人讨价还价,表演得像极了!此事又被孟母知道了,孟母又皱皱眉头:"不行!这个地方也不适合我的孩子居住!"于是,他们又搬家了。这一次,他们搬到了学宫旁边,每月初一这天,官员们进入文庙,行礼跪拜,揖让进退,孟子见了,开始变得守秩序、懂礼貌、爱读书了。这个时候,孟母看在眼里,喜在心上,很满意地点着头说:"这才是我儿子应该住的地方呀!"

可是有一天,孟子逃学了。孟母知道后很伤心。于是,就把孟子叫到身边,说:"你贪玩逃学不读书,就像剪断了的布一样,织不成布;织不成布,就没有衣服穿;不好好读书,你就永远成不了人才。"说着,抄起剪刀,"哗"的一声,把织机上将要织好的布全剪断了。孟子吓得愣住了。这一次,孟子心里真正受到了震动。他认真地思考了很久,终于明白了道理,从此专心读起书来。由于他天资聪明,终于成了儒家学说的主要代表人物。

这种母子之爱,蕴含着社会对爱的传扬与褒赏,它既是孟母的一种自觉行为,也代表那个时代的一种风气之先。

"孟母三迁",是指孟轲的母亲为选择良好的环境教育孩子,曾三次迁居。成为后世母亲重视子女教育的典范，影响至今。明代戏曲作家、文学家汤显祖《牡丹亭》第二十出："他背熟的班姬《四诫》从头学，不要得孟母三迁把气淘。"

亦作"孟母择邻"。三国魏玄学家何晏《景福殿赋》："嘉班妾之辞辇，伟孟母之选邻。"元代戏剧家关汉卿《蝴蝶梦》："想当日孟母教子，居必择邻；陶母教子，剪发待宾。"

亦作"慈母择邻"。北宋文学家、书画家苏轼《崔文学甲携文见过》诗："自言总角岁，慈母为择邻。"

亦作"三迁之教"。东汉经学家赵岐《孟子题辞》："孟子生有淑质，夙丧其父，幼被慈母三迁之教。长，师孔子之孙子思，治儒术之道，通五经，尤长于《诗》《书》。"

亦作"孟母三徙"。西晋文学家潘岳《闲居赋》："此里仁所以为美，孟母所以三徙也。"

亦作"三移教子"。元代戏剧家关汉卿《蝴蝶梦》第一折："为甚我教你看诗书、习经史？俺待学孟母三移教子。"

亦作"三徙"。唐代诗人温庭筠《感旧陈情五十韵献淮南李仆射》："邻里才三徙，云霄已九迁。"元代滕安上《有怀》诗："三徙终蒙黄卷力，百年不假白头亲。"

亦作"徙宅"。东汉哲学家王充《论衡·率性》："由此言之，迫近君子，而仁义之道数加于身，孟母之徙宅，盖得其验。"

亦作"孟母邻"。唐代诗人杜甫《奉送十七舅下邵桂》诗："缥缈苍梧帝，推迁孟母邻。昏昏阻云水，侧望苦伤神。"北宋文学家、书画家苏轼《潘推官母李氏挽词》诗："杯盘惯作陶家客，弦诵常叨孟母邻。"

亦作"孟邻"。唐代诗人杜甫《寄张十二山人彪三十韵》："历下辞姜被，关西得孟邻。"

凿壁偷光

"凿壁偷光",语出东晋葛洪《西京杂记》卷二:"匡衡,字稚圭,勤学而无烛,邻舍有烛而不逮,衡乃穿壁引其光,以书映光而读之。邑人大姓文不识,家富多书,衡乃与其佣作而不求偿。主人怪问衡,衡曰:'愿得主人书遍读之。'主人感叹,资给以书,遂成大学。"

匡衡,字稚圭,西汉著名经学大师。东海承(今山东枣庄市峄城区榴园镇匡谈村。一说苍山县鲁城匡王村)人。匡衡论《诗》见解独特。当时流传着这样的话:"无说《诗》,匡鼎来。匡说《诗》,解人颐。"青年时代的匡衡,在当时已经是一位才华出众、学识渊博、出类拔萃的人物。匡衡进京赴试,未能按条令应对,故未能取得郎中,而被授以太常掌故。汉黄龙元年(前48),汉宣帝刘询驾崩,汉元帝刘奭即位。元帝随即召匡衡进京授官郎中,后又迁任博士、给事中,掌握经学教授,又兼殿中顾问,参与议论政事。

汉元帝宠爱傅昭仪和她的儿子定陶王胜过了皇后和太子。匡衡对此提出了恳切的规劝,透彻地剖析"正家而天下定"的道理,要防止招致国家的祸乱。匡衡在朝廷中参议大政,引经据典,阐明法理道义,很受赞赏,由此升任御史大夫。初元二年(前47),匡衡升为光禄大夫、太子少傅。在任少傅的数年间,他多次向皇帝上疏,陈述治国之道,并经常参与研究讨论国家大事,按照经典予以答对,言合法义,博得元帝信任。建昭三年(前36)官拜丞相,总理全国政务,封乐安侯,食邑六百户。

汉元帝时,宦官中书令石显专权,排挤陷害贤良。匡衡也害怕他,不敢指摘。汉元帝去世之后,汉成帝刘骜即位,匡衡和御史大夫甄谭联手弹劾石显,使石显及其爪牙都受到了应有的惩办。但朝中也有大臣认为,匡衡身为辅政大臣,早年不及时参奏揭发,却阿谀曲从,没有尽到责任,司隶校尉王尊对他提出弹劾。匡衡也自感惭愧,一再请求辞职,后来终因多占封地而被罢官。不几年,病死于家乡。

匡衡虽然出身农家,却喜欢读书。他年轻时家里贫穷,白天靠给人打工来维持生计,晚上才有时间读书。可家里没有蜡烛照明,而邻家灯烛通明,却又照不进来。匡衡就想出个法子,在贴着邻家的墙上凿穿一个孔洞,"偷"它一点儿光亮过来,他捧着书本,就在洞前借着光读。

匡衡家穷,买不起书。同乡有个富翁家中的藏书很丰富。于是,匡衡就去他家打工,声明不收工钱。富翁感到很奇怪,问匡衡为什么?匡衡说:"我不要工钱,只希望您能把您家中的书都借给我读,我就心满意足了。"富翁听了,被他那种勤奋好学的精神所感动,就答应了他的请求。从此,匡衡就有了极好的读书机会,最终成为一位知识学问渊博的学者。

"凿壁偷光"原指凿穿墙壁,借邻家之烛光以照读,后比喻人勤奋苦学。《敦煌曲子词·菩萨蛮》:"数年学剑攻书苦,也曾凿壁偷光路。"元代杂剧家乔吉《李太白匹配金钱记》第三折:"枉了你穷九经三史诸子百家,不学上古贤人囊萤积雪,凿壁偷光,则学乱作胡为。"唐代独孤铉曾作《凿壁偷光赋》。

亦作"凿壁借辉"。清代诗人、史学家赵翼《穆庵侍读见余近作枉赠佳章依韵奉答》:"旅衹喜仍邻近在,可容凿壁借余辉。"

亦作"穿壁借光"。唐代诗人岑参《秋夕读书幽兴献兵部李侍郎》诗:"览卷试穿邻舍壁,民命感灯何惜借余光。"

亦作"借光"。清代小说家吴敬梓《儒林外史》第三十四回:"李大人专要借光,不想先生病得狼狈至此。"

江郎才尽

"江郎才尽",语出南朝梁钟嵘《诗品·齐光禄江淹》:"初,淹罢宣城郡,遂宿冶亭,梦一美丈夫,自称郭璞,谓淹曰:'我有笔在卿处多年矣,可以见还。'淹探怀中,得五色笔以授之。尔后为诗,不复成语,故世传江淹才尽。"

江淹(444—505),南朝梁文学家,字文通,济阳考城(今河南民权东北)人。曾连续在南朝的宋、南齐、梁做过官,在梁官至金紫光禄大夫,并被封为醴陵侯。

他年轻的时候,家里很穷,由于刻苦勤奋,故能作得一手好诗和好文章,在当时获得极高的赞誉。江淹从此以文而出名。可是,当他年纪渐渐大了以后,他的文章反而不如以前写得好了。诗句平淡无奇,而且提笔吟哦好久,依旧写不出一个字来,即使偶尔来了灵感,诗倒是写出来了,依然是文句枯涩,内容平淡得一无所取。于是,就有人传说:有一次,江淹乘船停在禅灵寺的河边,梦见一个自称叫张景阳的人,向他讨还以前曾寄放在他那里的一段绸缎,于是,他就从怀中掏出几尺绸缎还给了他。从此,他写的文章便再不精彩了。又有人传说:有一次,江淹在冶亭中睡午觉,梦见一个自称郭璞(晋代著名文学家)的人,走到他的身边对他说:"文通兄,我有一支笔放在你那儿已经多年了,现在可以还给我了吧!"江淹听了,就顺手从怀里取出一支五彩笔来还给他。从此以后,江淹就文思枯竭,再也写不出精彩的文章了。

"江郎"为什么"才尽"了呢?原因主要有两个方面:一是在仕途上,因为做了大官;二是在文坛上,因为享有盛名。位居高官,生活优游,便满足于物质享受;享誉文坛,诗文精彩,便产生了骄傲自满情绪,不思上进,古人云:"学如逆水行舟,不进则退;心似平原跑马，易放难收。"所以，不知不觉就退步了。

"江郎才尽"，或"才尽江郎"，或"江郎失笔"，或"失笔江郎"，意义一样，都是比喻才思衰退。清代小说家褚人获《隋唐演义》第三十六回："炀帝好大喜功，每事自恃有才，及至征蛮草诏，便觉江郎才尽。"清代学者梁章钜《浪迹丛谈》卷一："（刘）芙初本惊才绝艳，而近作大不如前，同人比之江郎才尽。"

牛角挂书

"牛角挂书",语出北宋欧阳修等所撰《新唐书·李密列传》卷八十四:"闻包恺在缑山,往从之。以蒲鞯乘牛,挂《汉书》一帙角上,行且读。越国公杨素适见于道,按辔蹑其后,曰:'何书生勤如此?'密识素,下拜。问所读,曰:'《项羽传》。'因与语,奇之。归谓子玄感曰:'吾观密识度,非若等辈。'玄感遂倾心结纳……大业九年,玄感举兵黎阳,遣人入关迎密。"

李密(582—618),隋末瓦岗军首领,字玄邃,一字法主,京兆长安(今陕西西安)人。

隋炀帝第一次出兵攻打高丽,结果惨败。一百多万兵士,逃回来的只有二千七百人。这样的惨局,并没有使这个骄横的暴君死心。时隔一年,他又亲自率领大军讨伐辽东,对高丽发动第二次进攻。他派大臣杨玄感在后方黎阳督运粮草。

杨玄感的父亲杨素,原是隋炀帝的亲信,帮助炀帝夺取皇权。后来受到炀帝猜忌,郁郁不乐而死。杨玄感为了这个早就对隋炀帝不满,这一回他看到局势混乱,就想利用这个时机推翻隋炀帝。

杨玄感以督运粮草的名义,征了年轻力壮的民夫、船工八千多人,要他们运粮到辽东前线。那些年轻人怨透了劳役,听说叫他们远离家乡去干苦差事,更加气愤。

有一天,杨玄感把民夫集合在一起,说:"当今皇上不顾百姓的死活,让成千上万的父老兄弟死在辽东,这种情况不能再忍受下去。我也是被逼来干这件事的。现在我决心跟大伙一起,推翻暴君。你们看怎么样?"大伙儿一听有人带头反对朝廷,顿时响起一片欢呼声。

杨玄感把八千民夫编成队伍,发给武器,准备进攻隋军。他发现他身边缺少一个谋士帮他出谋划策,不禁想起了正在长安的好朋友李密。

在李密家族中，李密的父辈是北周和隋朝的贵族。李密少年时，被派在隋炀帝的宫廷里当侍卫。他生性活泼，在值班的时候，左顾右盼，被隋炀帝发现了，认为这孩子不大老实，于是，就免了他的差使。李密回家以后，发愤读书，决心做个有学问的人。

有一回，李密骑着一头牛，出门看朋友。在路上，他把《汉书》挂在牛角上，抓紧时间读书。正好宰相杨素坐着马车在后面赶上来，看到前面有个少年在牛背上读书，在车上招呼说：“这位书生，怎么这么用功啊？”李密回过头来一看，认得是宰相，慌忙跳下牛背，向杨素作了一个揖，报了自己的名字。杨素问：“你在看什么？”李密回答说：“我在读项羽的传记。”杨素跟李密亲切地谈了一阵儿，觉得这个少年很有抱负。回家以后，杨素跟他儿子杨玄感说：“我看李密这孩子将来的学识才能，比你们几个兄弟强得多。将来你们有什么紧要的事，可以找他商量。”杨玄感看到父亲如此赞许李密，对李密产生了好感。从此以后，就跟李密交上了朋友。

于是，这次，杨玄感就派人到长安把李密接到黎阳，杨玄感向他请教：“要推翻隋炀帝政权，这个仗该怎么个打法？”李密说：“要打败官军，办法有三种：第一，皇上现在在辽东，我们带兵北上，截断昏君退路。他前有高丽，后无退路，不出十天，军粮接济不上，我们不用打也能取胜，这是上策。第二是向西夺取长安，抄他们的老巢。官军如果想退军，我们就拿关中地区做根据地，凭险坚守，这是中策。第三是就近攻东都洛阳。不过，这可是一条下策。因为朝廷在东都还留着一部分守兵，不一定能很快攻得下来。”

杨玄感因急于求成，听完这三条计策，觉得前两条都太费时间，说：“我看你说的下策，倒是个好计策。现在朝廷官员家属，都在东都。我们攻下东都，把家属都俘虏起来。官军军心动摇，保管能取胜。”

于是，杨玄感立刻从黎阳出兵攻打东都，一路上，有许多农民踊跃参加起义军，队伍扩大到十万人，接连打了几个胜仗。隋炀帝正在带领大军猛攻辽阳，得到告急文书，连夜退兵，派大将宇文述等带领大军分路攻杨玄感。杨玄感抵挡不住，想往西退到长安去。宇文述带兵跟踪追击，最后，把杨玄感的人马围住。杨玄感无路可走，被杀。李密虽然从混乱中逃了出来，但最终还是被捉。

隋兵把李密押送到隋炀帝的行营去。半路上，李密跟十几个犯人一商量，把他们随身带的钱财都送给押送的隋兵，供他们饮酒作乐，李密他们就趁隋兵醉酒的时候逃跑了。

李密脱离危险以后，为了反隋。他想找个起义军的首领作靠山，但是有的起义军首领看他是个文弱书生，不大重视他。李密只好改姓换名，东躲西藏，几次差点儿被官府抓去。大业十二年（616），他听说东郡（今河南滑县东）瓦岗寨有一支兵力强盛的起义军，头领名叫翟让，翟让为人真诚厚道，又喜欢结交侠士，于是就决定投奔瓦岗起义军。次年被翟让推为全军之主，称魏公。后因大量起用隋朝的降官降将，并杀害翟让，致使内部发生混乱。武德元年（618），入关降唐，不久又反唐被杀。

"牛角挂书"形容勤奋好学。南宋诗人陆游《对酒》诗："牛角挂书何足问，虎头食肉亦非豪。"

悬梁刺股

"悬梁刺股",是由"悬梁"和"刺骨"两个典故组成的。

"悬梁"语出北宋李昉《太平御览》卷三百六十三引《汉书》:"孙敬,字文宝,好学,晨夕不休。及至眠睡疲寝,以绳系头,悬屋梁。后为当世大儒。"

汉朝信都(今河北冀州市)有个读书人名叫孙敬,字文宝,从小就勤奋好学。每天一大早就起来读书,直至深更半夜,常常是废寝忘食。邻居们都称他为"闭户先生"。读书是一件很辛苦的事情,尤其到了晚上,时间一长很容易疲劳瞌睡。古时候,男子都蓄有长发,于是,孙敬就找来一根绳子,把绳子的一端悬在屋梁上,另一头系住自己的头发。一打盹儿,头皮就会被扯痛,一痛就会惊醒而赶走睡意,马上就能继续读书。从这以后,他每天晚上都用这种办法迫使自己读书,十余年如一日,由于他刻苦用功,博学多才,终于成为名重一时的儒学大师。常有不远千里的学子负笈担书,慕名前来向他请教学问。

"刺股"语出西汉刘向《战国策·秦策一》:"(苏秦)归至家,妻不下衽,嫂不为炊,父母不与言。苏秦喟叹曰:'妻不以我为夫,嫂不以我为叔,父母不以我为子,是皆秦之罪也。'乃夜发书,陈箧数十,得《太公阴符》之谋,伏而诵之,简练以为揣摩。读书欲睡,引锥自刺其股,血流至足。曰:'安有说人主不能出其金玉锦绣,取卿相之尊者乎?'期年,揣摩成,曰:'此真可以说当世之君矣!'读书欲睡,引锥自刺其股,血流至足。"(《太平御览》卷六百一十一引晋张方《楚国先贤传》亦载此事。今本班固《汉书》不载)

战国时,东周洛阳(今河南洛阳东)乘里轩有一个人名叫苏秦(?—前284),字季子。年轻时,他曾拜在鬼谷子门下学习纵横家的言论。当时,苏秦的家境贫寒,连温饱问题都解决不了,更没有钱买书读了。

为了读书，他时常把自己的长发剪下来卖掉，以换取微薄的收入来勉强维持自己的生活和学业。由于苏秦勤奋好学，在开始的一段时期内，取得了很好的成绩。

然而，就在苏秦取得好成绩的时候，他却渐渐地骄傲起来，自以为已经学到了纵横术的所有知识，能够"运筹帷幄"了。于是，他收拾好行李，告别了老师和朋友，一个人外出游说，宣扬他的"合纵连横"理论去了。苏秦先主张"合纵"，于是他去求见周天子，劝弱小国家联合起来，阻止强国的兼并。由于没人给他引见，被冷落了一年多。一气之下，他又到了秦国，向秦惠文王宣传"连横"的意见，劝他用此办法来兼并各诸侯国，以统一天下。他先后写了十多封意见书给秦惠文王，但都没有引起秦惠文王的重视。就这样，苏秦在秦国住了一年多，离开秦国，返回家里。回家后，家人对他也很冷淡。苏秦心里难受极了，他长长地叹了一口气，自言自语地说道："唉，妻子不认我这个丈夫，嫂子不认我这个小叔子，父母也不认我这个儿子，这全是由于自己不争气造成的啊！"

这件事对苏秦触动很大，遂发奋努力，找出《太公阴符》等书如饥似渴地阅读，常常读到深夜，很疲倦，常打盹儿。于是，他就想出了一个办法，准备一把锥子，一打瞌睡，就用锥子往自己的大腿上刺一下。这样，猛然间感到疼痛，使自己清醒起来，再坚持读书。就这样，苏秦勤学苦读了一年多的时间，才觉得比以前学得深了，这就是苏秦"刺股"的故事。

经过一番精心准备，苏秦于秦惠文王四年（前334），以"合纵"抗秦的观点开始游说六国，终于得到了六国君主的信任，并担任了六国的宰相。长沙马王堆汉墓出土的帛书《战国纵横家书》中，就有苏秦的书信和游说辞16章。

在古代成语典故中，一个成语说两个人、两件事的不乏其例。如"囊萤映雪"，前指车胤，后指孙康。"悬梁刺股"亦属此类，从孙敬和苏秦两个人读书的故事引申出"悬梁刺股"这句成语，用来比喻发奋读书，刻苦学习的精神。他们这种努力学习的精神是好的，但这种学习的方式方法不必效仿。明代戏剧家徐霖《绣襦记·剔目劝学》："岂不闻古人之悬梁刺股，以志于学。"明代戏剧家汤显祖《牡丹亭》第七处："〔起介〕〔末〕古人读书，有囊萤的，趁月亮的。〔贴〕待映月，耀蟾蜍眼花；待囊萤，把虫蚁儿活支煞。〔末〕悬梁、刺股呢？〔贴〕比似你悬了梁，损头发；刺了股，添疤疤。有甚光华！"

亦作"刺股悬梁"。元代杂剧作家王实甫《西厢记》第二本第三折："可怜刺股悬梁志，险作离乡背井魂。"明代学者胡居仁《叹古人读书》诗："刺股悬梁辛苦志，其如一敬得功多。"

亦作"梁悬"。南朝齐梁时历史学家任昉《答陆倕感知己赋》："时坐睡而悬梁，裁据梧而锥握。"

亦作"悬刺"。唐代诗人顾云《上池州庾员外启》："披经阅史，无怠于光阴；雪牖萤窗，每加于悬刺。"

亦作"刺股"。《隋书·儒林传序》："学优入室，勤逾刺股，名高海内，擢第甲科。"

亦作"锥股"。南朝齐梁时文学理论批评家刘勰《新论·崇学》："有子恶卧，自碎其掌；苏生患睡，亲锥其股。"

抛砖引玉

"抛砖引玉",语出宋代释道元《景德传灯录·赵州东院从谂禅师》。

唐代高僧从谂禅师,住持赵郡观音院多年。由于禅风恬淡朴实,人称"赵州古佛"。相传,他对僧徒参禅要求非常严格,人人必须静坐敛心,精神专注,绝不能受到外界的任何干扰,达到凝思息妄、身心不动的入定境界。

有一天,众僧晚上参禅,从谂禅师故意说:"今天晚上答话,有闻法解问者出来。"此时,众僧理应个个盘腿正坐,闭目静心,不动不摇。恰恰有个小僧沉不住气,竟以解问者自居,走出礼拜。从谂禅师瞟了他一眼,缓声说道:"刚才抛砖引玉,却引来一块比砖还不如的土坯!"

另一个传说是:唐朝时,有一个名叫赵嘏的人,他的诗写得非常漂亮。据《唐诗记事》卷五十六载:赵嘏曾因七律《长安秋望》中"残星几点雁横塞,长笛一声人倚楼"的诗句被诗人杜牧称为"赵倚楼"。同时,还有一个名叫常建的人,非常欣赏赵嘏的才华。

有一次,常建听说赵嘏要到苏州游玩,他非常高兴,心想,"这是一个向他学习的好机会,千万不能错过。用什么办法才能让他留下诗句呢?"他想,"赵嘏既然到苏州,肯定会去灵岩寺的,如果我先在寺庙里留下两句诗,他看到以后会补全的。"于是,他就先赶到灵岩寺,在灵岩寺的墙壁上题写了两句诗,然后就躲在一边观望。

赵嘏果然来到了灵岩寺,当他发现墙壁上的那两句诗后,端详片刻,心想:"诗意不错,为什么只写了两句呢?"于是,便提笔在后面补上了两句。成为一首完整的七言绝句。赵嘏走后,常建赶忙过来观看,他用自己不是很好的诗句,换来了赵嘏的精彩诗句。

后来人们说,常建的这个办法,可谓"抛砖引玉"了。其实,常建和赵嘏并不是同时代的诗人，赵嘏（806—852），字承祐，山阳（江苏淮安）人。会昌进士，官渭南尉，七律诗清圆熟练，有《渭南集》。常建(708—765?)，开元进士，与王昌龄同榜。曾任盱眙尉，五言诗兴旨幽远，有《常建集》。两人生年相差99年。只是传说罢了。

  抛：扔，投。引：招致。抛出砖，引来玉。这个成语的整体意思是说，用自己不是很好的观点或文章引来别人的高见或佳作，是一个表示自谦的说法。清代小说家李汝珍《镜花缘》第十八回："刚才婢子费了口舌，说了许多书名，原是抛砖引玉，以为借此长长见识，不意竟是如此。"现代画家傅抱石《〈郑板桥集〉前言》："仓促写了这些，既不完整，也很粗糙，姑为抛砖引玉，敬希读者教正。"

程门立雪

"程门立雪",语出元代脱脱等《宋史·杨时列传》卷四百二十八:"又见程颐于洛,时盖年四十矣。一日见颐,颐偶瞑坐,时与游酢侍立不去。颐既觉,则门外雪深一尺矣。"

程颢(1032—1085)、程颐(1033—1107)兄弟俩都是北宋哲学家、教育家,洛阳(今属河南)人。颢、颐二人孩童时代曾读书求学于外祖母家——孝感董湖西北隅(今孝南闵集乡一带)。《孝感县志》云:"程子读书台,在县东五里,宋庆历年间,二程读书于此。"程子读书台又名"凤凰台",因相传在晋穆帝永和四年(348),有凤集于东岗,产九子于其上而得名。程颢,字伯淳,学者称明道先生。嘉祐进士。反对王安石新政。神宗时为太子中允监察御史里行。曾与弟学于周敦颐,同为北宋理学的奠基者,世称"二程"。在洛阳讲学十余年。倡导"传心"说,承认"天地万物之理,无独必有对"。他和弟颐的学说后来为朱熹所继承和发展,世称程朱学派。著作有《定性书》《识仁篇》等。程颐,字正叔,学者称伊川先生。曾任秘书省校书郎,官至崇政殿说书。反对王安石新政。先后讲学达三十余年,宣扬"气禀"说,主张"去人欲,存天理",认为寡妇再嫁是大逆不道,极力为名教纲常辩护。著作有《易传》《颜子所好何学论》等。

杨时(1053—1135),北宋学者,字中立,南剑州将乐(今属福建)人。熙宁进士,曾任右谏议大夫、工部侍郎,官至龙图阁直学士。晚年隐居龟山,时称龟山先生。先后学于程颢、程颐。同游酢、吕大临、谢良佐并称程门四大弟子。又与罗从彦、李桐并称为"南剑三先生"。著作有《二程粹言》《龟山集》。

进士杨时,为了继续丰富自己的学问,毅然而然地放弃了高官厚禄,独自一人跑到河南颍昌拜程颢为师,投在程颢门下虚心求教。后来程颢死，他自己也只有四十多岁，但仍然立志求学，刻苦钻研，又跑到洛阳去拜程颢的弟弟程颐为师。

有一天，杨时和他的朋友游酢一块儿到程家去拜见程颐，当时正遇上了程老先生闭目养神。这时候，外面开始下起大雪。他们两人为了不打扰先生休息，便恭恭敬敬地侍立在门外等候，不言不动，如此等了大半天，程颐这才慢慢睁开眼睛，见杨时和游酢仍然站在门外等候，大吃一惊，问道："你俩还在这里没走？"这时候，门外的雪已经积了一尺多厚，而杨时和游酢并没有一丝疲倦和不耐烦的神情。这种精神让程颐很受感动，于是，便收他俩为入室弟子，悉心传授，杨时和游酢果然不负所望，后来，各自成为一代理学大师。

此典被后人称作"程门立雪"，表示求学者尊敬师长和心诚意坚。清代诗人、史学家赵翼《梅花》诗之一："单身立雪程门弟，素面朝天虢国姨。"现代诗人柳亚子《怀人诗十章》之一："却愧鲰生百无似，也曾立雪到程门。"

亦作"立程门雪"。元代诗人谢应芳《杨龟山祠》诗："卓彼文靖公，早立程门雪。载道归东南，统绪赖不绝。"

亦作"程门度雪"。清代学者金埴《不下带编》卷一："独愧三十无能立，难向程门度雪中。"

亦作"立雪"。元代学者虞集《回吴先生庆初度启》："将车昔念于聚星，就业常容于立雪。"

行止

民惟邦本

"民惟邦本",语出《尚书·夏书·五子之歌》:"……皇祖有训,民可近,不可下。民惟邦本,本固邦宁……"

太康是夏王朝继大禹、启之后的第三代君主,为人骄奢淫逸,丧失君德,致使民心涣散,都背叛了他,但他却毫不在意,依然我行我素,竟然到洛水南面打猎,去了三个月还不回来。有穷国的君主后羿,趁着人民不能忍受太康虐政的机会,起兵在黄河岸边对抗太康。

太康的五个兄弟和母亲被赶到洛河边,他们在洛水湾等待太康的归来。这兄弟五人在怨恨太康无德无道的同时,就追述祖父大禹的教导写了几首诗歌。其中第一首说:"伟大的祖先曾有明训,人民可以亲近而不可轻视;得民心者得天下,失民心者失天下。人民是国家的根本,根本牢固了,国家就自然安宁。我看天下的人,愚夫愚妇都能对我取胜。如果一个人屡屡不听劝告而去犯错误,就必然要激起民愤。我治理兆民,恐惧得像用坏索子驾着六匹马(古制,天子六马);做君主的人,怎么能不敬不怕?"第二首说:"禹王教诲:在内迷恋女色,在外游猎翱翔;喜欢喝酒和听音乐,高高建筑大殿又雕饰宫墙。这些事只要有一桩,就会导致亡国。"第三首说:"那陶唐氏尧皇帝,曾经据有冀州这地方。现在废弃他的治道,紊乱他的政纲,就是自己导致灭亡。"第四首说:"我的辉煌的祖父,是万国的大君。有典章有法度,传给他的子孙。征赋和计量平均,王家府库丰殷。现在废弃他的传统,就断绝祭祀又危及宗亲!"第五首说:"唉!哪里可以回归?我的心情悲伤!万姓都仇恨我们,我们将依靠谁?我的心里郁闷,我的颜面惭愧。不愿慎行祖德,即使改悔又岂可挽回?"

邦:国家;本:根本。意思是说,人民是国家的根本。北宋诗人苏舜钦《诣匦疏》："则又民为邦本，末有本，摇而枝叶不动者。"南宋哲学家、教育家陆九渊《与陈书》："民为邦本，诚有忧国之心，肯日蹙其本而不恤哉？"

唇亡齿寒

"唇亡齿寒"，语出春秋鲁左丘明《左传·僖公五年》：晋侯复假道于虞以伐虢。宫之奇谏曰："虢，虞之表也；虢亡，虞必从之。晋不可启，寇不可玩。一之为甚，其可再乎？谚所谓'辅车相依，唇亡齿寒'者，其虞、虢之谓也。"

春秋时，晋国（今山西和河北的南部一带。建都于唐，即今山西翼城西）是周朝初立时周成王的弟弟叔虞的封地。在晋国的南面是虢国（指北虢，今河南三门峡市和山西平陆县一带。建都上阳，即今河南陕县东南李家窑）和虞国（在今山西平陆县北）。这两个小国山水相连，且祖先又都姓姬。虢公名丑，狂妄自大，喜好用兵，经常借故袭扰晋国。晋献公觉得不灭掉虢国，晋国就难以太平。但要举兵攻打虢国，必定要从虞国经过。

有一天，晋国大夫荀息向晋献公建议："我们可以将屈（在今山西吉县北）地产的良马和垂棘（在今山西潞城县北）产的美玉作为礼物送给虞公，借道让我军通过，估计不成问题。"晋献公说："这良马和美玉是我们晋国的宝物，怎么可以随便送人呢？"荀息笑道："玉璧只是暂交给虞公保存，良马也只是暂时交由虞国代养。实际上还是咱们的。"晋献公明白了这是荀息的计策。

于是，晋献公派大夫荀息出使虞国，送上了一匹千里马和一对名贵玉璧。由于虞公目光短浅且贪婪成性，一见到送来的礼物便眉开眼笑。一边手里不停地把玩着玉璧，一边眼睛死死盯着千里马，问道："你们国君怎能舍得将这两件价值连城的国宝送给我呢？"荀息说道："敝国国君向来仰慕您的大名，很想和您结交，这点薄礼只是表示一点儿心意。有点小事顺便求您帮忙，虢国曾多次侵扰我国，为了社稷，我们打算去教训他们，想向贵国借一条道让我们通过。如果我们打赢了，

所有的缴获物品都送给您。"虞国大夫宫之奇预料到荀息的险恶用心，便奉劝虞公千万别答应晋军"借路"的要求，并说："虢、虞两国，一表一里，辅车相依，唇亡齿寒。如果虢国今天灭亡了，那么，明天祸必殃及我们虞国。"虞公说："人家晋国给咱们送来了这无价之宝，如果咱们连一条道儿都不肯借给人家，未免也太不近人情了吧！再说，晋国比虢国强大十倍，失去一个小小的虢国，可以交上一个强大的晋国，何乐而不为呢？"宫之奇还想劝说什么，却被一旁的大夫百里奚拉住了。宫之奇料就虞国一定灭亡，便带着家小，趁早逃到曹国（在今河南滑县旧县城东）去了。

东周惠王十九年（前658），晋献公就在虞公的"慷慨"帮助下，拜里克为大将，荀息为副将，率车四百乘讨伐虢国，事先派人向虞公通报兵到虞国的日期，虞公说："贵国送宝物给我，为了报答贵国，我决定派兵增援。"二十二年（前655），虢国被轻而易举地消灭。里克一边将抢来的财宝和俘获的美女分了一些给虞公，一边假托自己有病，就将大军驻扎在虞国的都城外，等病好了就回去。虞公毫无戒备，满口答应。

忽然有一天，虞国守卫宫门的卫兵慌忙向虞公报告："晋军发动突然袭击，城池已经被攻破，现已打进城里。"虞公这才如梦初醒，命令道："速快驱车防御！"便来到城边，只见城楼上一员大将，依栏而立，威风凛凛，向虞公喊道："感谢您昨天借给我一条道路，今天再送给我一个国家。"虞公转怒，但为时已晚，屈地产的良马和垂棘产的美玉又回到了晋献公的手中。荀息奸猾地笑道："美玉还是原来的美玉，不过，马的牙齿增多了几个。"

在《左传·哀公八年》中，予泄也对吴王说过："夫鲁，齐、晋之唇，唇亡齿寒，君所知也。"又，据《三国志·魏志·鲍勋传》载，鲍勋曾对魏文帝曹丕说："王师屡征而未有所克者，盖以吴、蜀唇齿相依，凭阻山水，有难拔之势故也。"

"辅车相依,唇亡齿寒",用以比喻相邻两国安危与共的密切关系。辅:面颊;车:牙床,即牙车骨。面颊、牙车骨,乃一表一里、相互依存的。嘴唇和牙齿,也是表里相依的,如果没有了嘴唇,牙齿就会失去掩蔽,就要受寒。失去一方,另一方就要受到损害,所以叫作"唇亡齿寒"。

　　"唇亡齿寒"与"唇齿相依"意义相近,不同之处在于:"唇亡齿寒"强调"利害与共",而"唇齿相依"强调"相互依存"。

　　由于上述故事,还产生了"假道灭虢"或"假途灭虢"的成语。后者见明代冯梦龙《东周列国志》第二十五回:"智荀息假途灭虢,穷百里饲牛拜相。"就是说:先利用甲做跳板去消灭乙,回过头来再消灭甲。

从善如流

"从善如流",语出春秋鲁左丘明《左传·成公八年》:"楚师之还也,晋侵沈,获沈子揖,初从知、范、韩也。君子曰:'从善如流,宜哉!'"杜预注:"栾书从知庄子、范文子、韩献子之言,不与楚战,自是常从其谋,师出有功,故传善之。如流,喻速。"

春秋时,郑国是一个小诸侯国,姬姓。开国君主是西周宣王姬静的弟弟姬友,即郑桓公。西周宣王二十二年(前806)分封于郑(今陕西华县东)。郑武公即位后,先后攻灭了郐(今河南新密东南)和东虢,迁都新郑(今河南新郑)。郑国所处的地理位置,就在楚国和晋国这两个大国的中间。郑悼公(郑国第十三位君主)时代,郑国曾同以晋国为首的北方各国签订了盟约。就在结盟的第二年,郑国眼看就要受到南方楚国的攻伐,晋国君主知道这一消息后,立即命栾书为元帅,统领大军火速援救郑国。当晋国的军队行至郑国绕角(今河南鲁山县东南)这个地方时,便和楚国的军队相遇,楚军一见到晋军人多势众,拔腿就往回跑。晋军并不追赶,因为在大多数将士心里还盘旋着准备趁此机会侵占楚国的蔡地(今河南上蔡县一带)。楚国得知晋军的动机后,立即指令附近申地(今河南南阳北)和息地(今河南息县境内)的驻军准备迎击。

就在这个时候,晋军大将赵同和赵括急于进军南下,所以,就不停地催逼着元帅栾书赶快下战书。就在栾书将要表示同意的时候,不料,中军佐知庄子荀首、上军佐范文子士燮及中军将韩献子韩厥三人却坚决不同意。他们三人的共同意见是:"我们是正义之师,是受君主的派遣来援救郑国的,目的是打击楚国侵略者的。既然侵略者不打自退,我们为什么还要借此机会攻打人家楚国的蔡地呢?如果真的要攻打,必然要引起新的战争,那么,我们就要担当不义的罪名。另外,以我们的大军去打楚国两个小地方的军队，即使打胜了，又有什么值得光荣的呢？可万一失败了，那就更加不光彩了。"栾书仔细一听，觉得这一席话说得很有道理，于是，发令撤军回晋。

事后，有人问栾书："圣人之所以能成就大事，主要是善于听从多数人的意见。在出师的部队中，六军将佐共十二人，只有三人不主张攻蔡，您为什么不听从多数人的意见而听从少数人的意见呢？"栾书回答说："他们三个人，尽管从人数上讲是占少数，但他们的意见却是很正确的。而正确的意见，就是真正代表多数人的意见。我听从他们三个人的正确意见，难道不对吗？"

"从善如流"比喻非常虚心地听取正确的意见，接受善意的规劝，就像清澈流动的水，迅速而自然。北宋文学家范仲淹《淡交若水赋》："惟君子莫不就义若渴，从善如流。"也作"从善若流"。北宋宋祁、欧阳修等编撰《新唐书·张玄索传》："从善若流，尚恐不逮，饰非拒谏，祸可既乎？"

百步穿杨

"百步穿杨",语出西汉刘向《战国策·西周》卷二:"楚有养由基者,善射,去柳叶者百步而射之,百发百中。"

战国时期,有个名叫苏厉的谋士。一次,他听说秦国的名将白起将要领兵攻打魏都大梁(今河南开封),赶忙去见周王,说:"如果大梁一旦被秦军占领,您的处境就有危险。"当时,周王只是名义上的天子,实际上对各诸侯国并没有管辖权。魏国如果被秦国攻灭,秦国的势力将会更强大,对周王的威胁也就更大。周王问苏厉怎么办?苏厉建议周王赶快派人去劝说白起,使白起能够很快取消攻打魏都的念头。

于是,周王委托苏厉前去游说白起。苏厉见到白起后,便给白起讲了这样一个故事:从前,楚国有个著名的射箭能手,名叫养由基。此人年轻时就勇力过人,练成了一手好箭法。当时还有一个名叫潘虎的勇士,也擅长射箭。一天,两人在场地上比试射箭,许多人都围着观看。靶子设在五十步外,那里撑起一块板,板上画了一个红色的靶心。这时,只见潘虎拉开强弓,一连三箭,箭箭都射中靶心,博得围观者的一片喝彩声。潘虎也洋洋得意地向养由基拱拱手,表示请他指教。养由基环视一下四周,说:"射五十步外的靶心,距离太近,目标太大,还是射百步外的杨树叶吧!"说罢,他指着百步外的一棵杨树,叫人在树上选一片叶子,涂上红颜色作为靶子。接着,他拉开弓,"嗖"的一声射去,结果正好射穿这片杨树叶的中心。在场的人都惊呆了,潘虎自知没有这样高超的本领,但又不相信养由基箭箭都能射穿树叶,便走到那棵杨树下,选择了三片杨树叶,在上面用红颜色编上号,请养由基按编号顺序再射。只见养由基走前几步,看清了编号,然后退到百步之外,拉开弓,"嗖""嗖""嗖"三箭,分别射中三片编上号的杨树叶。这一来,喝彩声雷动,潘虎也口服心服。就在一片喝彩声中,有个过路人在养由基身旁冷冷地说:"你有了百步穿杨的本领,就可以教他射箭了!"养由基听此人话里有话,不禁转过身来问道:"阁下您准备怎样教我射箭?"只见那人平静地说:"我并不是来教你怎样射箭的,而是来提醒你应该怎样保持射箭名声的。你是否想过,一旦你的力气用尽,只要有一箭不中,就会前功尽弃!你那百发百中的名声势必受到影响。一个真正善于射箭的人,应当注意保持名声!"养由基听了这番话,觉得很有道理,再三向他道谢。

苏厉又讲道:还有一次,晋厉公攻伐郑国(今属河南),楚共王出兵援助郑国,行至鄢陵(今河南鄢陵西北,即历史上著名的"鄢陵之战")便和晋军相遇,在双方激烈的交战中,晋将魏琦射伤了楚共王的眼睛。楚共王气急败坏,就交给养由基两支箭,叫养由基代他报仇。结果,养由基只用了一支箭,就把魏琦射死,而把另一支箭交还楚共王复命。苏厉又把话题拉了回来,说:"您是秦国的有功之臣,听说您又准备发兵攻打大梁,如果这一仗打不胜,那么,你就前功尽弃,您的名声就会受到很大的影响。"白起听完这个故事后,想到要保持自己百战百胜的名气,是不能再轻易出战的,便借口有病,取消了攻打魏国大梁的计划。

"百步穿杨"意思是说射箭的技艺高超,比喻能达到预期的目的。唐代诗人李涉《看射柳枝》诗:"万人齐看翻金勒,百步穿杨逐箭空。"唐代诗人周昙《咏史诗·春秋战国门·苏厉》:"百步穿杨箭不移,养由堪教听弘规。"明代小说家罗贯中《三国演义》第五十三回:"云长吃了一惊,带箭回寨,方知黄忠有百步穿杨之能。"清代小说家李汝珍《镜花缘》第七十三回:"即如当日养由基百步穿杨,至今名传不朽者,因其能穿杨叶,并非说他射中杨树,就算善射。"

亦作"百发百中"。唐末五代诗人王琚《射经》云:"其的(箭靶)始于一丈,百发百中,寸而加之,至于百步,亦百发百中,乃为术成。"《北齐书·皮景和传》："每与使人同射，百发百中。"清代小说家曹雪芹《红楼梦》第九十七回："（宝玉）那身子顿觉健旺起来，只不过不似从前那般灵透，所以凤姐的妙计，百发百中。"

亦作"穿杨叶"。唐代诗人杜甫《醉歌行》："只今年才十六七，射策君门第一，旧穿杨叶真自知，暂蹶霜蹄未为失。"唐代诗人白居易《叙德书怀四十韵上宣歙崔中丞》："幸穿杨远叶，谬折桂高枝。"

亦作"穿杨"。唐代史学家李延寿《北史·隐逸传·崔廓》："况复桑榆渐暮，藜藿屡空，举烛无成，穿杨尽弃。"唐代诗僧贯休《送卢秀才应举》诗："明年公道日，去去必穿杨。"北宋文学家、书画家苏轼《次韵和子由闻余善射》："穿杨自笑非猿臂，射隼长思逐马军。"

亦作"穿叶"。唐代诗人元稹《戴光弓》诗："不拟闲穿叶，那能枉始生。唯调一只箭，飞入破聊城。"

亦作"射叶"。南朝梁诗人何逊《哭吴兴柳恽》诗："百步均射叶，八体妙临池。"

亦作"杨叶穿"。唐代诗人刘禹锡《寄和东川杨尚书幕巢兼寄西川继之二公》："杨叶百穿荣会府，芝泥五色耀天庭。"唐代诗人温庭筠《感旧陈情五十韵献淮南李仆射》："忆昔龙图盛，方今鹤羽全。桂枝香可袭，杨叶旧频穿。玉籍标人瑞，金丹化地仙。"

亦作"杨叶箭"。唐代诗人唐彦谦《试夜题省廊桂》诗："今日竞飞杨叶箭，魏舒休作画筹人。"

长袖善舞

"长袖善舞",语出战国韩非《韩非子·五蠹》:"今不行法术于内,而事智于外,则不至于治强矣。鄙谚曰:'长袖善舞,多钱善贾。'此言多资之易为工也。故治强易为谋,弱乱难为计。"西汉司马迁《史记·范雎蔡泽列传》:"太史公曰:韩子称'长袖善舞,多钱善贾。'信哉是言也!"

范雎和蔡泽,是战国末期两个著名人物。

范雎,字叔,魏国人,天下辩士。起初在魏国中大夫须贾手下做事,魏昭王派遣须贾出使齐国,范雎也随行前往。一个月来,齐襄王注意到范雎的口才非常的好,于是,就派人给范雎送去十斤金子及牛酒若干。范雎辞谢而不敢接受。须贾知道了这件事之后,非常恼怒,认为是范雎将魏国的一些国事秘密告诉给了齐襄王。要不,齐襄王凭什么派人给范雎送去十斤金子和牛酒呢?回到魏国后,须贾就将此事告诉了魏相魏齐,魏齐听后勃然大怒,遂命人将范雎打得昏死过去,然后用席子一卷,扔进厕所。过了很久,有一个宾客饮醉了酒,去厕所小解时,尿将范雎浇醒,宾客只听得厕所的粪便池中有人在说:"如果您能救我出去,我一定要用厚礼答谢您!"这宾客也属善良之辈,于是,就将范雎救了出来。范雎得救后便一口气逃到秦国,到了秦国后,就改名张禄。

秦昭襄王四十一年(前266),范雎向秦昭襄王献的是"远交近攻"的外交策略,于是,秦昭襄王拜他为客卿,继而拜为相国,封应侯。后来因为病的原因,才向秦昭襄王辞请官职并交还了相印。

蔡泽,燕国人,天下辩士。先曾游说赵、韩、魏各诸侯国,都不曾被采用。后来到了秦国,见了秦昭襄王,秦昭襄王很赏识他,也由客卿而拜为相国,虽然担任相国的时间才一个月,因惧怕身受诛伐,

故称病交还相印，但他在秦国却住了十多年，从秦昭襄王起，经孝文王、庄襄王到始皇帝，为秦国出使燕国，终于使燕王喜同意将太子丹作为人质押在秦国。因而一直受到尊重，号为纲成君。

这两个人，都是所谓的"辩士"，是能言善辩的说客。他们俩都因此取得了秦王的信任。在战国时代，辩士固然不少，为什么偏偏只有这两人能相继取得秦王的信任而拜为卿、拜为相呢？《史记》作者司马迁评论道："韩子说的'长袖善舞，多钱善贾'这句话，的确是有道理啊！"

范雎和蔡泽，善于利用优越的条件，施展种种手段，就像舞蹈者那样靠着长袖子，舞起来就轻盈灵动，翩翩多姿，婉约有致，容易达到一种体态优美的效果；就像商人那样，资本雄厚，做生意的业务也就容易开展。比喻有所凭借，事情容易成功。后多用来形容有财势有手腕的人善于钻营。

在这里，主要还是强调了一个"善"字。资金不足，必须善于使用，使用的目的也是获利，唯有资金与商品流通不息，才能使利润滚滚而来。对待商品要做到务完物，即贮藏的货物要完好，易腐烂之货勿留；处理资金要做到无息币，即指货币不能滞压，货币欲其行如流水，货币和商品流通了，买卖就活了。

梁启超《生什学学说沿革小史》："逮门户开放之既实行，举全大陆为彼族长袖善舞之地。"改良主义思想家郑观应《盛世危言·银行上》："泰西各国多设银行，以维持商务，长袖善舞，为百业之总枢。"

破釜沉舟

"破釜沉舟",语出西汉司马迁《史记·项羽本纪》:"项羽乃悉引兵渡河,皆沉船,破釜甑,烧庐舍,持三日粮,以示士卒必死,无一还心。"

秦朝末年,各地人民纷纷举行起义,反抗秦朝的暴虐统治。农民起义军的领袖中最著名的是陈胜、吴广,接着是项羽和他的叔父项梁,还有刘邦。

有一年,秦军的三十万兵马包围了起义军赵国的巨鹿(今河北省平乡西南),赵王连夜向楚怀王求救。楚怀王乃性情中人,遂派宋义为上将军,项羽为次将,带领二十万兵马去援救赵国。谁知宋义听说秦军势力强大,行至安阳(今山东曹县东南)就停了下来,不再前进。直到第四十六天,军中没有粮食,士兵只能用蔬菜和杂豆煮了当饭吃,他也不管,只顾自己举行宴会,大吃大喝。项羽心急如焚,催宋义赶快渡河。宋义坚决不同意,说等到秦军打得疲劳了,才有机可乘,并说:"冲锋陷阵,我不如你;筹谋策划,你不如我!"不管项羽怎么说,宋义就是按兵不动。到了第二天早晨,项羽就去找宋义,把宋义杀死在他的帐篷中,并割下了他的头,号令全军。项羽将此事报告了楚怀王,楚怀王当即命项羽为上将军。

项羽杀了宋义之后,先派出部将英布、蒲将军率两万兵马做先锋,渡过漳水,切断了秦军运粮的道路;然后,他亲自率领主力过漳河,解救巨鹿。

楚军全部渡过漳河以后,项羽让士兵们饱饱地吃了一顿饭,每人再带三天干粮,然后传下命令:把渡河的船(古代称舟)凿穿沉入河里,把做饭用的锅(古代称釜)砸个粉碎,把附近的房屋放把火统统烧毁。这就叫破釜沉舟。项羽用这办法来表示他有进无退、一定要夺取胜利

的决心。

楚军士兵见主帅的决心这么大，就谁也不打算再活着回去。在项羽亲自指挥下，他们以一当十，以十当百，拼死地向秦军冲杀过去，经过连续九次的冲锋，终于把秦军打得大败。秦军的几个主将，有的被杀，有的当了俘虏，有的投降。这一仗不但解了巨鹿之围，而且把秦军打得再也振作不起来，过了两年，秦朝就灭亡了。

打这以后，项羽当上了真正的上将军，其他许多支军队都归他统率和指挥，他的威名传遍天下。

釜，是古代的炊具，相当于饭锅。舟，是船。打破饭锅，凿沉渡船，表示不再回来。比喻决一死战，有进无退。其实，项羽的这个说法见《孙子兵法·九地》："帅与之深入诸侯之地，而发其机，焚舟破釜。"宋朝张预注："发其机，可往而不可返，项羽济河沉舟之类也。"明代政治家、军事家史可法《请出师讨贼疏》："我即卑宫菲食，尝胆卧薪，聚才智之精神，枕戈待旦；合方州之物力，破釜沉舟，尚恐无救于事。"明代学者陈际泰《与罗杓庵书》："秋间姑且破釜沉舟，持三日粮，为射日擒王计。"

亦作"沉舟破釜"。清代史学家、思想家黄宗羲《移史馆熊公雨殷成状》："欲令诸师毕渡，沉舟破釜，为不返之计。"

亦作"破釜沉船"。近代著名政治家、思想家、史学家、文学家梁启超《南学会叙》："震撼精神，致心皈命，破釜沉船，以图自保于万一。"

亦作"船沉钜鹿"。清代诗人严遂成《乌江项王庙题壁》诗："剑舞鸿门能赦汉，船沉钜鹿竟亡秦。"

卧薪尝胆

"卧薪尝胆",语出西汉司马迁《史记·越王勾践世家》:"吴既赦越,越王勾践反(返)国,乃苦身焦思。置胆于坐,坐卧即仰胆,饮食亦尝胆也。曰:'女忘会稽之耻邪?'身自耕作,夫人自织,食不加肉,衣不重采,折节下贤人,厚遇宾客,振贫吊死,与百姓同其劳。欲使范蠡治国政,蠡对曰:'兵甲之事,种不如蠡;镇抚国家,亲附百姓,蠡不如种。'于是举国政属大夫种,而使范蠡与大夫柘稽行成,为质于吴。二岁而吴归蠡。"

春秋时期,吴王阖闾将楚国打败之后,便为成了南方的霸主。周敬王二十三年(前497),年迈的吴王阖闾听说越国君王允常逝世,于是,就乘机举兵讨伐越国。吴越两军在檇李(今浙江嘉兴西南)打了一仗。越王勾践(前520—前465)的大将灵姑浮砍中了吴王阖闾的右脚。吴王阖闾败了回去,他在生命弥留之际告诫儿子夫差说:"不要忘记报仇!"

夫差即位后,便嘱咐人时常提醒他。每当经过宫门时,他手下的人就高喊:"夫差!你忘了越王勾践杀你父亲的仇吗?"夫差流着泪说:"没有,没有忘,不敢忘!"为了攻打越国,他叫伍子胥和伯嚭日夜训练兵马。周敬王二十六年(前494),吴王夫差亲自率领大军去打越国。越国有两个大夫,一个叫文种,一个叫范蠡。这时,范蠡劝勾践说:"吴国这次报仇来势凶猛,咱们不如只守城不作战。"勾践不同意,非要出动三万将士不可!结果在太湖的夫椒(今江苏吴县西南)与吴军激战,大败,当越王勾践带着仅剩的五千余名残兵败将退至会稽(今浙江绍兴南)时,吴军紧追不舍,将越王围困起来。勾践跟范蠡说:"真后悔当初没有听您的话。现在该怎么办?"范蠡说:"赶快求和吧!"越王勾践只得派文种向吴王夫差屈辱求和。在吴王的威逼之下,勾践

被吴王夫差俘虏到吴国宫廷中服了三年的苦役,夫差还让勾践夫妇住在阖闾墓旁的一间石屋里,叫勾践给他喂马。夫差每次出游,勾践总是为其赶车。吴王夫差为了侮辱越王勾践,竟然逼着勾践去尝人粪。勾践忍人所不能忍之辱,受人所不能受之苦。就这样,过了两年之后,吴王夫差认为越王勾践已被彻底征服了,是真心归顺了他,于是,就放勾践他们回国。

勾践立志报仇雪耻,就住在宫外的庙里。为了锻炼自己的意志,他睡觉时就躺在柴草上,并在房门口悬挂一个苦胆,进出时都要舔一舔,以激励自己不忘国耻,为了灭吴,大臣文种向勾践献计道:"我有七个计策:第一,继续贿赂吴国,麻痹吴国君臣,以迷惑其心智;第二,收买吴国的粮食,以挖空他们的积蓄;第三,向吴王施行美人计,诱惑他荒淫无道;第四,送给吴国最好的砖、瓦、木料和匠工,诱惑吴国大兴土木建筑,目的是让他劳民伤财;第五,打发探子去充当吴王的臣子,以窃取情报;第六,到处散布谣言,叫忠臣们不问国事;第七,积攒粮草,操练兵马。"于是,越王勾践对外继续讨好吴王,给吴王送去黄金、白玉,美女西施、郑旦和大量的木材,以致这些木材都堆积在了灵岩山下的河道里,对内休养生息,富国强兵,鼓励增加人口。经过十年发展生产,积聚力量,又经过十年练兵,勾践二十四年(前473),越王秘起藏于民间的三万雄兵伐吴,吴王夫差被围困在吴都西面的姑苏山上,求降不得而自杀。吴国从此灭亡。越王勾践创造了以小战大、以弱胜强的成功范例。

灭吴之后,勾践挥师北上,一举收复宋、郑、鲁、卫等国,并迁都琅琊(今山东胶县南),遂称霸中原,为春秋霸主之一。

"卧薪尝胆":表达的是刻苦自励、奋发向上的决心。北宋文学家、书画家苏轼《拟孙权答曹操书》:"仆受遗以来,卧薪尝胆;悼日月之逾迈,而叹功名之不立。"元代脱脱《宋史·胡宏传》:"太上皇帝劫制于强敌,生往死归,此臣子痛心切骨,卧薪尝胆,宜思所以必报也。"明代无名氏《鸣凤记·南北分别》："小弟此去，敢不卧薪尝胆，他日南还，共建大业，岂非至愿乎。"清代蒲松龄联云："有志者，事竟成，破釜沉舟，百二秦关终属楚；苦心人，天不负，卧薪尝胆，三千越甲可吞吴。"现代作家姚雪垠《李自成》："崇祯九年秋，虏骑入犯，昌平失守，都应卧薪尝胆，誓复国仇。"现代作家吴伯箫《早》："也想到了二千四百年前，越王勾践卧薪尝胆的故事。"

亦作"尝胆卧薪"。宋代灌圃耐得翁《都城纪胜·叙录》："正当尝胆卧薪日，却作观山游水时。"

亦作"坐薪悬胆"。《金史·术虎筠寿传》："陛下当坐薪悬胆之日，奈何以球鞠细物动摇民间？使屠宰耕牛以供不急之用，非所以示百姓也。"

亦作"尝胆眠薪"。清代戏曲作家孔尚仁《桃花扇》第十六出："不共天仇，从此后尝胆眠薪休忘。"

亦作"勾践胆"。南宋文学家汪藻《己酉乱后寄常州使君侄》诗之二："方尝勾践胆，已补女娲天。"

亦作"尝胆"。唐代诗人杜甫《夔州书怀四十韵》："即事须尝胆，苍生可察眉。"

毛遂自荐

"毛遂自荐",语出西汉司马迁《史记·平原君虞卿列传》:"秦之围邯郸,赵使平原君求救,合从于楚,约与食客门下有勇力文武备具者二十人偕。平原君曰:'使文能取胜,则善矣。文不能取胜,则歃血于华屋之下,必得定从而还。士不外索,取于食客门下足矣。'得十九人,余无可取者,无以满二十人。门下有毛遂者,前,自赞于平原君曰:'遂闻君将合从于楚,约与食客门下二十人偕,不外索。今少一人,愿君即以遂备员而行矣。'平原君曰:'先生处胜之门下几年于此矣?'毛遂曰:'三年于此矣。'平原君曰:'夫贤士之处世也,譬若锥处囊中,其末立见。今先生处胜之门下三年于此矣,左右未有所称诵,胜未有所闻,是先生无所有也。先生不能,先生留。'毛遂曰:'臣乃今日请处囊中耳。使遂蚤得处囊中,乃颖脱而出,非特其末见而已。'平原君竟与毛遂偕。十九人相与目笑之而未发也。"

赵孝成王九年(前257),秦军围困了赵国(今山西中部、陕西东北角及河北西南部)都城邯郸(今河北),大军压境,邯郸危在旦夕。为解邯郸之困,赵王想联合楚国共同抗秦,便派公子平原君赵胜到楚国去游说。平原君打算从自己三千名门客中挑选出二十名文武兼备的宾客一同前往,可挑来挑去,只挑选出了十九名,还差一人,再也选不出合适的人了。正当平原君发愁的时候,门客中有个叫毛遂的人自告奋勇,说:"大人,我自己推荐自己,愿随大人前往,效犬马之劳。"平原君上下打量了一下毛遂,问道:"先生到我这里几年了?"毛遂答:"三年。"平原君带着讽刺的口吻说:"大凡有才能的人,就像锥子装在布袋里一样,那锋利的锥尖立刻就会露出来,你在这里已经三年了,我还没有听到过你有什么才能。这次去楚国,肩负着求援救兵救社稷的重任,没有什么特殊才能的人是不便同去的。依我看,你还是留下来好了。"毛遂对平原君说："我现在向你做自我推荐，就是请求你把我放进布袋去。要是你早能将我放进布袋，恐怕连整个锥子都已钻出来了，哪会只露一点儿尖呢？"平原君觉得毛遂的话很有道理，于是，就同意毛遂等二十人随他出使楚国。

平原君到了楚国，在楚国的宫廷上与楚国考烈王熊完谈判，说明赵国的危急，要求楚与赵合纵抗秦。楚考烈王熊完害怕秦国，不肯出兵。两人从早上一直谈到中午，还是没有结果。平原君的那十九个门客早已在殿下等得不耐烦了，便对毛遂说："你去试试！"毛遂便提剑登阶上殿，对平原君说："赵国和楚国联合抗秦的利害关系，本来两句话就可以说得清楚，怎么说了半天还定不下来呢？"楚考烈王熊完问平原君："这是什么人？"平原君说："他是我的门客毛遂。"楚考烈王熊完一听是个门客，怒骂道："我正在和你的主人商量国家大事，哪能轮到你来多嘴？还不快给我滚下去！"毛遂也不甘示弱，只见他按着宝剑向前跨了一步，对楚考烈王熊完说："你也太仗势了，别因为我在你的地盘上，就随意遭你训斥？告诉你，我现在距离你仅有十步之远，你的性命就握在我的手里。"楚考烈王熊完看他带着宝剑，而且气度不凡，有点害怕，于是，缓和了一下口气说："那您有什么高见？"毛遂说道："你给我听着，你们楚国有五千多里土地，一百万兵士，国土虽广，但不强盛。秦将白起不是轻而易举地就打败过你们吗？不但攻破了你们的都城，而且你们国君楚怀王还当了俘虏，最后死在了秦国。这才是你们楚国最大的耻辱！这才是刻骨仇恨！看你一副满不在乎的样子，我们赵国人都替你感到羞愧。现在，咱们两国联合抗秦，主要还是为了你们楚国，你以为仅仅是为了我们赵国吗？"

毛遂的话，像一把锥子戳在了楚考烈王熊完的心上。只见他涨红着脸，不停地说道："说得是，说得是！"毛遂紧接着问了一句："和纵抗秦的事决定了吗？"楚考烈王熊完说："决定了！"

这时，毛遂叫楚考烈王熊完的左右侍从取来鸡、狗、马的血，于是，考烈王熊完和平原君当场歃血为盟，随后，考烈王熊完拜春申君黄歇为大将，率领八万大军，奔赴赵国援助。

平原君回到赵国后，待毛遂为宾上客，随行的那十九人也对毛遂佩服得五体投地。毛遂从此名声大振，获得了"三寸之舌，强于百万之师"的美誉。

"毛遂自荐"，就是自己推荐自己。"锥处囊中，其末立见"，比喻有才能的人随时都可以显露锋芒。"脱颖而出"，比喻才能全部突出地表现出来。现代出版家邹韬奋《经历》："我作毛遂自荐，居然被校长核准了。"

亦作"锥处囊"。唐代诗人李商隐《为盐州刺史奏举李孚判官状》："锥处平原之囊，必将脱颖；剑拭华阴之土，粗雪幽沈。请依资赐授一官，充臣防御判官。"

亦作"囊锥"。无名氏《锥处囊赋》："惟国生贤，囊锥喻焉，囊之体也，柔不能挫其锐；锥之资也，利自可攻其坚。"

亦作"藏颖"。唐代诗人骆宾王《浮查》诗序："怀才幽薮，藏颖重岩，绝望于廊庙之荣，遗形于斤斧之患，固可垂荫万亩。"

亦作"颖脱锥"。唐代诗人周昙《咏史诗·春秋战国门·毛遂》："不识囊中颖脱锥，功成方信有英奇。"

亦作"颖脱"。唐代史学家李延寿《北史·魏收传》："收本以文才，必望颖脱见知，位既不遂，求修国史。"南宋思想家、文学家陈亮《彩凤飞·十月十六日寿钱伯同》词："这些儿，颖脱处，高出书卷。"

坚壁清野

"坚壁清野",语出西晋陈寿《三国志·魏书·荀彧传》:"今东方皆已收麦,必坚壁清野以待将军。将军攻之不拔,掠之无获,不出十日,则十万之众未战而自困耳。前讨徐州,威罚实行,其子弟念父兄之耻,必人自为守,无降心。就能破之,尚不可有也。夫事故有弃此取彼者,以大易小可也,以安易危可也,权一时之势,不患本之不固可也。今三者莫利,惟将军熟虑之。"

曹操(155—220),即魏武帝。汉末政治家、军事家、诗人,字孟德,小名阿瞒,沛国谯县(今安徽亳州)人。初举孝廉,出任洛阳北部尉,迁顿丘令。后来在镇压黄巾起义和讨伐董卓的战争中逐步扩充了自己的军事力量。初平三年(192),为兖州牧。建安元年(196),迎献帝都许(今河南许昌东),从此便以献帝名义发号施令。

荀彧(163—212),曹操谋士,字文若,颍川颍阴(今河南许昌)人。建安元年(196),建议曹操迎献帝都许(今河南许昌东),不久便任尚书令,参与军国大事。后因反对曹操自称魏公,曹操对此很不满意。不久病死。一说逼迫自杀。

东汉末年,曹操在镇压了黄巾军之后就占据了兖州地区,继而又挥师东进,准备夺取徐州之地。但兖州的豪强张邈,暗中勾结割据势力吕布,曹操急忙从徐州撤兵回来,向屯驻在濮阳的吕布发动反攻。吕布十分凶悍,双方相持日久,曹操一时无法取胜。

兴平二年(195)夏天,徐州牧陶谦因病去世,临死前就把徐州让给了刘备。消息传来,曹操争夺徐州的心情更为迫切,目的是取下徐州后再来消灭吕布。那时,颍川颍阴(今河南许昌)有个名叫荀彧的人,非常有才能,为避董卓之乱迁居冀州,被袁绍待为上宾。他看出袁绍不能成就大事,就投奔到曹操门下。曹操大喜,任命他为司马。

从此，他跟随曹操南征北战，出谋划策，深得曹操的信任。

荀彧为了避免吕布乘虚而入，规劝曹操先不要急于进兵徐州，他说："当年汉高祖保住关中，光武帝刘秀据有河内，他们都有一个巩固的根据地，进足以胜敌，退足以坚守，所以成就了大业。如今将军不顾兖州而去攻打徐州，我方留守兖州的军队留多了，则不足以取得徐州；留少了，倘若吕布乘虚而入，又不足以守住兖州。最后，一定会弄得兖、徐二州尽失。再说，眼下正值麦收季节，据报徐州方面已组织人力加紧抢割城外麦子，运进城去，这表明他们对可能发生的战争有所准备。收完麦子，对方必然还要加固防御工事，撤退四野居民，转移粮草、物资。这样军队开到那里，势必无法立足；对方用'坚壁清野'的办法对付我们，到那时，攻不能克，掠无所得，不出十天，全军就要不战自溃。"曹操听从了荀彧的规劝，从此集中兵力，很快将吕布打败。继而又打败了刘备，占据了徐州。

"坚壁清野"。坚壁，加固城墙和堡垒；清野，将野外的粮食、财物收藏起来。加固防御工事，把四野的居民和物资全部转移，让敌人既打不进来，又抢不到一点儿东西，指一种困死、饿死敌人的作战方法。唐代房玄龄《晋书·载记·石勒上》："勒所过路次，皆坚壁清野，采掠无所获，军中大饥，士众相食。"清代陈忱《水浒后传》第二十一回："不许出战，只是坚壁清野，待这干贼寇粮尽力弛，方可追他。"

亦作"坚壁"。南朝宋范晔《后汉书·陈俊传》："（陈）俊言于光武曰：'宜令轻骑出贼前，使百姓各自坚壁，以绝其食，可不战而殄也。'"

萧规曹随

"萧规曹随",语出西汉扬雄《法言·渊骞》:"或问萧曹,曰:'萧也规,曹也随。'"又,《解嘲》:"夫萧规曹随,留侯画策,陈平出奇,功若泰山,响若坻隤。"

萧何(?—前193),沛县(今属江苏)人,曾为沛县吏。秦末辅佐刘邦起义。在楚汉战争中,荐举韩信为大将,以丞相身份留守关中。后封酂侯,位次第一。曾作《九章律》,今佚。曹参(?—前190),字敬伯,沛县(今属江苏)人,曾为沛县狱吏。秦末随刘邦军队起义,屡建战功。汉朝建立后,封平阳侯,后继萧何为汉惠帝丞相。

萧何提倡节俭简朴,连汉高祖,他也不给配纯一色的四匹马驾车;有的将相大臣,只坐牛车。他在汉高祖的旨令下,招贤纳士,不叫富商做官为将、买卖奴婢,诸侯国的民事由朝廷管理,大大减少奴隶数量,把从前有强大实力的六国国王的后代和有名的富豪人家迁移入关,对匈奴采取和亲政策等等。

就在汉惠帝刘盈即位的第二年,相国萧何重病在身。汉惠帝亲自去探视,问道:"您看将来谁接替您合适?"萧何没有表达自己的意见。汉惠帝又问他:"你看曹参怎么样?"

萧何和曹参两个人关系很好,早年都跟随汉高祖起兵。曹参虽然立了不少战功,可是他的地位总比不上萧何,两个人就不那么友好了。但是萧何知道曹参是个治国的人才,所以,汉惠帝一提到他,他也表示赞成,说:"陛下的主意错不了。有曹参接替,我死了也安心了。"

汉高祖的长子刘肥在做齐王的时候,叫曹参做齐相。那时候,天下刚安定下来,曹参打听到当地有一个名叫盖公的隐士,向他讨教治国方略。盖公主张治理天下的人应该清静无为,让老百姓过安定的生活。曹参听了盖公的话,尽可能不去打扰百姓。他做了九年齐相,齐国所属的 70 多座城都很安定。

萧何一死，汉惠帝马上诏令曹参进长安出任相国。曹参还是用盖公清静无为的办法，一切按照萧何已经规定的章程办事，什么也不变动。有些大臣看曹参这种无所作为的样子，有点着急，也有的去找他，想帮他出点主意。但是他们一到曹参家里，曹参就请他们一起喝酒。要是有人在他跟前提起朝廷大事，他总是把话岔开，弄得别人没法开口。最后客人喝得醉醺醺地回去，什么也没有说。

汉惠帝看到曹相国这副样子，认为他是倚老卖老，心里很不高兴，曹参的儿子曹窋，在皇宫里侍候惠帝。惠帝嘱咐他说："你回家的时候，找个机会问问你父亲，高祖归了天，朕尚年轻，国家大事全靠相国来主持。可他天天喝酒，不管事，这么下去，怎么能够治理好天下呢？看你父亲怎么说。"曹窋回家把惠帝的话一五一十地跟父亲曹参说了一遍。曹参一听就动了火，骂道："你一个毛孩子懂得什么，国家大事你也来啰嗦。"说着，竟叫仆人用板子把曹窋打了一顿。曹窋遭受了责打，非常委屈，回宫后向汉惠帝诉说了一番。汉惠帝也很生气。第二天，曹参上朝的时候，惠帝就对他说："曹窋跟你说的话，是我叫他说的，你打他干什么？"曹参向惠帝请了罪，接着说："请问陛下，您跟高祖比，哪一个更英明？"汉惠帝说："那还用说，我怎么能比得上高皇帝呢！"曹参说："我跟萧相国比较，哪一个能干？"汉惠帝不禁微微一笑，说："好像不如萧相国。"曹参说："陛下说的话都对。陛下不如高皇帝，我又不如萧相国。高皇帝和萧相国平定了天下，萧相国秉承高祖皇帝的旨意制定了一整套制度，我按照他制定的规章和法令去做，不要失职就是了。"汉惠帝听了曹参的解释后说："我明白了，你不必再说了！"

曹参，为相则不如萧何，为将则不及韩信。为相，萧何是立法者，曹参只是守成者；为将，韩信大开大阖，动辄倾国倾城，改变天下格局。曹参能活学活用黄老学说，故也名垂青史。后世认为，治国方式有三，一人治，一法治，一无为而治。曹参做了三年相国，百姓安居乐业，国力日渐强盛。"参代何为汉相国,举事无所变更,一遵萧何约束。"(《史记·曹相国世家》）他死后，皇帝封他为懿侯。老百姓觉得曹参与前任相国虽然差距很大，但却能把国家治理得井井有条，有这样的相国真是百姓的好福气，当时有人编了歌谣称赞萧何和曹参："萧何定法律，明白又整齐；曹参接任后，遵守不偏离。施政贵清静，百姓心欢喜。"历史上把这件事称为"萧规曹随"。

"萧规曹随"，意即萧何生前制定的法律政令，曹参继任后全部遵循执行。梁启超《王荆公传》第十四章："以神宗之明主持于上，而即位者能萧规曹随，则人仞之功，可不亏于一篑。"

不为五斗米折腰

"不为五斗米折腰",语出唐代房玄龄等撰《晋书·隐逸·陶渊明传》:"岁终,会郡遣督邮至,县吏请曰:'应束带见之。'渊明叹曰:'我岂能为五斗米,折腰向乡里小儿。'即日解绶去职。"

陶潜(365或372或376—427),东晋诗人,字元亮、渊明,浔阳柴桑(今江西九江)人。《晋书》《宋书》均谓其系陶侃曾孙,后人亦有疑其说者。隆安元年(397)初仕,任江州祭酒,因不堪吏职,不久解职归田。义熙元年(405),复为刘裕镇军参军、刘敬宣建威参军。八月,为彭泽令。十一月,程氏妹丧于武昌,作《归去来兮辞》,弃官归田,以诗酒自娱。义熙十四年(418),征著作郎,不就。元嘉四年(427)卒。私谥"靖节",世称"靖节先生"。曾作《五柳先生传》自况,故有"五柳先生"之称。长于诗文辞赋。诗多描写山川田园之秀美风光及农村生活情景,自然朴素,而嫉世激昂之情,亦时有之。散文与辞赋亦质朴流畅,艺术特色兼有平淡和爽朗之胜,风格独特。散文《桃花源记》,辞赋《归去来兮辞》《闲情赋》很有名。北宋欧阳修云:"晋无文章,唯陶渊明《归去来兮辞》而已。"在形式主义文风盛行的东晋时期,陶诗不为世重,直至唐时才被推崇,如王维、李白、杜甫等有成就的诗人,无不从中汲取营养。有《陶渊明集》《晋书》《宋书》均有传。

为了生存,陶渊明过着时隐时仕的生活。三十七岁那年八月,被授彭泽县(今江西湖口县东)县令。有一次,他的顶头上司要来彭泽了解情况。按照惯例,作为县令的陶渊明应当恭恭敬敬地去迎接。当他手下的人提请他要穿官服戴官帽时,陶渊明不情愿,冷冷地说:"做人要讲求气节,我一介堂堂名士,怎么能为小小县令的区区五斗米的官俸而去向一个庸俗的小人折腰呢!"陶渊明说到做到,到底没有出去迎接。不久，他的妹妹病死于武昌，他便弃官归田，前后任职共八十多天。随后，他一面读书，一面与妻子耕前锄后，辛勤劳作。

陶渊明是在贫病交加中离开人世的。他原本可以活得舒适些，至少衣食不愁，但那要以付出人格和气节为代价。陶渊明因"不为五斗米折腰"，而获得了心灵的自由，获得了人格的尊严，写出了流传百世的诗文。在为后人留下宝贵文学财富的同时，也留下了弥足珍贵的精神财富。他因"不为五斗米折腰"的高风亮节，成为中国后代有志之士的楷模。

"不为五斗米折腰"，为：介词，表示目的。五斗米：泛指酬劳，官俸。折腰：指屈膝弯腰。比喻为人清高，表示有骨气，不愿屈身事人。唐代房玄龄等所撰《晋书·陶潜传》："吾不能为五斗米折腰，拳拳事乡里小儿邪！"明代小说家冯梦龙《喻世明言》卷五："古人不为五斗米折腰，这个助教官儿，也不是我终身养老之事。"现代学者袁行霈、罗宗强《中国文学史·陶渊明的典型意义》："于是，不为五斗米折腰也就成了中国士大夫精神世界的一座堡垒，用以保护自己选择的自由。"

亦作"五斗折腰"。北宋诗人、书法家黄庭坚《次韵寅庵四首》之二："五斗折腰惭仆妾，几年合眼梦乡闾。"南宋诗人杨万里《归去来兮引》词："五斗折腰，谁能许事，归去来兮。"

亦作"折腰五斗"。南宋词人辛弃疾《鹊桥仙·席上和赵晋臣敷文》词："叹折腰五斗赋归来，问走了，羊肠几遍？"又《水龙吟》词："自发西风，折腰五斗，不应堪此。"

亦作"为米折腰"。北宋词人秦观《送刘秉仪解职归养》诗："为米折腰知我拙，下车入里见君荣。"

亦作"五斗折"。北宋诗人、书法家黄庭坚《次韵奉送公定》："不为五斗折，自无三径资。"现代诗人柳亚子《浙游杂诗》："彭泽羞为五斗折，秦庭肯受大夫封？"

亦作"折腰"。唐代诗人李白《梦游天姥吟留别》诗："安能摧眉折腰事权贵，使我不得开心颜！"唐代诗人杜甫《官定后戏赠》诗："不作河西尉，凄凉为折腰。"近代维新派领袖康有为《将至桂林望诸石峰》诗："今日桂林落吾手，丈人儿孙纷走趋。或拜或抚吾岂厌，胜于折腰向紫朱。"

亦作"五斗米"。唐代诗人岑参《送许拾遗恩归江宁拜亲》诗："看君五斗米，不谢万户侯。"南宋诗人范成大《初入湖湘怀南州诸官》诗："怀哉千金躯，博此五斗米。"

万事俱备，只欠东风

"万事俱备,只欠东风",语出明代罗贯中《三国演义》第四十九回:"……孔明曰:'必须用凉药以解之。'瑜曰:'已服凉药,全然无效。'孔明曰:'须先理其气;气若顺,则呼吸之间,自然可痊。'瑜料孔明必知其意,乃以言挑之曰:'欲得顺气,当服何药?'孔明笑曰:'亮有一方,便教都督气顺。'瑜曰:"愿先生赐教。"孔明索纸笔,屏退左右,密书十六字曰:'欲破曹公,宜用火攻;万事俱备,只欠东风。'"

东汉建安十三年（208），在赤壁（今湖北武汉市赤矶山，与纱帽山隔将相对）这地方发生了一次在历史上很著名的战役,叫"赤壁之战"。曹操率领八十三万人马,号称百万大军,驻扎在长江中游的赤壁,企图在打败西蜀刘备之后,再消灭东吴孙权。于是,东吴孙权就联合西蜀刘备一起反击曹操。东吴的统帅周瑜和西蜀的军师诸葛亮在一起研究攻打曹操的方案。他们最后决定利用曹操狂妄自大的轻敌情绪,采用火攻的作战方案。周瑜用反间计,让曹操杀死曹军中熟悉水战、可以抵挡他们的将领蔡瑁、张允。周瑜又叫庞统假作献计,骗曹军把战船连在一起。

周瑜又打黄盖,让这个老将用"苦肉计"去诈降曹操。实际上,黄盖在船中装满了容易燃烧的物品,准备以诈降的方式冲向曹营,发起火攻。

一切都安排好了,就缺一个很重要的条件。如果要向长江北岸的曹军放火,必须借助东南风才能实现这个作战计划。当时正当隆冬季节,天天刮的都是西北风。周瑜心急如火,急火攻心,竟然卧病不起。但军师诸葛亮却心中有数,他自称有个秘方可以彻底治好周瑜的病。诸葛亮在拜访周瑜的时候,顺便就把这个药方写了出来:"欲破曹公,宜用火攻。万事俱备,只欠东风。"诸葛亮的这四句话道破了周瑜的心事。

　　周瑜急切地请教诸葛亮有什么办法可以借到东风。由于诸葛亮上知天文，下通地理，他通过气象观察，心中就有了底。于是，他对周瑜说，自己能呼风唤雨，愿意借给周瑜三天三夜东南风来帮助周瑜。周瑜立即命人筑了一个祭台，名曰：七星坛。诸葛亮在七星坛上为周瑜祈求东南风。

　　后来，果然刮起了东南风，于是，周瑜发兵引火，风助火势，火借风威，把水寨上曹军的战船全部烧光，曹军被杀得节节败退，狼狈地逃回了许昌。就这样，周瑜顺利地实现了他的火攻计划。

　　其实，有这么一句古谚语："冬至一阳生。"意思是说，冬至时阳气开始慢慢回升，必然会刮起东南风来。

　　万事俱备，只欠东风，备：备齐。比喻样样工作都准备好了，只差最后一个重要条件。现代作家欧阳山《苦斗》五一："陈文婕说：'对了，正是万事俱备，只欠东风。什么都有了，可是土地还缺着哪。'"

情感

结草衔环

"结草衔环",语出"结草"和"衔环"两则神话故事传说。

"结草"的典故见于春秋鲁左丘明《左传·宣公十五年》。原文为:"秋七月,秦桓公伐晋,次于辅氏。壬午,晋侯治兵于稷以略狄土,立黎侯而还。及洛,魏颗败秦师于辅氏。获杜回,秦之力人也。魏武子有嬖妾,无子。武子疾,命颗曰:'必嫁是。'疾病,则曰:'必以为殉。'及卒,颗嫁之,曰:'疾病则乱,吾从其治也。'及辅氏之役,颗见老人结草以亢杜回,杜回踬而颠,故获之。夜梦之曰:'余,而所嫁妇人之父也。尔用先人之治命,余是以报。'"

鲁宣公十五年(前594)七月,秦桓公出兵伐晋。兵临晋地辅氏(今陕西大荔县)的青草坡,双方在激烈地交战。晋将魏颗和秦国大力士杜回相遇,二人厮杀在一起,魏颗颇感吃力。据说,魏颗本来不能战胜杜回,但魏颗突然看到一位老人,而正是由于这位老人用手把地面上的草打成结,将秦国大力士杜回绊住,杜回不慎摔倒在地,被魏颗俘获。魏颗在这次战役中大败秦师。

究竟这位老人是谁?为何要帮魏颗?魏颗思来想去,始终弄不明白。当天晚上,魏颗在梦中见到了这位老人,老人说:"我的女儿祖姬,就是你父亲的宠妾。你父亲临终前,曾嘱咐你将我女儿随其殉葬。你后来没有听从照办,而是把她改嫁别人,你救了我女儿的性命。今天,老夫的所作所为虽然不算仁义,但也是为了报答你的大恩大德。"说完,老人便消失了。

原来,晋大夫魏武子有位不曾生育的宠妾,名叫祖姬。一次,魏武子在生病的时候便对儿子魏颗说:"我死了以后,她会因没有生育儿子而受到欺负,你一定要将她嫁出去,免得在家里受气。"不久,魏武子病情加重,便又对儿子魏颗说:"我死了以后,你一定要让她陪我殉葬。"魏颗无奈，只好点头答应。等到魏武子死后，魏颗并没有让祖姬为父殉葬，而是将她嫁了别人。后来，有人责备魏颗："你为什么不按照你父亲的遗嘱办事？这也实在是太不孝了。"魏颗说："人在重病的时候，神志往往会混乱不清，我嫁此女，是按我父亲神志清醒时的吩咐去做的，没有什么不孝的。"

"衔环"的典故见于南北朝梁吴均《续齐谐记》："宝年九岁时，至华阴山北，见一黄雀为鸱枭所搏，坠于树下，为蝼蚁所困。宝取之以归，置巾箱中，唯食黄花，百余日毛羽成，乃飞去。其夜有黄衣童子向宝再拜曰：'我西王母使者，君仁爱救拯，实感成济。'以白环四枚与宝：'令君子孙洁白，位登三事，当如此环矣。'"

东汉名儒杨震的父亲杨宝，九岁时，有一天，在华阴山北的一株树下，看见了一只被猫头鹰之类啄伤了的小黄雀，浑身爬满了蚂蚁，眼看快要死了。杨宝出于怜悯之心，便把这只小黄雀带回家中，养在巾箱里，每天采集一些嫩黄的花蕊来喂养它。百日之后，黄雀羽毛已经丰满了，蹦蹦跳跳，活泼可爱。杨宝就把它放走了。

当天夜里，杨宝见一黄衣童子，拜谢说："我是西王母的使者，承蒙您的搭救之恩。"将四枚白玉环赠予杨宝，并又说："它可保佑您的子孙位列三公，清正廉明。祝福您的子孙都像玉环一样洁白无瑕，世代幸福。"说罢，便化作一只黄雀飞去。

后来，果然不出黄衣童子所料，杨宝的儿子杨震、孙子杨秉、曾孙杨赐、玄孙杨彪竟都飞黄腾达，均官至太尉。

"结草衔环"，也可以作"衔环结草"。比喻感恩戴德，至死不忘。后世用来指报恩。如清代刘鹗《老残游记》第十四回："俺田家祖上一百世的祖宗，做鬼都感激二位爷的恩典，衔环结草，一定会报答你二位的。"如果分开，活着报答，则叫"衔环"；死后报答，则叫"结草"，故而又有"生当衔环，死当结草"的说法。如西晋文学家李密《陈情表》："臣生当陨首，死当结草。"

伯乐一顾

"伯乐一顾",语出西汉刘向《战国策·燕二》:"人有卖骏马者,比三旦立于市,人莫知之。往见伯乐曰:'臣有骏马,欲卖之,比三旦立于市,人莫与言。愿子还而视之,去而顾之,臣请献一朝之贾。'伯乐乃还而视之,去而顾之,一旦而马价十倍。"

传说中,天上管理马匹的神仙叫伯乐。在人间,人们把精于鉴别马匹优劣的人,也称为伯乐。

第一个被称作伯乐的人姓孙名阳(前680—前610),春秋中期郜国(今山东省成武县)人。在秦国富国强兵中,作为相马立下汗马功劳,深得秦穆公的信赖,被封为"伯乐将军"。随后,以监军少宰之职随军征战南北。伯乐后来将毕生经验总结写成我国历史上第一部相马学著作——《伯乐相马经》。《吕氏春秋·精通》说:"孙阳学相马,所见无非马者,诚乎马也。"

一次,伯乐受楚王的委托,购买能日行千里、夜行八百的骏马。伯乐向楚王说明,千里马少有,找起来不容易,需要到各地巡访,请楚王不必着急,我尽力将事做好。

伯乐跑了好几个国家,在盛产名马的燕赵一带,更是仔细寻访,辛苦备尝,还是没发现中意的良马。一天,伯乐从齐国返回,在路上,看到一匹马拉着盐车,很吃力地在陡坡上行进。马每迈一步都非常艰难。伯乐对马向来亲近,不由得走到跟前。马见伯乐走近,突然昂起头来瞪大眼睛,大声嘶鸣,好像要对伯乐倾诉什么。伯乐立即从声音中判断出,这是一匹难得的骏马。

伯乐对驾车的人说:"这匹马在疆场上驰骋,任何马都比不过它,但用来拉车,它却不如普通的马。你还是把它卖给我吧。"

驾车人认为伯乐是个大傻瓜,他觉得这匹马太普通了,拉车没气力,吃得太多,骨瘦如柴,毫不犹豫地同意了。伯乐牵走千里马,直奔楚国。伯乐牵马来到楚王宫,拍拍马的脖颈说:"我给你找到了好主人。"千里马像明白伯乐的意思,扬起前蹄把地面震得咚咚作响,引颈长嘶,声音洪亮,如大钟石磬,直上云霄。楚王听到马嘶声,走出宫外。伯乐指着马说:"大王,我把千里马给您带来了,请仔细观看。"

楚王一见伯乐牵的马瘦得不成样子,认为伯乐是在愚弄他,就很不高兴,说:"我相信你会看马,才让你买马,可你买的是什么马呀?这马连走路都很困难,能上战场吗?"伯乐说:"这确实是匹千里马,不过,拉了一段车,又喂养不精心,所以看起来很瘦。只要精心喂养,不出半个月,一定会恢复体力的。"

楚王一听,有点将信将疑,便命马夫尽心尽力把马喂好,果然,马变得精壮神俊。楚王跨马扬鞭,但觉两耳生风,喘息的工夫,已跑出百里之外。后来千里马为楚王驰骋沙场,立下不少功劳。楚王对伯乐更加敬重。

另有一个人卖骏马,去了三个早市都没能卖掉。这人找到伯乐,说:"希望您能在我的马旁边转一转,相看一下。走的时候再回过头来看一看。我愿意敬送您一个早晨的费用。"伯乐答应了,第二天早晨,便在马市上转了转,看了看,于是,这匹骏马的价格顿时上涨了十倍。

"伯乐一顾"比喻受到名家的推荐和赏识的重要作用。南朝刘宋史学家范晔《后汉书·隗嚣传》:"但弩马铅刀,不可强扶。数蒙伯乐一顾之价,而苍蝇之飞,不过数步,即托骥尾,得以绝群。"唐代文学家韩愈《为人求荐书》:"昔人有鬻马不售于市者,知伯乐之善相也,从而求之,伯乐一顾,增价三倍。"

亦作"伯乐一过"。唐代文学家韩愈《送温处士赴河阳军序》:"伯乐一过,冀北之野,马群遂空。"

亦作"伯乐顾"。唐代诗人张九龄《南还以诗代书赠京师旧僚》:"上惭伯乐顾,中负叔牙知。"

老马识途

"老马识途",语出战国韩非《韩非子·说林上》:"管仲、隰朋从于桓公而伐孤竹,春往冬反,迷惑失道。管仲曰:'老马之智可用也!'乃放老马而随之。遂得道。"

齐桓公二十三年(前663),北方的山戎国(今河北迁安市一带)老是侵犯燕国,闹得燕国不得安宁,燕国国君便向齐桓公求援,齐桓公带着宰相管仲和大夫隰朋出征。结果,山戎国被打得大败,山戎王便带着他的残兵败将逃往东部的孤竹国(今河北卢龙县至辽宁朝阳市一带)去了。于是,齐桓公命令军队继续追击,山戎国和孤竹国的军队吓得钻进了深山老林之中,最终还是遭到了齐桓公军队的围歼。

由于齐国的军队出征的季节是明媚的春天,而班师凯旋时已是寒冷的冬天,加上白雪的覆盖,沿途的草木全都变了样。大军在崇山峻岭的一个山谷里转来转去,就是找不到回归的路。于是,管仲对齐桓公说:"老马有认路的本领,可以利用它做我们的向导,带领大军走出山谷。"齐桓公大喜,同意试试看。于是,管仲立即挑选了几匹老马,解开缰绳,卸下鞍具,让它们在大军的最前面自由行走。也真奇怪,这些老马都毫不犹豫地朝一个方向行进。大军就紧跟着它们东走西走,最后终于走出了山谷。

《管子》中也有这段记载,迷路的原因不是凯旋,而是中了敌人的奸计。说:当齐国的军队打到孤竹国时,孤竹国王答里呵设下圈套,故意让黄花元帅退却,结果,把齐桓公诱进了迷谷瀚海。这里是一望无际的沙漠地带,荒无人烟,狂风呼啸,因此迷了路。后来,还是管仲利用老马做向导,才把军队带出了迷谷。

管仲之所以知道老马识途,主要缘于他亲身的经历。早年他和鲍叔牙一起做买卖,有一年,他在外面买了一匹良马,这匹马浑身上下墨黑，唯有四只蹄子洁白如雪，卖马的人告诉他，这马名字叫"雪里站"。日行千里，夜行八百。后来，鲍叔牙在管仲的参谋下也买到了一匹良马，这匹马浑身上下雪白，唯有四只蹄子漆黑如炭，也能日行千里，夜行八百。

有一次跑买卖，两人住进了一家客栈，这家客栈当晚遇到了盗贼，结果，二人的马也被偷了去。他二人和店主一起报了官，已经过去几天了，官府还是没有任何消息。鲍叔牙就和管仲商量，准备明天就回家。二人正在店中闲坐，忽然远处传来"嘚、嘚、嘚"的马蹄声，愈来愈近，他俩急忙跑出去观看，是两匹马，一黑一白，朝着这家客栈奔了过来，停在了客栈的大门口，鲍叔牙和管仲定睛一看，喜出望外，原来却是自己被盗贼盗走的那两匹马，失而复得。

"老马识途"比喻有经验的人熟悉情况，能在某个方面起引导作用。明代小说家余邵鱼《东周列国志》第二十一回："臣闻老马识途，无须与山戎连界，其马多从漠北而来，可是虎儿斑择老马数头，观其所往而随之，宜可得路也。"明末清初散文家钱谦益《高念祖怀寓堂诗序》："念祖以余老马识途，出其行卷，以求一言。"清代诗人黄景仁《立秋后二日》诗："老马识途添病骨，穷猿投树择深枝。"

亦作"识途（涂）马"。清代诗人黄遵宪《题樵野丈运甓斋话别图》诗："谓我识涂马，招我来咨陬。"清代史学家赵翼《重赴鹿鸣宴恭记四首》之四："智可识途推老马，才渐横海掉长鲸。"现代作家茅盾《子夜》四："你也不用发忧，还有你老子是'识途老马'，慢慢地来指拨你罢。"

亦作"马老知道"。明末清初散文家、诗人钱谦益《费县道中三首》之三："枥中老马空知道，爨下车劳枉作薪。"

亦作"老马知路"。南宋诗人陆游《东窗遣兴》诗三首："老马漫知路，钝锥宁出囊。"

管鲍之交

"管鲍之交",语出战国列御寇《列子·力命篇》:"管夷吾鲍叔牙二人相友甚戚……管仲尝叹曰:'吾少穷困时,尝与鲍叔贾,分财多自与;鲍叔不以我为贪,知我贫也。吾尝为鲍叔谋事而大穷困,鲍叔不以我为愚,知时有利不利也。吾尝三仕三见逐于君,鲍叔不以我为不肖,知我不遭时也。吾尝三战三北,鲍叔不以我为怯,知我有老母也。公子纠败,召忽死之,吾幽囚受辱,鲍叔不以我为无耻,知我不羞小节而耻名不显于天下也。生我者父母,知我者鲍叔也!'此世称管鲍善交者。"

春秋初期,齐国出现了两位贤人,一个叫管仲,一个叫鲍叔牙。管仲,即管敬仲,名夷吾,字仲,颍上(今安徽颍上县)人。鲍叔牙,以知人著称。一个富有才华,一个谦恭厚道。管仲家里非常贫穷,而鲍叔牙家里却非常富有。但是,他们俩之间却彼此了解,特别信任,最为知己。后来,他俩一起又做了齐国公子的老师,管仲辅佐公子纠,鲍叔牙辅佐公子小白。

齐僖公死后,公子纠和公子小白的兄弟即位,即齐襄公。这齐襄公生性残暴,为了保全他自己的君位,就不顾兄弟亲情而不择手段地加害公子纠和公子小白。无奈之下,鲍叔牙就带领着公子小白逃到公子小白母亲的娘家莒国(今山东莒县)去了;而管仲也带着公子纠逃到了公子纠母亲的娘家鲁国(今山东曲阜县)。不久,齐国内乱,齐襄公被杀。公子纠和公子小白得到消息后,便争相回国去继承君位。

管仲为了阻止公子小白赶在前头,便安排兵马在公子小白返回齐国的道路上设卡拦截,自己则亲自护送公子纠赶回齐国。谁知,在半道上,管仲就和鲍叔牙护送公子小白的车队相遇,管仲劝他们返回莒国,鲍叔牙和公子小白就是不肯。情急之中,管仲拉弓搭箭,一箭过去,将公子小白射翻。他满以为公子小白已死，其实，公子小白是借机假装死去，所以，管仲便不慌不忙地伴着公子纠继续向齐国进发。这边的鲍叔牙连忙扶起公子小白抄小路飞奔回国，终于先到国都临淄（今山东临淄）。公子小白被立为国君，即齐桓公。

　　齐桓公当即发兵攻打尚在半道上的管仲和公子纠，这下，却惹恼了鲁国国君鲁庄公，鲁庄公派兵去攻打齐国，结果大败。齐桓公要求鲁国杀死公子纠，交出管仲。鲁庄公无奈，只有杀死公子纠，交出了管仲。就在这时，鲁国的谋士施伯建议鲁庄公也把管仲杀死，因为他是个能人，为人过于聪明，恐怕将来对鲁国不利。但齐国的使者坚决不同意，说："管仲曾射杀过我们的国君，所以，我们必须押解他回国，交由我们的国君亲自处理。"所以，鲁庄公便命人把管仲装上囚车，交给了齐国使者。管仲心想，这一定是鲍叔牙的主意。果不其然，一到齐国，鲍叔牙就亲自出来迎接管仲，并把他推荐给了齐桓公。齐桓公听了鲍叔牙的话，不计前嫌，拜管仲为相。鲍叔牙反倒做了管仲的助手。后来，鲍叔牙为了让管仲能有更大的空间发挥自己的才能，便悄悄地离去，隐居别处。齐桓公在管仲的辅佐下，终成霸业。

　　鲍叔牙死后，管仲在他的坟墓前痛哭，感慨道："我和鲍叔牙曾在一起做过买卖，每次赚了钱，他总是分给我一多半。有人在背后议论说我占了便宜，鲍叔牙却说：'管仲家境贫寒，应该多拿一些。'我先后曾三次到朝中做官，而三次都丢了官，有人背后议论说我无能，鲍叔牙却说：'管仲是没有遇到明君啊！'我从军参战时，凡遇到敌人进攻时，我就临阵脱逃，有人背后议论说我胆怯，鲍叔牙却说：'管仲家中有年高的老母，是孝心孝道所致啊！'生我养我者父母，而知我者却是鲍叔牙啊！"

　　西汉史学家司马迁《史记·管晏列传》也载此事。

　　"管鲍之交"比喻深厚的友谊。管鲍之交，乃称得上千古知人的典范。

亦做"管鲍交"。唐代史学家李延寿《北史·李彪传》："彪虽与宋弁结管鲍交，弁为大中正，与孝文私议，犹以寒地处之，殊不欲微相优假。彪亦知之，不以为恨。及弁卒，彪痛之无已，为之哀诔，备尽辛酸。"唐代诗人杜甫《贫交行》："翻手作云覆手雨，纷纷轻薄何须数。君不见管鲍贫时交，此道今人弃如土。"

亦作"管鲍"。西晋哲学家、文学家傅玄《何当行》："管鲍不出世，结交安可为。"南朝梁沈约《宋书·沈攸之传》："同功共体，世号三侯，当时亲昵，情过管鲍。"

亦作"管鲍亲"。明末清初思想家、史学家、语言学家顾炎武《赠钱行人邦寅》诗："之子才名重，相知管鲍亲。"

亦作"鲍叔知管"。现代诗人柳亚子《毛主席招谈于红岩咀办事处》诗之一："最难鲍叔能知管，倘用夷吾定霸齐。"

亦作"鲍叔谊"。现代诗人柳亚子《寄赵伯先香江》诗："鲍叔谊原应指囷，阮孚穷奈不名钱。"

亦作"鲍叔"。唐代诗人杜甫《送率府程录事还乡》诗："千载得鲍叔，末契有所及。"

高山流水

"高山流水",最早出自战国吕不韦《吕氏春秋·本味》。别类典籍如《列子》也有记载,内容不尽相同。战国列御寇《列子·汤问》原文是:"伯牙善鼓琴,钟子期善听。伯牙鼓琴,志在高山,钟子期曰:'善哉,峨峨兮若泰山!'志在流水,曰:'善哉,洋洋乎若江河!'伯牙所念,钟子期必得之。"

春秋时代,有个风流才子姓俞,名瑞,字伯牙,楚国郢都(今湖北荆州市江陵县东北)人,在晋国做官,仕至上大夫。精通音律,琴艺高超,是当时著名的琴师。俞伯牙年轻的时候聪颖好学,曾拜高人为师,但他总觉得自己还不能出神入化地表现对各种事物的深切感受。俞伯牙的老师知道后,就带他乘船到东海的蓬莱岛上,让他欣赏大自然的风光,倾听大海的波涛。伯牙举目眺望,只见波浪汹涌,浪花激溅;海鸟翻飞,鸣声贯耳;山林树木,郁郁葱葱,如入仙境一般。一种奇妙的感觉油然而生,耳边仿佛响起了大自然那和谐动听的音乐。他情不自禁地取琴弹奏,音随意转,把大自然的美妙融进了琴声,伯牙体验到一种前所未有的愉悦。老师告诉他:"你已经学到家了。"

一天,俞伯牙奉命出使楚国。为了不辱君命,待公事完毕,他便选择水路赶回家乡,想看一看祖先的坟墓,会一会亲朋好友。中秋节之夜,当船至汉阳江口,突然风狂浪涌,大雨如注,只得将舟泊于崖下。不多时,雨止云开。面对清风朗月,俞伯牙思绪万千,为了以遣情怀,于是,他一边命童子焚香,一边开囊取琴,弹起琴来,琴声悠扬,渐入佳境。忽然,他发现岸上有人驻足聆听。伯牙走出船来,见是一个年轻的樵夫,经过交谈,伯牙见他谈吐不凡,当即问他:"你听得懂吗?"樵夫说:"大人方才弹的是'孔仲尼叹颜回'谱入声琴。其词云:'可惜颜回命早亡,教人思想鬓如霜。只因陋巷箪瓢乐,'刚到这一句,就断了琴弦,不曾抚出第四句来。俺记得是'留得贤名万古扬'。"伯牙闻言惊异,当即邀樵夫登舟细言,以礼相待,高兴地对他说:"有一回,孔子正在室内弹琴,他的学生颜回从外面进来,忽听琴中有幽沉之声,疑有贪杀之意,不免一惊。后来,才知道孔子刚才是遇到一只猫在捕捉一只老鼠,由于在感情上受到了影响,所以,便在琴音中不知不觉地表现了出来。像颜回这样,真可算得上知音了。"说完,伯牙又兴致勃勃地为樵夫弹奏。伯牙弹起赞美高山的曲调,樵夫听后说道:"真好!雄伟庄重,巍巍乎意在高山!"当他弹奏表现奔腾澎湃的波涛时,樵夫又说:"真好!宽广浩荡,汤汤乎志在流水!"伯牙大喜,激动地说:"知音!你真是我的知音啊!敢问先生尊姓大名?"只见樵夫回答:"小子姓钟,名徽,字子期。"子期转问:"大人贵姓?何处荣职?"二人对坐品茶,茶罢取酒共酌,话越攀谈越投机,真乃相见恨晚。遂在船上拜为兄弟,伯牙为兄,子期为弟。二人在船上谈了一夜,天明临别,俞伯牙约定,明年这个时候,一定要到钟家去拜访。

　　到了第二年,俞伯牙如期到来,取黄金舍舟登岸,命童子携琴相随,直奔钟家。不料,却迷失了道路,恰巧遇到了子期的父亲。钟父悲痛地告诉他,钟子期已经亡故。俞伯牙闻言,五内崩裂,泪如泉涌,大叫一声,就昏倒在地。待苏醒后,又是一场大哭,这哭声惊动了山前山后山左山周围山民,听说是晋国的大臣俞伯牙来祭钟子期,争相观看。俞伯牙在钟父和山民们的引领下,来到了钟子期的坟前。俞伯牙命童子递来瑶琴,盘腿坐于坟前,泪洒两行,许久,当弹完最后一曲,俞伯牙突然把瑶琴在钟子期墓前的祭石台上摔了个粉碎,说道:"摔碎瑶琴凤尾寒,子期不在对谁弹?春风满面皆朋友,欲觅知音难上难。"表示从今往后不再弹琴,因为他已经失去了唯一的一位知音。后来,他将钟子期的父母接到晋国自己的家中赡养,直至送终。

　　明代小说家冯梦龙还把它改写成话本《俞伯牙摔琴谢知音》,收录在他的《警世通言》里。

"高山流水"，比喻知己或知音，也比喻音乐优美，还比喻友谊的深厚。宋人话本《大宋宣和遗事》前集："说破兴亡多少事，高山流水有知音。"清代小说家曹雪芹《红楼梦》第八十六回："黛玉道：'……书上说的师旷鼓琴能来风雷龙凤；孔圣人尚学琴于师襄，一操便知其为文王；高山流水，得遇知音。'"

负荆请罪

"负荆请罪",语出西汉司马迁《史记·廉颇蔺相如列传》:"相如曰:'夫以秦王之威,而相如廷叱之,辱其群臣,相如虽驽,独畏廉将军哉!彼吾念之,强秦之所以不加兵于赵者,徒以吾两人在也。今两虎共斗,其势不俱生。吾所以为此者,以先国家之急而后私仇也。'廉颇闻之,肉袒负荆,因宾客至蔺相如门谢罪。曰:'鄙贱之人,不知将军宽之至此也。'卒相与欢,为刎颈之交。"

战国时,有秦、齐、楚、燕、韩、赵、魏七大国,历史上称"战国七雄"。在这七国当中,数秦国最强大。秦国常常欺侮赵国,最终想掠夺赵国的国宝"和氏璧"。

有一次,赵王派遣内侍长缪贤的门客蔺相如带着稀世珍宝和氏璧出使秦国。蔺相如见了秦王,凭着机智和勇敢,给赵国争得了不少面子。后来,秦王和赵王在渑池相会时,秦王企图当众羞辱赵王,不料反被蔺相如奚落了一番。赵王看蔺相如这么能干,便拜他为上卿(相当于后来的宰相)。

赵王赏识蔺相如,这可气坏了大将军廉颇。他想:我征战沙场,为国拼命打仗,功劳难道还不如一个能言善辩的蔺相如吗?况且你蔺相如还是出身卑贱的门客,有什么了不起的?一个门客,居然地位比我还高!他越想越不服气,"我要是碰到蔺相如,非当面给他点儿难堪,看他能把我怎么样!"

廉颇的这些话传到了蔺相如耳朵里,蔺相如立刻吩咐他手下的人,叫他们以后碰着廉颇手下的人,千万要让着点儿,不要和他们争吵。他自己坐车出门,只要听说廉颇从前面来了,就叫车夫把车子驶到小巷子里,等廉颇过去了再走。廉颇手下的人,看见上卿这么让着自己的主人,更加得意忘形了,见了蔺相如手下的人,就嘲笑他们。蔺相如手下的人受不了这个气，就跟蔺相如说："您的地位比廉将军高，他骂您，您反而躲着他，让着他，他越发不把您放在眼里啦！这样下去，我们可受不了。"

蔺相如心平气和地问他们："廉将军跟秦王相比，哪一个厉害呢？"大伙儿说："那当然是秦王厉害。"蔺相如说："对呀！我见了秦王都敢在秦国的朝廷上斥责他，都敢羞辱他的群臣，难道我还怕廉将军吗？要知道，秦国现在不敢来打我们赵国，就是因为我们国内文官武将一条心。我们两人好比是两只老虎，两只老虎要是打起架来，难免有一只要受伤，甚至死掉，这就给秦国造成了进攻赵国的好机会。我之所以处处避廉将军，完全是以国事为重，把私人面子丢在一边。"蔺相如手下的人听了这一番话，非常感动，以后看见廉颇手下的人，都小心谨慎，总是让着他们。

后来，蔺相如的这番话传到了廉颇的耳朵里，廉颇惭愧极了。他袒露着背，背着惩罚罪犯用的荆条，直奔蔺相如府上谢罪，蔺相如连忙出来迎接廉颇。廉颇对着蔺相如跪了下来，双手捧着荆条，请蔺相如鞭打自己，说道："我真是个糊涂的小人，差点误了国家的大事。"蔺相如把荆条扔在地上，急忙用双手扶起廉颇，给他穿好衣服，拉着他的手，请他坐下。

蔺相如和廉颇从此成了要好的朋友，这两个人一文一武，一将一相，同心协力辅佐赵王。

这个故事，即所谓的"将相和"。"负荆请罪"也就成了一句成语，表示主动向人认错、道歉，请求对方严厉责罚。

举案齐眉

"举案齐眉",语出南朝刘宋范晔《后汉书·梁鸿传》:"(鸿)为人赁舂,每归,妻为具食,不敢于鸿前仰视,举案齐眉。"

梁鸿(约25—约104),东汉文学家,字伯鸾,扶风平陵人(今陕西咸阳西北5公里北上昭村到庞村一带)。好读书,博学多才,家里虽穷,但崇尚气节。他曾进当时官办的最高学府——太学学习,学业结束后,他就在皇家林苑——上林苑放猪。虽学无致用,但他也安得其所。

有一次,梁鸿因不小心,误将火种遗落而引起火灾,烧了别人的房屋,他就一家家去查看灾情,并愿意用自己的猪来赔偿。谁知有一家人为人刻薄,认为赔得少了,梁鸿说:"我家贫穷,实在是没有什么值钱的东西可赔了,要不,我愿意为您做几年工来补偿。"主人便同意了。因为梁鸿殷勤,周围邻居看在眼里,便一起谴责那家主人这样对待梁鸿。主人见梁鸿也不是一般人,心生敬意,要将猪归还给他,梁鸿坚辞不受,径回老家平陵去了。

由于梁鸿的博学与气节,使得当地不少达官贵人、名门望族都想把女儿嫁给他,但梁鸿一一婉言谢绝。与他同县有一位孟女,长得又黑又胖又丑,力气很大,据说能把石臼举起来。每次为她择婆家,就是不嫁,已三十岁了。父母问她为何不嫁,她说:"我要嫁像梁伯鸾一样贤德的人。"梁鸿听说后,就下聘礼娶她。

孟女嫁到梁鸿家里,由于是新娘,穿戴不免漂亮些,梁鸿一连七天不理她。孟女就来到梁鸿面前跪下,说:"妾早闻夫君贤名,立誓非您莫嫁;夫君也拒绝了许多家的提亲,最后选定了妾。可不知为什么,婚后,夫君默默无语,不知妾犯了什么过失?"梁鸿说:"我一直希望自己的妻子是位能穿麻葛衣,并能与我一起隐居到深山老林中的人。而现在你却穿着名贵的丝织品缝制的衣服，涂脂抹粉、梳妆打扮，这哪里是我理想中的妻子啊？"孟女听了，对梁鸿说："我这些日子的穿着打扮，只是想验证一下，夫君你是否真是我理想中的贤士，妾早就备有劳作的服装与用品。"说完，便将头发卷成髻，穿上粗布衣，架起织机，动手织布。梁鸿见状大喜，连忙奔过去对妻子说："这才是我梁鸿的妻子！"随即，他为妻子取名为孟光，字德曜，意思是她的仁德如同光芒般闪耀。

后来，他们一道去了霸陵（今西安市东北）山中，过起了隐居生活。在霸陵山深处，他们以耕织为业，或吟咏诗书，或弹琴自娱。

汉章帝时，梁鸿经过京城洛阳，见宫室华丽，作了一首《五噫歌》："陟彼北芒兮，噫！顾瞻帝京兮，噫！宫阙崔嵬兮，噫！民之劬劳兮，噫！辽辽未央兮，噫！"大意是："登上高高的北芒山，俯览脚下的帝京城，宫室是多么的崔嵬，老百姓的辛勤劳苦，却远远地没有尽头。"不料，这首诗被章帝知道了，章帝勃然大怒，便下令搜捕梁鸿。梁鸿闻讯后改名换姓，携妻儿逃到了齐鲁一带居住。

章帝派出的人追到了齐鲁，梁鸿见这里也待不下去了，只得携妻带子南逃至吴地（今苏州一带），住在大族皋伯通家宅的廊下小屋中，梁鸿白天为人舂米，晚上每当他拖着疲倦的身子回家时，孟光已经为他做好了香喷可口的饭菜。她非常敬重丈夫，不敢抬头直视，就半曲着身子将盛着饭菜的托盘举至眉前端给丈夫吃。有一次，皋伯通见此情形，惊叹道："能使妻子这样敬重自己的人必非常人！"于是，他立即把梁鸿全家迁入他的家宅中居住，并供给他们衣食。梁鸿因此有了机会著书立说，闭门著书十余篇。可惜的是，梁鸿的文集到隋朝时已经亡佚了。梁鸿最终死于吴地，皋伯通感于梁鸿的高风亮节，将他葬在了战国义士要离的墓旁，大伙都说要离忠烈，梁鸿清高，葬在一起让后世之人来瞻仰吧。其妻孟光后来携子回到了老家平陵，从此潜心教子，无疾而终。

梁鸿夫妇这样不慕名利,淡泊性情,可称高义。梁鸿读书著书自娱,娶妻不图貌美,而求贤德,读书不为做官,而求修身。因此,这对夫妻,史称举案齐眉,相敬如宾,也就成了后世夫妇的光辉典范。

举案齐眉,案:古时有脚的托盘。送饭时把托盘举得跟眉毛一样高,后形容夫妻互相尊敬。南宋词人周紫芝《竹坡词话》:"内子朱,贤而善事其夫,每举案齐眉,则相敬如宾。"南宋词人沈瀛《减字木兰花·简沈都仓》词:"玉人来止,见说冰翁心甚喜。好个家风,举案齐眉胜敬通。"南宋词人张孝祥《虞美人·赠卢坚叔》词:"卢敖夫妇骖鸾侣,相敬如宾主。森然兰玉满尊前,举案齐眉乐事、看年年。"元代杂剧作家关汉卿《窦娥冤》第二折:"这一个似卓氏般当垆涤器,这一个似孟光般举案齐眉。"元代杂剧作家王实甫《西厢记》四本第三折:"若不是酒席间母子们当回避,有心待与他举案齐眉。"清代小说家吴敬梓《儒林外史》第十回:"次日,蘧公孙上厅谢亲,设席饮酒。席终,归到新房里,重新摆酒,夫妻举案齐眉。此时鲁小姐卸了浓装,换几件雅淡衣服,蘧公孙举眼细看,真有沉鱼落雁之容,闭月羞花之貌。"

亦作"齐眉举案"。于伯渊《仙吕·点绛唇》曲:"言行功容,四德三从,孟光合配梁鸿。怎教她齐眉举案劳尊重,俏书生别有家风。"清代小说家曹雪芹《红楼梦》第五回:"叹人间,美中不足今方信,纵然是齐眉举案,到底意难平。"

亦作"举案"。北宋文学家、书画家黄庭坚《次韵寄晁以道》:"颇似携法喜,举案馌南亩。"北宋文学家、书画家苏轼《乘舟过贾收水阁三首》之一:"泪垢添面丁,贫低举案娥。"

亦作"齐眉"。李坤《趋翰苑遭诬构四十六韵》:"俯首安赢业,齐眉慰病夫。"北宋文学家、书画家黄庭坚《乐寿县君吕氏挽词》诗:"剪髻宾筵盛,齐眉妇礼闲。"明代文学家于谦《悼内》诗:"东风庭院落飞花,偕老齐眉愿竟违。"

杜鹃啼血

"杜鹃啼血",语出东晋常璩《华阳国志·蜀志》:望帝称王于蜀,得荆州人鳖灵,便立以为相。"后数岁,望帝以其功高,禅位于鳖灵,号曰开明氏。望帝修道,处西山而隐,化为杜鹃鸟,或云化为杜宇鸟,亦曰子规鸟,至春则啼,闻者凄恻。"

在很久很久以前,蜀国(今四川郫县)有个国王,名叫望帝。他重视发展农业生产,爱戴百姓,辛苦了多年,把蜀国建成了一个丰衣足食的天府之国。

某年,在湖北荆州一个井里的大鳖成了精灵,幻化成了人形。可是,它刚从井里来到人间便不知何故死了。奇怪的是,那死尸在哪里,哪里的河水就会向西流。于是,鳖精的尸体就随着西流水,从荆水沿着长江直往上浮,浮过了三峡,浮过了巴泸,最后到了岷江。当鳖精浮到岷山山下的时候,它突然活了过来,还跑去朝拜望帝,自称为"鳖灵"。说来也巧,鳖灵正碰见望帝愁眉不展,长吁短叹,便忙问为什么如此惆怅。望帝见到鳖灵,非常喜欢他的聪明和诚恳,便告诉了他缘故。

原来,有一大群被蜀人烧山开荒赶走的龙蛇鬼怪,不愿离开天府之国这块宝地,更不情愿看到蜀人把自己的家园建成乐园,他们便使了妖术,把现在川西一带的大石,都运到夔峡、巫峡一带的山谷里,堆成崇山峻岭,砌成龙穴鬼窝,天天在那里兴风作浪,将万流归海的大水挡住了。结果,水流越来越大,水位越来越高,将老百姓的房屋、作物甚至生命,埋葬在无情的洪水里面。大片大片的梯田和平地,人们生活的地方,变成了又黑暗又污秽的海底。这种百姓遭殃受罪的情景已经很长时间了,可是谁也没有办法,望帝因此而茶饭不思,夜寝不香。

鳖灵听后,便对望帝说:"我有治水的本领,也不怕什么龙蛇鬼怪,

一定能战胜邪恶。"望帝大喜过望，便拜他做了丞相，令他去巫山除鬼怪，开河放水救民。

鳖灵领了圣旨，带了许多有本领的兵马和工匠，顺流来到巫山所在，和龙蛇战斗了六天六夜，才把那些凶恶顽劣的龙蛇捉住，关在了滟滪堆下的上牢关里。接着，他又带领人们和鬼怪拼斗了九天九夜，才把那些邪恶狡猾的鬼怪捉住，关在了巫山峡的鬼门关里。然后，鳖灵着手把巫山一带的乱石高山，凿成了夔峡、巫峡、西陵峡等弯曲峡谷，终于将汇积在蜀国的滔天洪水，顺着七百里长的河道，引向东海去了。蜀国又成了人民康乐、物产丰饶的天府之国。

望帝非常爱才，他见鳖灵为人民立了如此大功，才能又高于自己，便选了一个好日子，举行了隆重的仪式，将王位惮让给了鳖灵，他自己隐居到西山去了。

鳖灵做了国王，便是"丛帝"。他领导蜀人兴修水利，开垦田地，做了许多利国利民的大好事，百姓过着快乐的生活，望帝也在西山过着清心寡欲的日子。

可是，后来情况慢慢起了变化。丛帝有点居功自傲，变得独断专行，不大倾听臣民的意见，不大体恤老百姓的生活了，人们为此愁起来。

消息传到西山，望帝非常着急，最后，他决定亲自进宫去劝导丛帝。这个消息很快就被老百姓知道了，大家都诚心诚意地期望丛帝能悔过反省，便一大群一大群地跟在望帝的后面，进宫请愿，结果，便连成了长长的一支队伍。

这一来，反而把事情弄僵了。丛帝远远地看见这种阵势，以为是望帝要向他收回王位，带着这么多的老百姓是来推翻他的。丛帝心中一阵惊慌，便急忙下令紧闭城门，将望帝和那些百姓拒之于城外。

望帝无法进城，便靠着城门呼天号地地痛哭了起来，许久，城门还是不开，望帝无奈，只好回西山了。可是，望帝老是觉得自己有责任去帮助丛帝清醒过来，治理好天下，他一定要想办法进城去。他又想呀想呀，终于想到只有变成一只会飞的鸟儿，才能飞进城内，飞进宫中，落到高树枝头，把安抚天下的道理再讲给丛帝。于是，他便化作了一只会飞会叫的杜鹃鸟。

那杜鹃扑打着双翅从西山飞进了城里，又飞进了高高宫墙的里面，飞到了御花园的楠木树上，高声叫着："民贵呀！民贵呀！"

丛帝原来也是个清明的国王，也是个受到四川百姓称颂的国王。他听了杜鹃的劝告，明白了望帝的善意，知道自己多疑了，心中很是愧疚，以后，便更加体恤民情，成为一个名副其实的好国王。

可是，望帝已经变成了杜鹃鸟，再也无法恢复原形了，而且，他也下定决心要劝诫以后的君王爱民。于是，望帝化为的杜鹃鸟总是昼夜悲鸣不止。但是，以后的帝王没有几个听他的话，所以，他苦苦地叫，叫出了血，染红了山上的杜鹃花，蜀人以为是望帝的魂回来了。这就是民间传说中"杜鹃啼血"的故事。郫县城因而被称为"鹃城"。

后代的人都为杜鹃这种努力不懈的精神所感动，所以，世世代代的四川人，都很郑重地传下了"不打杜鹃"的规矩，以示敬意。后人为纪念望帝，在每年的农历五月十五前后举办起鹃城赛歌会，赛歌会场地就选在望丛祠。

"杜鹃啼血"比喻冤魂的悲鸣。唐代诗人白居易《琵琶行》："其间旦暮闻何物，杜鹃啼血猿哀鸣。"

亦作"望帝"。唐代诗人李商隐《锦瑟》："庄生晓梦迷蝴蝶，望帝春心托杜鹃。"清代戏曲作家洪昇《长生殿》第三十八出："可怜那抱幽怨的孤魂，只伴着呜咽咽的望帝悲声啼夜月。"保皇会首领康有为《戊戌八月国变记事》诗："小臣东海泪，望帝杜鹃红。"

亦作"啼鸟"。唐代诗人柳中庸《听筝》："似逐春风知柳态，如随啼鸟识花情。"

亦作"望帝啼鹃"。元代戏曲作家关汉卿《窦娥冤》第三折："等他四下里皆瞧见，这就是咱苌弘化碧，望帝啼鹃。"

亦作"望帝魂"。明代戏曲作家汤显祖《牡丹亭》第二十出："则怕女儿啊，他望帝魂归不可招。"

亦作"杜宇魂"。五代文学家谭用之《忆雨中》诗："林间有竹湘妃泪，窗外禽多杜宇魂。"

亦作"古帝魂"。唐代诗人杜甫《杜鹃》诗："杜鹃暮春至，哀哀叫其间。我见常再拜，重是古帝魂。"

亦作"蜀鸟"。唐代诗人雍陶《闻杜鹃二首》之二："蜀客春城闻蜀鸟，思归声引未归心。"亦作"子规啼血"。北宋诗人王令《送春》诗："三月残花落更开，小檐日日燕飞来。子规夜半犹啼血，不信东风唤不回。"

红叶题诗

"红叶题诗",是古代文人墨客演绎的一出充满传奇色彩的爱情故事,神秘、凄美、浪漫,令人荡气回肠。由唐宋至元明,千余年来,"红叶题诗"便出现了多种不同的版本,虽然人物姓名各不相同,故事情节各有差异;但如枫叶般红艳的女子,实在令人叹慕。

"红叶题诗"出自唐代范摅《云溪友议·题红怨》:"中书舍人卢渥,应举之岁,偶临御沟,见一红叶,命仆搴来,叶上有一绝句,置于巾箱,或呈于同志,及宣宗即省宫人,初下诏从百官司吏,独不许贡举人。渥后亦一任范阳,独获所退宫人。宫人睹红叶而吁叹久之,曰:'当时偶随流,不谓郎君收藏巾箧。'验其书迹无不讶焉。诗曰:'流水何太急?深宫尽日闲。殷勤谢红叶,好去到人间。'"

相传,唐宣宗时,有一年,卢渥到京城长安赶考。时值"西风吹渭水,落叶满长安"的深秋,秋风萧索,残阳西坠,不由得使他生发出了无限乡愁。于是,他便和书童在皇宫外的护城河上漫步。忽然,他面前的这条从皇宫流出来的溪水水面上有一枚红叶飘然而至,隐隐约约可看见上面似有墨迹,卢渥出于好奇,便顺手将那片红叶拾起。果然,红叶上题着一首诗:"流水何太急?深宫尽日闲。殷勤谢红叶,好去到人间。"

卢渥看到题诗,感慨万端:这是一位宫女有感于自己孤寂无依的宫廷生活,将心迹题于红叶之上,又放于溪水之中,溪水顺流而下,流出了宫廷。也许是书生卢渥爱诗的原因,于是,他就将此叶作为一枚书签,小心翼翼地放进随身携带的箱子中的书卷中。连日来,那首充满幽怨伤感的诗始终让他难以释怀,自此便开始思慕那个宫里落寞的写诗女子,尽管她的身影是虚幻飘渺的。后来,他也找来一枚红叶,在上面题道:"曾闻叶上题红怨,叶上题诗寄与谁?"随手置于御沟上游的流水中，又怅然地在流水边徘徊许久才离去。卢渥曾将此事讲给几个朋友听，有笑他痴愚的，但也有被他这片诚意感动的。

后来，宣宗下诏，放出宫女三千，准许嫁给朝廷的官吏，不准嫁给举人。这时，在范阳做官的卢渥也配得一位名叫韩翠萍的宫女，花烛之夜，卢渥突然想起御沟漂叶之事，便心血来潮地将红叶取出，问韩氏可否认得是宫中何人手笔？韩氏一看，说她就是那位红叶题诗的宫女。同时，她也取出一叶，说："妾在水中也曾得到一枚红叶，不知是何人所作？"卢渥一看，墨迹犹存，正是自己当年写的。二人皆默然，相对感泣良久。真是：千里姻缘红叶牵。

当这件事传开之后，时人莫不惊叹！因为自红叶题诗到他们结为夫妇，中间已隔着十年的光阴。韩氏看到了那枚题诗的红叶，惊讶于天意使然。于是，取笔再题诗道："一联佳句题流水，十载幽思满情怀。今日却成鸾凤友，方知红叶是良媒。"后来，曾有人为这段人间奇缘赋诗："长安百万户，御水日东流。水上有红叶，于独得佳句。子复题脱叶，流入宫中去。深宫千万人，叶归韩氏处。出宫三千人，韩氏籍中数。回首谢君恩，泪洒胭脂雨。寓居贵人家，方与子相遇。通媒六礼俱，百岁为夫妇。儿女满跟前，青紫盈门户。此事自古无，可以传千古。"

在《全唐诗》中，有一首《书桐叶》诗。据五代无名氏《玉溪编事》载：前蜀尚书侯继图出身于书香世家，年轻时勤奋好学，终日手不离卷，口不停诗。在一个秋风萧瑟的日子，他在成都大慈寺的楼上凭栏观景，忽然有一片梧桐叶飘落而下，上面题诗一首："拭翠敛蛾眉，郁郁心中事。搦管下庭除，书成相思字。此字不书石，此字不书纸。书在桐叶上，愿逐秋风起。天下有心人，尽解相思死。天下负心人，不识相思字。有心与负心，不知落何地？"

侯继图吃惊之余，便把这片梧桐叶保存在衣箱里。五六年后，他和一位任姓女子结婚。一天，侯继图吟咏此诗，夫人听到诗的前句后，急切地说："这是当初我在绵州写的桐叶诗，你是怎么知道的？"侯继图也一样激动，就让夫人当场默写全诗，结果竟和他保存的桐叶上的诗句完全一样。这个故事令人不可思议之处在于：秋风居然能把写在梧桐树叶上的诗句从绵州吹到四百里之外的成都！

　　唐代孟棨《本事诗·情感》记载"红叶题诗"的当事人却是诗人顾况（字逋翁，苏州海盐人，曾官著作佐郎。后隐居茅山，自号华阳山人。诗重气骨，尤擅歌行，语句颇能出人意表。著有《华阳集》）。唐玄宗天宝年间，顾况在洛阳时，暇日与友游于苑中。一位宫女在一枚红叶上写了首诗，随御沟流出。诗云："一入深宫里，年年不见春。聊题一片叶，寄与有情人。"顾况得此诗后，也在那片红叶上题道："愁见莺啼柳絮飞，上阳宫女断肠时。君恩不禁东流水，叶上题诗寄与谁？"题毕，便把叶片放入上游流水里，让它随水漂浮进入宫中。十多天后，友人苑中游春，又在御沟流出的水面上得到题在红叶上的诗，便送与顾况，诗云："一叶题诗出禁城，谁人酬和独含情。自嗟不及波中叶，荡漾乘春取次行。"从此以后，顾况日夜一片痴情地在御沟旁转悠，他盼望能有奇迹出现。但令人遗憾的是，这一段缘分终究没能成为一段佳话。

　　在这个故事中，宫女并没有寻到机会外嫁，顾况也没有娶到这位才女为妻，留下的或许就是一段梦中情缘。但这红叶随着流水漂浮出来的诗笺，却成为一个诗坛佳话。

　　宋代刘斧《青琐高议·流红记》载：唐僖宗时，于祐晚步禁衢间，在御沟中得一红叶，上有题诗："流水何太急，深宫尽日闲。殷勤谢红叶，好去到人间。"于祐得之，日夜在想象她的美丽，她的风韵，她的才情，想着想着，不能自已，亦题诗于红叶："曾闻叶上题红怨，叶上题诗寄阿谁。"置上流中，使之漂至宫中。后来，于祐在河中贵人韩冰府中教书。韩冰很喜爱于祐，又知他并无家室，欲与他为媒。一日，韩冰说："帝禁宫中三千余得罪，使各适人。"便介绍韩氏给他。成亲后，韩氏无意中发现于祐书箱中有一红叶题诗，十分惊奇。原来韩氏便是当日写诗的宫女，而于祐和诗之红叶也恰被韩氏所得。她得

红叶之时曾又题一诗,云:"独步天河岸,临流得叶时。此情谁会得,肠断一联诗。"

刘斧在评论此事时说:"流水,无情也;红叶,无情也。以无情寓无情,而求有情,终为有情者得之,复与有情者合,信前世所未闻也。"

原本"落叶无语空辞树,流水无情自入池",但千百年来,这一段段"红叶题诗"却让人们从此对落叶流水寄予了无限情感。清代李渔还据此专门制成了一种状如秋叶的匾额,称"秋叶匾",并在《闲情偶寄》里说:"御沟题红,千古佳事。取以制匾,亦觉有情。"

宋代孙光宪在《北梦琐言·云芳子魂事李茵》里却无故地将"红叶题诗"演绎成了进士李茵与宫中女侍书云芳子人鬼相恋的悲剧故事:一次,进士李茵游御苑,见一片红叶自御沟中流出,上题诗:"流水何太急,深宫尽日闲。殷勤谢红叶,好去到人间。"李茵将红叶收贮在书箱里。后来,僖宗在藩镇之乱中到了蜀地,李茵奔窜到南山一个老百姓家。见到一个流落民间的宫女,她说自己是宫中的侍书,名叫云芳子。她很有才识,李茵和她交往日深后,云芳子发现了那片红叶,哀叹说:"此妾所题也。"于是同行到蜀地去,一路上云芳子详细讲述了宫中的事。到了绵州时,一个宦官认出了她,宦官问:"你怎么跑到这里来了?"逼令她上马,强行带走,李茵十分伤感,却又无可奈何。那天晚上,他宿在旅店里,云芳子忽然进来了,她对李茵说:"妾以重金贿赂了中官,今后我可以跟你走了。"佳人失而复得,李茵欣喜若狂。于是,两人相伴回到了襄阳。几年后,李茵染病,身体日渐消瘦,有个道士说他面有邪气。这时,云芳子才对他说了实情:"那年绵州相遇,妾其实已死。感君之深意,故相从耳。但惜人鬼殊途,不敢再连累君。"说毕置酒与李茵对饮,酒后飘然而去,遂不知所终。

宋代王铚《侍儿小名录》载:唐贞元年间,有贾全虚在御沟捡得一题诗红叶,悲思其人,德宗皇帝知其情由亦为之感动,便将宫女赐予全虚。

元代白朴作杂剧《韩翠苹御水流红记》。李文慰作《金水题红怨》，而明代王骥德《题红记》最为著名。

"红叶题诗"的故事，表现的是宫女们对自由的向往，对爱情的追求，她们不甘心自己美丽的青春和宝贵的生命在无声无息中枯萎、消逝。实际上是宫女们不满宫中非人的生活以及对皇帝忿恨之情的真实写照。

"红叶题诗"比喻良缘巧合。南宋词人张孝祥《满江红》词："红叶题诗谁与寄，青楼薄倖空遗迹。"

亦作"诗题红叶"。清代戏剧家孔尚任《桃花扇》第二十九出："等他诗题红叶，白了少年头。"

亦作"红叶留诗"。吕渭老《梦玉人引》词："自检罗囊，要寻红叶留诗。"

亦作"红叶诗"。元代杂剧作家王实甫《西厢记》第五本第二折："不闻黄犬音，难传红叶诗，驿长不遇梅花使。"

亦作"题红叶"。宋代词人侯寘《满江红·困顿春眠》词："海阔锦鱼传不到，洞深紫凤期难约。谩彩笺，牙管倚西窗，题红叶。"

亦作"题红"。南宋文学家周密《南楼令·又次君衡韵》词："湖外霜林秋似锦，一片片，认题红。"

亦作"叶题"。宋代词人张炎《渡江云·次赵元父韵》词："惟只有，叶题堪寄，流不到天涯。"

亦作"红叶御沟流"。明代作家高明《二郎神·秋怀》曲："无情红叶偏向御沟流，诗句上分明永配偶，对景触目恨悠悠。"

亦作"御沟红叶"。明代作家瞿佑《剪灯新话·秋香亭记》："月老难凭，星期易阻，御沟红叶堪烧。"

亦作"传波红叶"。明代张景《飞丸记》第十二出："若是传波红叶机缘辏，坦腹何须另觅何。"

月下老人

"月下老人",语出唐代李复言《续幽怪录·定婚店》:"韦固少未娶,旅次宋城,遇老人倚囊而坐,向月捡书。因问之。答曰:'此幽明之书。'固曰:'然则君何主?'曰:'主天下之婚姻耳。'因问囊中赤绳子,曰:'以此系夫妇之足,虽仇家异域,此绳一系之,终不可易。'"

唐朝有一位名叫韦固的人,有一次,他到宋城去旅行,住宿在南店里。一天晚上,韦固无事,便在街上闲逛,忽然看到月光之下有一位老人席地而坐,正在那里翻一本又大又厚的书,而他身边则放着一个装满了红色绳子的大布袋。韦固出于好奇,便走过去问道:"老伯伯,请问你在看什么书呀!"那老人回答说:"这是一本记载天下男女婚姻的书。"韦固听了以后更加好奇,就再问道:"那你袋子里的红绳子,又是做什么用的呢?"老人微笑着对韦固说:"这些红绳是用来系夫妻的脚的,不管男女双方是仇人或距离很远,我只要用这些红绳系在他们的脚上,他们就一定会和好,并且结成夫妻。"韦固听了,自然不会相信,以为老人是和他说着玩的,但是他对这古怪的老人,仍旧充满了好奇,当他想要再问他一些问题的时候,老人已经站起来,带着他的书本和袋子,向米市走去,韦固也就跟着他走。到了米市,他们看见一个盲妇抱着一个三岁左右的小女孩儿迎面走过来,老人便对韦固说:"这盲妇怀里抱着的小女便是你将来的妻子。"韦固听了很生气,以为老人故意开他玩笑,便叫家奴去把那小女孩儿杀掉,看她将来还会不会成为自己的妻子。家奴跑上前去,刺了女孩儿一刀之后,就立刻跑了。当韦固再要去找那老人算账时,却已经不见他的踪影了。光阴似箭,转眼十四年过去了,这时韦固已找到满意的妻子,即将结婚。对方是相州刺史王泰的掌上明珠,人长得很漂亮,只是眉间有一道疤痕。韦固觉得非常奇怪，于是便问他的岳父说："为什么他的眉间有疤痕呢？"相州刺史听了以后便说："说来令人气愤，十四年前在宋城，有一天保姆陈氏抱着她从米市走过，有一个狂徒，竟然无缘无故地刺了她一刀，幸好没有生命危险，只留下这道伤疤，真是不幸中的大幸呢！"韦固听了，愣了一下，十四年前的那段往事立即浮现在他的脑海里。他想：难道她就是自己命仆人刺杀的小女孩儿？于是便继续追问："那保姆是不是一个失明的盲妇？"王泰看到女婿的脸色有些涨红，且问得蹊跷，便反问他说："不错，是个盲妇，可是，你怎么会知道呢？"韦固证实了这个事实后，真是惊讶极了，一时间竟然答不出话来，过了好大一会儿才平静下来，然后把十四年前在宋城，遇到月下老人的事，全盘说出。王泰听了，也感到惊讶不已。韦固这才明白月下老人的话，并非开玩笑，因此夫妇俩更加珍惜这段婚姻，过着恩爱的生活。不久，这件事传到宋城，当地的人为了纪念月下老人的出现，便把南店改为"订婚店"。由于这个故事的流传，使得大家相信：男女结合是由月下老人系红绳，加以撮合的，所以，后人就把媒人叫作"月下老人"。

明代张四维《双烈记》第十二出："婚姻男女本由天。岂不闻月下老之事乎？千里姻缘着线牵。"清代小说家曹雪芹《红楼梦》第五十七回："若是月下老人不用红线拴的，再不能到一处。"明代小说家陈忱《水浒后传》第十二回："正是一对佳人才子。虽在海外，也是一国驸马，富贵无穷。况天缘是月下老人赤绳系定的，不必多疑。"

亦作"月下老"。清代褚人获《隋唐演义》第四十九回："况乎赤绳相系，月下老定不虚牵，即是几千万里，亦必圆融撮合。"元代无名氏《娶小乔》："月下老前生注定，天配前世姻缘。"明代无名氏《女贞观》第三折："你权做个撮合主亲的月下老，俺俩个衔环之报，成就了碧桃花下凤鸾交。"

亦作"月老"。元代曾瑞卿《留鞋记》第一折："何须寻月老？

则你是良媒。"清代小说家吴敬梓《儒林外史》第十回:"当日,两位月老齐到娄府。"清代作家蒲松龄《代毕刺史与赵膏如启》:"乃缘月老之功,得入神仙之窟。"

亦作"赤绳系足"。明代戏剧家冯梦龙《警世通言》卷二:"若论到夫妇,虽说是红线缠腰,赤绳系足,到底是剜肉粘肤,可离可合。"清代作家蒲松龄《代王次公与颜山赵启》:"月老翻书,幸赤绳系足;天孙隔渡,赖乌鹊填桥。"

亦作"赤绳系定"。元代小说家施耐庵《水浒传》第九十八回:"也是琼英夫妇姻缘凑合,赤绳系定,解拆不开的。"清代作家蒲松龄《八月为李大厅复孙俊服启》:"赤绳自生前系定,遂教鹊驾银河。"

亦作"系赤绳"。清代作家蒲松龄《聊斋志异·柳生》:"我日为君物色佳偶,今始得之。适在内作小术,求月老系赤绳耳。"

亦作"赤绳"。清代作家蒲松龄《为沈燕及复孙公焕启》:"伏以灿灿亦绳,巧撮姻缘连蒂日;频频青鸟,好衔欢喜到人间。"

亦作"红线"。元代杂剧作家王实甫《西厢记》第二本第二折:"不要你半丝儿红线,成就了一世儿前程。"韩奕《清平乐·寿内》词:"当初黄卷相逢,后来红线相从,此去白头相守,榴花无限薰风。"

亦作"定婚店"。明代剧作家汤显祖《牡丹亭》第五十三出:"天呵,系颈的是定婚店,赤绳羁凤,领解的是蓝桥驿,配递乘龙。"

闭月羞花

"闭月羞花",语出宋代古杭才《宦门子弟错立身》第二折:"看了这妇人,有如三十三天天上女,七十二洞洞中仙,有沉鱼落雁之容,闭月羞花之貌。"

"闭月"是貂蝉的代称。貂蝉,东汉献帝的宠臣司徒王允家的歌伎。后王允见她色艺双绝、能歌善舞,且深明大义,遂收为义女。当时,董卓专权,挟天子以令诸侯,大臣们敢怒不敢言。王允每天闷闷不乐,茶不饮,饭不进。貂蝉很为主人忧愁。在一个月明星稀的夜晚,她在后花园焚香祈祷:"月亮啊月亮,你虽清白如洗,可哪知我家老爷心中的烦恼!苍天啊苍天,你虽那样深邃,却难容我家老爷如火如焚的心情。我是老爷的婢女,愿为国为民,万死不辞。"正巧,王允也来花园散心。顿时,他激动万分,赶忙走上前去将貂蝉扶起。王允说:"我且问你,你说你愿为我分忧,我忧在何处?""知道,大人。""那你能替我讨国贼,杀董卓吗?""只要大人信得过奴婢,奴婢愿肝脑涂地。"王允听罢,两手一合,当即给貂蝉一拜。从此便以父女相称。

起初,王允先将貂蝉暗地里许给吕布,再在明处把貂蝉献给董卓。吕布英雄年少,董卓老奸巨猾,董、吕皆为好色之徒。为了拉拢吕布,董卓收吕布为义子。从此以后,貂蝉周旋于他们二人之间,送吕布于秋波,报董卓于妩媚,把二人撩拨得神魂颠倒。吕布自董卓收貂蝉入府为姬之后,心怀不满。一日,吕布乘董卓上朝时,入董府探貂蝉,并邀凤仪亭相会,貂蝉见吕布,假意哭诉被董卓强行霸占之苦,吕布愤怒。此场面正好被董卓撞见,怒而抢过吕布的画戟,直刺吕布,吕布飞身逃走,从此,董、吕二人争风吃醋,发生火并,董卓被杀。这就是王允巧施连环计,一女二聘杀国贼。

那么貂蝉怎么叫"闭月"呢?月圆之夜,貂蝉在后花园拜月时,忽然轻风吹来，一块浮云将那皎洁的明月遮住。这时正好被王允瞧见。王允为宣扬他的干女儿长得如何漂亮，逢人就说，我的女儿和月亮比美，月亮比不过，赶紧躲在云彩后面，因此，貂蝉也就被人们称为"闭月"了。

"羞花"是杨贵妃的代称。杨贵妃，即杨太真，唐蒲州永乐（今山西芮城西南）人。小字玉环，杨玄琰女。晓音律，善歌舞，初为玄宗第十八子寿王瑁妃，开元二十八年（740），在华清宫得玄宗召见，一见钟情。天宝三载（744）入宫，次年被册封为贵妃，年二十七岁。"春宵苦短日高起，从此君王不早朝。""后宫佳丽三千人，三千宠爱在一身。"姊妹皆显贵。堂兄杨国忠为相，败坏朝纲。安禄山以诛杨国忠为名，发动叛乱。玄宗奔蜀，至马嵬驿（今陕西兴平市西）时，六军将士哗变，诛杀杨国忠父子。军中主帅陈玄礼逼玄宗割恩正法，无奈，玉环被迫缢死于佛堂前，时年三十八岁。

杨玉环进宫后，思念家乡。一天，她到花园赏花散心，看见盛开的牡丹、月季，不胜叹息："花呀，花呀！你年年岁岁还有盛开之时，我什么时候才有出头之日？"声泪俱下，她刚一摸花，花瓣就立即收缩，绿叶卷起低下。哪想到，她摸的是含羞草。这时，被一宫女看见。宫女到处说，杨玉环和花比美，花儿都含羞低下了头。

闭月羞花，闭：藏；羞：害臊。使月亮躲藏，使花儿羞惭，形容女子容貌美丽。元代王实甫《西厢记》第三本第三折："二三日来水米不粘牙，因姐姐闭月羞花。"元代王子一《误入桃源》第四折："引动这撩云拨雨心，想起那闭月羞花貌，撇的似绕朱门燕子寻巢。"清代小说家吴敬梓《儒林外史》第十回："此时鲁小姐卸了浓装，换了几件雅淡衣服，蘧公子举眼细看，真有沉鱼落雁之容，闭月羞花之貌。"

亦作"月闭花羞"。元代施惠《幽闺记·少不知愁》："芳容沉鱼落雁，美貌月闭花羞，肌骨天然自好，不搽脂粉风流。"

亦作"花闭月羞"。元代无名氏《醉写赤壁赋》第一折："只闻檀板与歌讴，不见如花闭月羞。"

亦作"羞花闭月"。明代戏曲作家汤显祖《牡丹亭·惊梦》："不提防沉鱼落雁鸟惊喧，则怕的羞花闭月花愁颤。"

沉鱼落雁

"沉鱼落雁",最早见于《庄子·齐物论》:"毛嫱、丽姬,人之所美也;鱼见之深入,鸟见之高飞,麋鹿见之决骤,四者孰知天下之正色哉?"元代杨果《小桃红·采莲女》:"殢人一笑千金少。羞花闭月,沉鱼落雁,不恁也销魂。"

"沉鱼"是西施的代称。西施,又称西子,姓施,名夷光,春秋末越国苎罗(今浙江诸暨南)人。

公元前494年,吴、越相争,吴国兵强马壮,越国沦为吴的属国,越王勾践和宰相范蠡被押为人质。越王为报灭国之仇,忍辱栖身于吴王膝下,装出一副很老实忠诚的样子。一次,吴王夫差肚子疼,郎中也没有诊出病情。越王勾践得知后就当着吴王夫差的面,亲口尝了他的粪便,说:"大王没什么大的病,只是着了点凉,喝点热酒暖和暖和就会好的。"于是,吴王就喝了点热酒,果然好了。吴王看到勾践对自己这样忠心耿耿,就将他放回越国。勾践回国后接受了范蠡献的复国三计:一是屯兵,加紧练武;二是屯田,发展农业;三是选美女送给吴王,作为内线。

当时,西施是个浣纱女子,窈窕俏丽,貌若天仙。有一次,她在河边浣纱时,她那俊俏的身影惊呆了游鱼,竟使游鱼忘记了游动,渐渐地沉到河底。

在国难当头之际,西施忍辱负重,以身许国,与郑旦一起由越王勾践献给吴王夫差,把吴王迷惑得众叛亲离,无心国事,成为吴王最宠爱的妃子,为越王勾践的东山再起起了掩护作用,后来,吴国终被勾践所灭。西施不辱使命,为复兴越国作出了巨大贡献。明代的西施祠,有副用鸟虫篆书写的对联:"越锦何须衣义士;黄金祇合铸娇姿。"称颂西施在兴越灭吴中的功绩。

越国战胜吴国后,西施回国,与越国大夫范蠡泛舟五湖,不知所终。清代小说家曹雪芹曾作《西施》诗:"一代倾城逐浪花,吴宫空自忆儿家。效颦莫笑东村女,头白溪边尚浣纱。"

"落雁"是王昭君的代称。名嫱,字昭君,晋避司马昭讳,改称明君或明妃。西汉南郡秭归(今属湖北)人。王昭君才貌双全,汉元帝时,被选入宫。

宣帝时,匈奴贵族争夺权力,势渐衰落,五个单于分立,互相攻打不休。其中,呼韩邪单于被他哥哥郅支单于打败。呼韩邪决心跟汉朝和好,于是就亲自朝见汉宣帝。

呼韩邪是第一个到中原来朝见的单于,汉宣帝亲自到长安郊外去迎接他,并为他举行了盛大的宴会。呼韩邪单于在长安住了一个多月,他要求汉宣帝帮助他回去。汉宣帝答应了,派了两个将军带领一万名骑兵护送他到了漠南。这时候,匈奴正缺少粮食,汉朝还送去三万四千斛粮食。

呼韩邪单于十分感激,一心要与汉朝和好。西域各国听到匈奴和汉朝和好了,也都争先恐后地同汉朝来往。汉宣帝死后,他的儿子即位,即汉元帝。匈奴的郅支单于侵犯西域各国,杀了汉朝派去的使者。汉朝派兵打到康居,诛杀了郅支单于。

西汉竟宁元年(前33),呼韩邪单于再一次来到长安,要求和亲。元帝允许。汉朝和匈奴和亲,得挑个公主或者宗室的女儿。这回,汉元帝决定挑个宫女给他,他吩咐人到后宫去传话:"谁愿意到匈奴去,皇上就把她当公主看待。"后宫的宫女都是从民间选来的,她们一进了皇宫,就像鸟儿被关进笼里一样,都巴望有一天能把她们放出宫去。但是听说要离开本国被嫁到匈奴去,却又不乐意。但王昭君自愿嫁到匈奴,元帝遂择日让呼韩邪单于和王昭君在长安成亲。

呼韩邪单于和王昭君向汉元帝谢恩的时候,汉元帝看到昭君美丽娇艳,使汉宫为之生色。

传说汉元帝回到内宫,便叫人从宫女的画像中拿出昭君的像给他看。模样虽有点像,但完全没有昭君本人那样漂亮。原来,宫女进宫后,一般都见不到皇帝,后宫佳丽数以千计,元帝只能依画像召见。有个画工名叫毛延寿,非常贪婪,因王昭君不肯行贿,他便在昭君脸上点上了一颗黑痣,丑化了昭君的形象,从此便使昭君长期深锁后宫。毛延寿没有把王昭君的美貌如实地画出来,汉元帝一气之下,就把毛延寿杀了。

王昭君为了民族团结出塞和亲,实为巾帼壮举,影响非凡。为了纪念昭君出塞和亲,汉元帝将这年改元"竟宁",意为边境安宁。

一个秋高气爽的日子里,王昭君告别了故土,在汉朝和匈奴官员的护送下,登程北去。一路上,马嘶雁鸣,撕裂她的心肝;悲切之感,使她心绪难平。她在坐骑之上拨动琵琶,奏起悲壮的离别之曲。南飞的大雁听到这如泣如诉的琵琶声,看到骑在马上的美丽女子,竟然忘记抖动翅膀,纷纷坠落下来。

王昭君以她那特有的惊艳之色,换取了国家的安定,被历代诗人吟咏不已,如:唐代诗人胡曾《汉宫》诗:"明妃远嫁泣西风,玉筋双乘出汉宫。何事将军封万户,却令红粉为和戎。"唐代诗人汪遵《昭君》诗:"汉家天子镇寰瀛,塞北羌胡未罢兵。猛将谋臣徒有贵,蛾眉一笑塞尘清。"唐代诗人张仲素《王昭君》诗:"仙娥今下嫁,骄子月和同。剑戟归田尽,牛羊绕塞多。"北宋诗人郭祥正《王昭君上马图》诗:"飘飘秀色夺仙春,只恐丹青画不真。能为君王罢征戍,甘心玉骨葬胡尘。"北宋诗人刘子翚《明妃出塞图》诗:"羞貌丹青斗丽颜,为君一笑靖天山。西京自有麒麟国,更向功臣卫霍间。"明代诗人汪循《明妃》诗:"将军仗钺妾和番,一样承恩出玉关。死战生留皆为国,敢将薄命怨红颜。"清代彦德《咏王昭君》诗:"闺阁堪垂世,明妃冠汉宫。一身连朔漠,数代靖兵戎。若以功名论,几与卫霍同。"清代女诗人郭润玉赞道:"琵琶一曲干戈靖,论到边功是美人。"出神入化地活脱出昭君的美貌与神采。

王昭君千里迢迢地来到了匈奴，做了呼韩邪单于的阏氏。昭君远离自己的家乡，长期生活在在匈奴。她劝呼韩邪单于不要去发动战争，还把中原的文化传授给匈奴。从此以后，匈奴和汉朝和睦相处。

沉鱼落雁，沉：下沉；落：落下。鱼见之沉入水底，雁见之降落沙洲，形容女子容貌美丽。后来，人们在称赞一个女人长得美丽漂亮，就说她有"沉鱼落雁"的容貌！

明代戏曲家汤显祖《还魂记·惊梦》："不提防沉鱼落雁鸟惊喧，则怕是闭月羞花颤。"清代小说家李伯元《官场现形记》第十二回："她二人长得一个是沉鱼落雁之容，一个是闭月羞花之貌。"

讽喻

退避三舍

"退避三舍",语出春秋鲁左丘明《左传·僖公二十三年》:"及楚,楚子享之,曰:'公子若返晋国,则何以报不穀?'对曰:'子女玉帛,则君有之;羽毛齿革,则君地生焉;其波及晋国者,君之余也。其何以报君?'曰:'虽然,何以报我?'对曰:'若以君之灵,得返晋国,晋、楚治兵,遇于中原,其避君三舍。若不获命,其左执鞭弭,右属櫜鞬,以与君周旋。'"又,《左传·僖公二十八年》:"……微楚子之惠不及此,退三舍辟之,所以报也。"

春秋时,晋献公的宠妃骊姬想把自己所生的儿子奚齐立为太子,以便将来能成为国君。于是设下套圈,阴谋陷害太子申生和公子重耳、夷吾。晋献公偏听信骊姬的谗言,先杀了太子申生,又派人捉拿申生的弟弟重耳和夷吾。二人闻讯,先后逃出了晋国,在外流亡十几年。

重耳出逃时,跟随他的,有他的舅舅狐偃,还有颠颉和赵衰等人。他们先到晋国北方的狄国他姥姥家,重耳娶了季隗,生了伯儵和叔刘。赵衰娶了叔隗,生了赵盾。就这样,他们在狄国住了十二年。此时,晋献公已经死了,奚齐也被大臣里克杀死。而逃往梁国的夷吾,回国继位成为国君,史称晋惠公。晋惠公害怕重耳回来夺他的君位,于是,便派人前往狄国去行刺他,重耳得到消息后,又急急忙忙逃往齐国。临行前,他对季隗说:"请你等我二十五年,那时如果还没有见我回来,你就改嫁吧。"后来,重耳他们到了齐国,又到了曹国。曹共公对他们很不礼貌。但大夫僖负羁听了妻子的话,派人给重耳他们送去了一餐饭食,并在饭内暗藏了一块玉璧。重耳很感激,只接受饭食,而退还玉璧。后来,他们又经过宋国、郑国,历尽千辛万苦来到楚国。楚成王认为重耳日后必有大作为,就以国君之礼相迎,待他如上宾。

一天,楚成王设宴招待重耳,两人饮酒叙话,气氛十分融洽。忽然间，楚成王问重耳："假如你有一天回晋国当上了国君，该怎样报答我呢？"重耳略一思索说："美女侍从、珍宝丝绸，您有的是，珍禽羽毛、象牙兽皮，更是楚地的盛产，流散到晋国去的，恐怕就是您享用后剩下的了，哪有什么珍奇物品报答您呢？"楚成王说："公子过谦了。话虽然这么说，可总得对我有所表示吧。"重耳笑笑回答道："要是托您的福，果真能回国当上国君的话，我愿与贵国友好。假如有一天，晋、楚国之间发生战争，双方军队在中原相遇，我一定命令军队退避九十里，以报答您今天的盛情。如果还不能得到您的原谅，我只有左手拿着鞭子和弓，右边佩着弓囊箭袋，奉陪您较量！"

楚成王三十六年（前636），重耳从楚国到了秦国，秦穆公为了扶植一个亲秦的晋国国君，就将自己的女儿怀嬴嫁给他，另外，再送给他五名美女，并派军队护送重耳回国，这时，晋国国君是重耳的侄子晋怀公。重耳在秦国的支持下，夺取了政权，当了晋国国君，这就是历史上有名的晋文公。晋国在他的治理下日益强大。

晋文公四年（前633），楚国和晋国的军队在作战时相遇。晋文公为了兑现他许下的诺言，下令军队后退九十里，驻扎在城濮（今山东甄城西南）。实际上是诱敌深入，给楚军造成错觉。楚军见晋军后退，以为对方害怕了，马上追击。晋军利用楚军骄傲轻敌的弱点，集中兵力，大破楚军，取得了城濮之战的胜利，遂成中原霸主。

"辟"同"避"。古时行军以三十里为一舍，主动退让九十里。后以"退避三舍"比喻退让回避，不与人争。明代戏剧家叶宪祖《鸾鎞记·京晤》："似你这般诗才，不怕杜羔不退避三舍。"清代小说家李汝珍《镜花缘》第五十六回："可见二位姐姐学问，非独本郡众人所不能及，即天下闺才，亦当'退避三舍'哩。"

清代小说家文康《儿女英雄传》第三十九回："把个冉望华直吓得退避三舍。"

抱薪救火

"抱薪救火",语出西汉刘向《战国策·魏三》:"……以地事秦,譬犹抱薪救火,薪不尽,火不灭。"

战国时期,各诸侯国之间相互侵扰并吞,魏国在安釐王元年(前276),就连续遭到了秦国的侵略。到了第二年,秦国继续攻打魏国,魏国又失去了三座城池,并危及到了魏都大梁(今河南开封市)。于是,韩国派兵前去救援,结果也被秦国打得落花流水。最后,魏国只得再割地求和。到了第三年,贪心不足的秦国再次向魏国发起了进攻,除杀伤四万魏军外,还强行占领了魏国的四座城池。到了第四年,秦国又一次发兵,打败了魏、赵、韩三国联军,三国联军的总伤亡人数已经超过十五万。魏国的大将芒卯也因此失踪。为换取暂时的和平,魏将段干子建议安釐王再把南阳割给秦国,请求罢兵议和。懦弱的安釐王听从了段干子的建议,再一次将大片的土地割给秦国。

就在这时,"合纵抗秦"的提议者和支持者苏秦的弟弟苏代很不赞成魏王的这种妥协政策,他极力主张各诸侯国联合起来共同抗秦。于是,便对安釐王说:"大王,您身边的这些大臣都是胆小怕死者,为了苟且偷安,根本不为国家着想,不为百姓着想。所以,才让您去卖国求和的。您想,您把大片大片的土地割让给秦国,虽然暂时满足了秦王的野心,但秦国的欲望是无止境的,只要魏国的土地没有被占完,秦国就不会停止对魏国的侵略。"苏代接着再给安釐王讲了这样一个故事:"从前有一个人,他的房子着火了,别人都劝他赶快用水去浇灭大火,但他不听,偏偏抱来一捆捆柴草去救火,结果,火势越来越大。这是因为他不懂得柴草不但不能灭火,反而能助长火势的道理。大王若一味拿着魏国的土地去求和,这不就等于是抱着柴草去救火吗?柴草不完,火焰是不会熄灭的。"

尽管苏代讲得头头是道，但胆小如鼠的安釐王却顾及眼前的太平，还是依大臣们的意见把魏国大片大片的土地割让给秦国。过了数年，秦军以迅猛之势又向魏国发起进攻，并掘开黄河大堤，让洪水淹没了大梁城，魏国就这样被秦国灭掉了。

　　"抱薪救火"比喻用错误的方法去消除灾祸，结果反而使灾祸扩大。抱着柴草去救火，形容事与愿违。西汉哲学家、今文经学大师董仲舒《贤良对策》："法出而奸生，令下而诈起，如以汤止沸，抱薪救火，愈其亡益也。"西汉淮南王刘安等所撰《淮南子·主术训》："止事以事，譬犹扬堁而弭尘，抱薪而救火。"北宋政治家、文学家、思想家王安石《上运使孙司谏书》："长恐天下之事积而不已，以致于此，虽力挑之，已若无奈何，又从而为之辞，其与抱薪救火何异？"

掩耳盗铃

"掩耳盗铃",语出战国吕不韦《吕氏春秋·自知》:"有得钟者,欲负而走,则钟大不可负。以椎毁之,钟况然有音。恐人闻之而夺己也,遽揞其耳。恶人闻之,可也,恶己闻之,悖也。"

春秋末年,晋国的权力实际上已经被智、范、赵、魏、韩和中行六卿彻底瓜分。而这六卿为了扩充各自的势力,相互间也在加紧攻伐,后来,智伯的势力日渐壮大,便借机一举灭了范氏家族,并抢夺了范氏家族的财产。就在这时,一些鸡鸣狗盗之辈也趁机跑来进行搜刮。

一天晚上,有个小偷跑到范氏家里去偷东西,四下张望,看见庭院正当中吊着一口大钟。这钟是用上等青铜铸成的,造型别致,图案精美。小偷心里高兴极了,天助我矣,该我发财了。今天晚上一定要把这口图案精美的大钟背回自己家里去。可是,这钟实在是太重了,怎么也挪不动。他想来想去,只有一个办法,那就是把钟砸碎,然后再分批搬回家。

于是,小偷就在范氏家里找来了一把大铁锤,待到半夜时分,他先是对准这口大钟拼命地砸去,"咣"的一声巨响,把他吓了一大跳。小偷慌了,心想这下糟了,这钟声不就等于是告诉人们我正在这里偷钟吗?他心里一急,身子一下子扑到了钟上,张开双臂想捂住钟声,可钟声又怎么捂得住呢!钟声在黑夜里依然悠悠地传向远方。他越听越害怕,又不由自主地抽回双手,使劲捂住自己的耳朵。"咦,钟声变小了,听不见了。"小偷高兴起来,"妙极了!只要把自己的耳朵捂住,不就都听不见钟声了吗!"他立刻找来了两个布团,把耳朵塞住,心想,这下谁也听不见钟声了。于是就放开手脚砸起钟来,"咣""咣""咣"……,钟声响亮地传到很远的地方。范氏家里的人一听到钟声,便都起来蜂拥而至,把这个小偷捉住了。

后以"掩耳盗铃"比喻自己欺骗自己的愚蠢做法。明代文学家沈德符《万历野获编·朝觐官进献》："夫既曰官银,那有无碍之理,真掩耳盗铃也。"清代小说家曹雪芹《红楼梦》第九回："那怕再年三十本《诗经》,也是掩耳盗铃,哄人而已。"现代诗人闻一多《谨防汉奸合法化》："硬把汉奸合法化了,只是掩耳盗铃的笨拙的把戏,事实的真相,每个人民的心头是雪亮的。"

　　亦作"掩耳偷铃"。宋代普济《五灯会元》卷五十四："大似掩耳偷铃,未免天机漏泄。"元代无名氏《举案齐眉》第四折："难道他掩耳偷铃,则待要见世生苗。"

　　亦作"盗铃掩耳"。清代伤时子《苍鹰击》："你看他盗铃掩耳欺天下,卖国甘心作皇帝,有甚商量。"

　　亦作"掩耳盗钟"。唐代史学家刘知几《史通·书志》："掩耳盗钟,自云无觉,讵知后生可畏,来者难诬者邪!"

道听途说

"道听途说",最早出自《论语·阳货》"子曰:'道听而涂(通'途')说,德之弃也。'"战国吕不韦《吕氏春秋·察传》也载有一则故事。

当时,宋国有一户姓丁的人家,住的地方离井很远,要解决家里的吃水问题,必须要由专人去挑,就这样有时还忙不过来。后来,他就干脆在自己家的院内打了一眼井,既方便了用水,又节省了一个劳动力。不料,这件事被传了出去,在传的过程中,有的人加油添醋,有的人添枝加叶,竟然被传成了奇闻:"丁家在院中打井,从井中挖出了一个人来。"这下更邪乎了,一传十,十传百,百传千,传播的速度像鸟儿飞似的,非常之快,越传越远,越传越不像话,竟然传到了宋国国君的耳朵里。国君也觉得好奇,为了弄个究竟,于是,他便派人到丁家去调查,结果就是瞎传。

明人屠本畯在他编著的《艾子外语》中,也有一则关于"道听途说"的笑话:

春秋时代,齐国有个人叫毛空,他最喜欢听那些没有根据的传说,然后再把自己听到的津津有味地讲给别人。有一次,艾子和他的学生从楚国回到齐国,刚进城时,就遇到了毛空,便问毛空:"最近有什么新闻吗?"毛空说:"有,有,有一户人家养了一只特别的鸭,那鸭一次能下一百个蛋。"他见艾子笑了,又说:"那就是两只鸭子下的蛋。"艾子还是摇摇头不信。毛空又说:"那就一定是三只鸭子下的。"艾子还是不信。艾子不信一次,毛空就将鸭子的数目往上增加一只,一直增加到了十只。艾子笑着问他:"你难道把鸭蛋的数目减少一些不行吗?"毛空回答道:"我宁可增加鸭子数目,也不能减少我已经说出去的鸭蛋数目。"艾子只好付之一笑。

毛空接着又说:"还有一件特大新闻:上个月,突然从天上掉下

来一块肉,那块肉长三十丈,宽十丈。"艾子笑着问道:"真的吗?是什么动物的肉竟有那样长和那么宽?"毛空急忙说:"那么就是长二十丈。"艾子仍不相信。他又改口:"一定是十丈长了。"艾子说:"你说的那只鸭是谁家养的?你说的那块肉掉在了什么地方?"毛空支支吾吾说不出来,最后只好说:"我是在路上听别人这么说的。"艾子转身告诫他的弟子们:"你们以后万万不可和我这个朋友一样'道听途说'啊。"

"道听途说"泛指在路上听到没有根据的言论或传闻,再去传给别人。东汉史学家班固《汉书·艺文志》:"小说家者流,盖出于稗官,街谈巷语,道听涂(途)说者之所造也。"北宋史学家司马光《论两浙不宜添置弓手状》:"吴人轻怯易惑,难晓道听途说,众情鼎沸。"清代小说家李汝珍《镜花缘》第五十三回:"妹子道听途说,不知是否?尚求指示。"

明珠暗投

"明珠暗投",语出西汉司马迁《史记·鲁仲连邹阳列传》:"臣闻明月之珠,夜光之璧,以暗投人于道路,人无不按剑相眄者,何则?无因而至前也。"

邹阳,齐(今山东东部)人,西汉时期很有名望的文学家。最初是吴王刘濞的门客,因刘濞准备起兵叛乱,他曾作《上吴王书》,进行劝谏。邹阳的所作所为无端引起了吴王的猜疑和反感。邹阳害怕吴王加害于他,只得偷偷离去,投奔了梁孝王刘武,成了梁孝王的一名门客。

邹阳初到梁孝王门下时,因出众的才华,很快就受到了重用。后来又因为他为人过于正直,加之又不善于讨好权贵,所以,就有一些人对他非常不满。

梁孝王刘武是汉文帝刘恒和窦皇后最小的儿子,汉景帝刘启的同母弟弟,他总想阴谋篡夺皇位。邹阳知道他的不良动机后,就极力进行劝谏,反而惹得梁孝王不愉快。就在这时,正受到梁孝王器重的大臣羊胜和公孙诡等乘机在梁孝王面前说邹阳的坏话。梁孝王听信谗言,竟然将邹阳打入死牢。

起初,邹阳是怀着一腔希望和远大抱负才投靠在梁孝王的门下的。事到如今,虽然遭此不幸,但邹阳不怕死,所以,他便在牢狱中给梁孝王写了一封很长的信,其中有这么一段话:"我虽然是个愚蠢之人,但我曾听人说过'明珠'和'璧玉'的故事,自古以来,'明珠'和'璧玉'都是人见人爱的珍宝,在伸手不见五指的夜里,如果你将它投掷在一个行路人的身上,那么,这个人一定会紧握宝剑对它怒目而视,因为首先想到的是有谁在谋害他。相反,如是有一辆用陈旧木头做成的车子,却很容易被某个有身份的人物看中!这是为什么呢?因为造

车的工匠可以在朽木上雕上一些花纹，再经过一番精心的装饰，从外表上看，就显得特别高贵华丽。同样的道理，具体到人，即使具有像珠玉那样的品质，如果没有人引荐，照样不会受到朝廷的重用，可能还会结下什么怨仇。如果有人推荐你，那么，即使你很平庸，也会得到任用的。说你行，你就行，不行也行；说不行，就不行，行也不行。由此看来，作为平民百姓，即使有如尧舜那样的治国之道，也是无法为国家效力的啊！"

时隔不久，邹阳的信转到了梁孝王的手中，梁孝王读完后，感动得热泪横流，感慨道："天下竟有如此人才！国之栋梁啊！"立即下令释放邹阳。而当初在梁孝王面前说邹阳坏话的羊胜和公孙诡心怀鬼胎，继续陷害忠良，曾要求梁孝王派人杀害忠臣爰盎。后来，由于汉武帝刘彻亲自追查凶手，梁孝王一看事情被弄大了，不得不令羊胜和公孙诡自杀。从此以后，梁孝王就把邹阳奉为上宾。

"明珠暗投"原意是明亮的珍珠在暗夜里被投掷在路上，使人看了都很惊奇，比喻有才能的人得不到重用，也比喻珍贵的东西落入不识货的人的手里。唐代诗人高适《送魏八》诗："此路无知己，明珠莫暗投。"宋代胡继宗《书言故事大观·事物譬类》："不遇识者，明珠暗投。"明代小说家罗贯中《三国演义》第五十七回："（庞）统曰：'吾欲投曹操去也。'（鲁）肃曰：'此明珠暗投矣！可往荆州投刘皇叔，必然重用。'"清代文学家沈复《浮生六记·闲情记趣》："又在扬州商家见有虞山客携送黄杨翠柏各一盆，惜乎明珠暗投。"

鸡鸣狗盗

"鸡鸣狗盗",语出西汉司马迁《史记·孟尝君列传》:"(秦昭襄王)囚孟尝君,谋欲杀之。孟尝君使人抵昭王幸姬求解。幸姬曰:'妾愿得君狐白裘。'此时孟尝君有一狐白裘,直千金,天下无双,入秦献之昭王,更无他裘。孟尝君患之,徧问客,莫能对。最下坐有能为狗盗者,曰:'臣能得狐白裘。'乃夜为狗,以入秦宫藏中,取所献狐白裘至,以献秦王幸姬。幸姬为言昭王,昭王释孟尝君。孟尝君得出,即驰去,更封传,变名姓以出关。夜半至函谷关。秦昭王后悔出孟尝君,求之,已去。即使人驰传逐之。孟尝君至关,关法鸡鸣而出客,孟尝君恐追至,客之居下坐者有能为鸡鸣,而鸡齐鸣,遂发传出。出日食顷,秦追果至关,已后孟尝君出,乃还。"

孟尝君,即田文,战国时齐国贵族。孟尝君喜欢招纳门客,号称宾客三千。凡来者不拒,有才能的让他们各尽其能,没有才能的也提供食宿。

秦昭襄王八年(前299),孟尝君带着一大批门客到了咸阳,秦昭襄王亲自去迎接他。他见孟尝君前呼后拥,威风凛凛。于是,二人说了一些彼此敬仰的话。孟尝君的见面礼是一件纯白的狐狸皮的袍子,秦昭襄王知道这是很名贵的银狐,当时就很得意地穿上,向宫里的美人们夸耀了半天。那时候天还暖和,他就把袍子脱下来交给手下的人好好地收藏。这时,有一批秦国的大臣怕秦王重用孟尝君,就在背地里商量着排挤他的办法。本来,秦王正准备选个好日子,拜孟尝君为秦国的丞相,有大臣就对秦王说:"孟尝君是齐国的贵族,手下的人又多,现在他当了丞相,一定先替齐国打算。要是他仗着丞相的权力暗中谋害秦国,秦国不就很危险了吗?"秦昭襄王说:"你们说得很对,那么,把他送回去吧。"他们说:"他在这儿已经住了不少日子,

秦国的事他差不多全都知道了，哪能轻易放他回去呢？"于是，秦昭襄王就把孟尝君软禁起来。泾阳君为了建立自己的势力，早在齐国的时候就跟孟尝君交上了朋友。这会儿一听说秦王把他软禁了，还想谋害他，就替他想办法。他带了两对玉璧送给秦王最宠爱的燕姬，请她帮助。燕姬拿三个手指托着下巴颏儿，斜着眼睛，装腔作势地说："叫我跟大王说句话倒是不难，你把这两对白玉收回去吧，我只要一件银狐皮袍子就够了。"泾阳君把她的话告诉了孟尝君，孟尝君皱着眉头说："我只有那么一件，已经送给秦王了，哪儿还能要回来呢？"当时有个门客说："我有办法。"他立刻去跟那个管衣库的人聊天套近乎。当天晚上，这位门客就从狗洞爬进宫里，去衣库偷那件皮袍子。他掏出好些钥匙，正在开门的时候，看库的人惊醒了，咳嗽了一声。那个门客装狗叫，"汪汪"地叫了两声，看衣库的人就放了心，又睡着了。那个门客进了衣库，开了箱子，拿出那件银狐皮袍子，然后又锁上箱子，关上库房，从狗洞钻了出去。

　　孟尝君重新得到了这件皮袍子，很快就送给了燕姬。燕姬便甜言蜜语地劝秦王把孟尝君放回去。秦王依了她，发下过关文书，让孟尝君回去。孟尝君得到了文书，好像漏网之鱼，急急忙忙地往函谷关（今河南省灵宝市西南，当时秦国的东大门）跑去。他怕秦王反悔，派人来追他回去，又怕把守关口的人刁难他，就更名改姓，打扮成买卖人的样儿。他的门客中有个专门造假和挖补文书的人，很巧妙地把那过关文书上的名字改了。他们到了函谷关，正赶上半夜。依照秦国的规矩，每天早晨，关口要到鸡叫的时候才许放人。他们只好在关里等着天亮。孟尝君心急如焚，万一天亮以前，秦王派人追上来，怎么办呢？好在孟尝君的门客之中各色各样的人都有。大伙儿正发愁，忽然门客里有人捏着鼻子学起公鸡打鸣儿来了，接着一声跟着一声的，好像有好几只公鸡在应和着，紧跟着，关里的公鸡全都打起鸣儿来。关上的人就开了城门，验过孟尝君的过关文书，让这批"买卖人"出了关口。

秦国有个大臣，一听到秦王把孟尝君放了，立刻赶着去朝见秦昭襄王。他说让孟尝君回去，好比"纵虎归山"，将来必有后患。秦昭襄王果然后悔了，立刻派人去追。那些去追的人快马加鞭，连夜赶路。他们赶到函谷关，天还没亮，查问守关的人："孟尝君过去了没有？"守关人说："没有。"还拿出过关文书让他们瞧，果然没有孟尝君的名字。他们才放了心，大概孟尝君还没到呢。等了半天，孟尝君还没来，他们起了疑心，就跟守关的人说了孟尝君的长相还有他带着的门客的人数和车马的样子。守关的人说："哦！有，有！他们早就过去了，是第一批过的关。"他们又问："你什么时候开的城门？我们到这儿，什么都还看不清楚。难道你半夜里就开城门？"守关的人一愣，说："谁说不是呢？我们也正在纳闷儿，城门是鸡叫以后开的，可是等了半天，东方才发白。我们还纳闷今天太阳怎么出来得这么晚？"追赶的人一听这话，知道赶不上了，只好垂头丧气地回去报告秦昭襄王。孟尝君靠着鸡鸣狗盗之士逃回了齐国。

鸡鸣狗盗，鸣：叫；盗：偷东西。原指微不足道的本领，也指偷偷摸摸的行为，后比喻卑下的技能或具有这种技能的人。唐代诗僧贯休《怀钱唐罗隐章鲁封》诗："二子依公子，鸡鸣狗盗徒。"唐代诗人宋之问《过函谷关》诗："鸡鸣将狗盗，论德不论勋。"北宋政治家、文学家、思想家王安石《读孟尝君传》："孟尝君特鸡鸣狗盗之雄耳，岂足以言得士？"清代小说家文康《儿女英雄传》第二十七回："报仇的这桩事，是桩光明磊落，见得天地鬼神的事，何须这等鸡鸣狗盗，遮遮掩掩。"《指南梦》第六处："鸡鸣客，狗盗流，饥则来，饱则去。"

亦作"鸡鸣函谷"。顾云《上右司袁郎中启》："岂可使鸡鸣函谷，只美冯谖，龙跃天衢，独传文举。"

亦作"狗盗鸡鸣"。金代诗人、史学家元好问《示怀祖》诗："狗盗鸡鸣皆有用，鹤长凫短果如何？"元代小说家施耐庵《水浒传》第五十六回："狗盗鸡鸣出在齐，时迁妙述更多奇。"

亦作"狗盗"。唐代诗人周昙《咏史诗·春秋战国门·田文》:"下客常才不足真,谁为狗盗脱强秦?"

亦作"鸣盗"。南朝文学家江淹《诣建平王上书》:"窃慕大王之义,复为门下之宾,备鸣盗浅术之余,豫三五贱伎之末。"

亦作"借晓"。唐五代诗人刘兼《晨鸡》诗:"淮南也伴升仙犬,函谷曾容借晓人。"

以身试法

"以身试法",语出东汉班固《汉书·王尊传》:"太守以今日至府,愿诸君卿勉力正身以率下明慎所知,毋以身试法。""后上行幸雍,过虢,尊供张如法而办,以高弟擢为安定太守。到官,出教告属县曰:'令长丞尉奉法守城,为民父母,抑强扶弱,宣恩广泽,甚劳苦矣。太守以今日至府,愿诸君卿勉力正身以率下。故行贪鄙,能变更者与为治。明慎所职,毋以身试法。'又出教敕掾功曹:'各自底厉,助太守为治。其不中用,趣自避退,毋久妨贤。夫羽翮不修,则不可以致千里;阃内不理,无以整外。府丞悉署吏行能,分别白之。贤为上,毋以富。贾人百万,不足与计事。昔孔子治鲁,七日诛少正卯,今太守视事已一月矣,五官掾张辅怀虎狼之心,贪污不轨,一郡之钱尽入辅家,然适足以葬矣。今将辅送狱,直符史诣合下,从太守受其事。丞戒之戒之!相随入狱矣!'辅系狱数日死,尽得其狡猾不道,百万奸臧。威震郡中,盗贼分散,入傍郡界。豪强多诛伤伏辜者。坐残贼免。"

西汉时,有一位名叫王尊的官员非常廉洁。王尊,字子赣,涿郡高阳人。从小就死去父亲,由他的伯父抚养长大。伯父家里比较贫穷,王尊每天要赶着羊群去放牧。这孩子酷爱读书,放牧时总要带些书阅读。渐渐地,他对书上提到的那些秉公执法的清官非常崇敬,希望自己将来也能成为这样的人物。

很快,王尊长到了十三岁。一天,他央求伯父为他在郡里的监狱谋一份差事。伯父听后惊讶地问他:"你还是个孩子啊,又不懂刑律,怎么能到监狱去做事呢?"王尊说:"孩儿已从书中见到过很多。以后再跟狱长多学学,不就行了吗?"伯父经不住王尊的一再央求,便备了礼托人找狱长说情,狱长便把王尊当听差在身旁使唤。王尊当了几年听差,经常接触到刑狱方面的事务,长进很快。

一次，他随狱长去太守府办事，太守很赏识他的才能，便把他留在府中做了文书副官。又过了几年，王尊毅然辞去职务，刻苦攻读《尚书》《论语》等儒家经典，后来太守又征召并安排他在太守属下管理诉讼案子，做郡决曹掾。由于他执法严正，迁虢县县令，后来改任辽西盐长官。又升为安定郡太守。当时，安定郡官场非常混乱，一些官员利用权势作威作福，鱼肉百姓，百姓怨声载道。王尊一到那里，就立即整顿吏治，并告诫属县所有官吏忠于职守，以身作则，为下属作出榜样。法律无情，不要用自己的身体去尝试法律。

郡里有个属官名叫张辅，此人心狠手辣，搜刮大量民脂民膏，民愤极大，告示贴出后不但不思改悔，反而更加变本加厉。于是，王尊把他捉拿归案，抄出赃银百万。这贪官入狱后，没几天就一病身亡。接着，王尊又惩办了一批罪行严重而又不思悔改的豪强。这样一来，安定郡开始太平起来。由于王尊疾恶如仇，执法如山，受到了百姓的尊敬和爱戴。

后来，他又做了护羌将军，运转物资的军官，专门负责护送军粮运输。因擅自离开命令他驻守的地区而犯罪，赶上大赦，免官回到家乡。涿州太守徐明荐举王尊，说他不应长久在民间不任官职，皇帝让王尊做郿乌县县令，擢升益州刺史。在这之前，琅琊郡的王阳做益州刺史，巡行州内区域来到邛崃的九折阪，感叹说："一个人接收了先人留给自己的身体，怎么能多次登上这种危险的地方呢！"后来，王阳因生病离开益州。等到王尊做益州刺史，来到这个陡山坡，问随行的官吏道："这里不是王阳畏惧的道路吗？"官吏回答说："是的。"王尊大声对他的驾车人说道："赶马向前跑！王阳要做孝子，王尊要做忠臣。"

以身试法，以：拿，用。身：身体，性命。试：尝试。表示明知法律禁止，还要亲身去触犯。清代小说家李伯元《文明小史》第六十回："哼哼，他倒敢以身试法吗？"

梁上君子

"梁上君子",语出南朝刘宋范晔《后汉书·陈寔传》:"时岁荒民俭,有盗夜入其室,止于梁上。寔阴见,乃起自整拂,呼命子孙,正色训之曰:'夫人不可不自勉。不善之人,未必本恶,习以性成,遂至于此。梁上君子者是矣!'盗大惊,自投于地,稽颡归罪。"

陈寔,字仲弓,颍川许县(今河南许昌)人,以名望德行为世所推崇。汉桓帝时,曾任太丘长(即太丘县长。太丘,今河南永城市西北)。后发生党锢之祸,朝廷一下子就逮捕了很多人。受此牵连的人大多都逃避在外,陈寔说:"如果我不下狱,众人就都没有依靠。"于是,他自己主动到监狱去请求拘禁。不久,又被释放。到了汉灵帝时,陈寔在大将军窦武部下当属员。中常侍张让的父亲去世,归葬颍川,全郡的人都去祭吊,在名流雅士中却没有一个人去参加,只有陈寔独自前去。后来,朝廷又杀党人,张让因为陈寔的缘故,保全了很多人的性命。

一天晚上,有个小偷不知怎么溜进了陈寔的家里,就躲在陈寔卧室房屋的梁上。想等陈家的人都入睡后再下来偷东西。不料,这小偷却被当时正在读书的陈寔发现了,陈寔没有声张,便悄悄地把儿子、孙子、家人等全部叫了过来,以严肃的态度和口气训诫道:"一个人活在世间的时间其实是很短暂的,如果不严格去要求自己上进,那么,这个人就要走向邪道,一旦走入邪道,就要干坏事。其实,这个人的本质并不见得坏,主要原因是平时不好好学习,这样就养成了一些坏习惯,一位堂堂的君子却变成了卑鄙的小人,成了'梁上君子'了!也就成了窃贼……"躲在梁上的小偷听得真真切切,常言道:"做贼心虚"。小偷吓得不知如何是好?悄悄逃走吧,躲身梁上,又无路可逃。后来,只得硬着头皮跳了下来,跪在地上向陈寔连连磕头,苦苦求饶。

这时，陈寔叫家人扶他起来，语重心长地对他说："看你的面容和你的态度，不像是一个恶人，大概是被生活贫困所逼的吧？这不要紧，只要能鼓起雄心，好好做人就是。"当即送了他两匹绸绢，让他作为本钱去做做小买卖，以养家糊口。这人拜谢而去。

"梁上君子"本指栖身陈寔宅中房梁之上欲行盗窃的人，后泛指窃贼。北宋苏轼《东坡志林·梁上君子》："近日颇多贼，两夜皆来入吾室。吾近护魏王葬，得数千缗，略已散去，此梁上君子当是不知耳。"清代淮阴百一居士《壶天录》卷下："某学究兀坐危楼观书，忽闻楼下有人吁然失声，五体投地，秉烛趋视，则一梁上君子也。"清代文学家蒲松龄《聊斋志异·某乙》："邑西某乙，故梁上君子也。其妻深以为惧，屡劝止之。"明代通俗小说作家熊大木《杨家将演义》第四十八回："（宣国公）仰卧床上，只见一人伏于梁上，及曰：'梁上君子，你有甚事？或要钱物，或要杀我，请下来商议。'"

煮豆燃萁

"煮豆燃萁",语出南朝宋刘义庆《世说新语·文学》:"文帝尝令东阿王七步中作诗,不成者行大法。应声便为诗曰:'煮豆持作羹,漉菽以为汁。萁在釜下燃,豆在釜中泣;本自同根生,相煎何太急!'帝深有惭色。"

曹丕(187—226),即魏文帝,文学家,三国时魏国的建立者,字子桓,沛国谯县(今亳州谯城)人。曹操次子,卞氏所生。东汉建安十六年(211),为五官中郎将、副丞相。建安二十二年(217)被立为太子。延康元年(220),曹操死,袭位为魏王,行九品中正制。当年十月,逼迫汉献帝禅位,自立为帝,国号魏,建元黄初,将都城由许昌迁至洛阳。曹丕坚持大权独揽,设立中书省,其官员改由士人充任。通过这一系列举措,进一步巩固了魏国统治。他曾三次亲自统军讨伐孙吴,皆无功而还。曹丕爱好文学,并有相当的成就,写下《燕歌行》等中国较早的优秀七言诗。所著《典论·论文》在中国文学批评史上占有重要地位。有《魏文帝集》,已佚,后人有辑本。

曹植(192—232),三国时魏国诗人,字子建,曹操三子,卞氏所生。曹植自幼颖慧,年十岁余便诵读诗文及辞赋数万言,出言为论,下笔成章,深得曹操的宠信。曹操几次想立他为太子,然其行为放任,屡犯法禁,引起曹操的震怒。曹操病逝后,曹丕继魏王位,不久又称帝。曹植便从一个贵公子骤然变成处处受限制和打击的对象。黄初七年(226),曹丕病逝,曹叡继位,即魏明帝。曹植在文、明二世的12年中,曾被迁封多次,最后的封地在陈郡,卒谥"思",世称陈思王。诗歌多为五言,前期之作多写人生抱负及宴游之乐,后期集中反映其在压制之下的苦闷和哀怨之情及希冀用世立功的愿望。曹植作为建安文学的集大成者,对于后世的影响是不小的。在两晋南北朝时期,他

被推尊到文章典范的地位，《洛神赋》尤著名，今存南宋嘉定六年刻本《曹子建集》10卷。

曹操逝世后，曹丕继位为魏王。曹丕欲杀曹植，又欲绝天下文人之口，遂以不参加葬礼之罪，采用华歆的计谋，以兄弟为题且不犯"兄弟"字样，逼弟弟曹植必须在七步之内把诗作成，不然的话，就用重刑。他母亲卞氏急忙从大殿后面赶出来，质问曹丕："你这当哥哥的，为什么把弟弟逼得这么狠？"曹丕慌忙离开座位，以国法不能废除为借口，暂时搪塞了过去。曹植略加思索，即口占一首："煮豆持作羹，漉菽以为汁。萁在釜下燃，豆在釜中泣；本是同根生，相煎何太急！"曹丕闻之，潸然泪下，而曹植也从鬼门关拣回了一命。

这首诗的大意是：煮大豆是拿来做豆羹，煮豆的水过滤渗漏成为豆汁。豆秸在饭锅下燃烧，大豆在饭锅中哭泣。豆秸和大豆本来是同株所生，豆秸怎能这样急迫地煎熬豆子呢！整首诗在七步之内完成，诗人的情感也经历了一个由平缓到迸发的过程。名为吟物，实则是一首带有讥讽的寓言诗。末两句卒章显志，既是控诉，也是反抗。

"煮豆燃萁"用来比喻兄弟间或亲朋内部的互相迫害和残杀。现代诗人柳亚子《题太平天国战史》诗："煮豆燃萁谁管得，莫将成败论英雄。"

亦作"七步诗"。南宋诗人宋无《寄翰苑所知》诗："学过三都赋，神超七步诗。"

亦作"七步才"。唐代史学家李延寿《北史·魏收传》："前废帝立，妙简近侍，诏试收为《封禅书》，下笔便就，不立草稿，文将千言，所改无几。时黄门侍郎贾思同侍立，深奇之。帝曰：'虽七步之才，无以过此。'"明代戏曲家、文学家汤显祖《牡丹亭》第三十九处："七步才，蹬上了寒宫八宝台。沈醉了九重春气，便看花十里归来。"

亦作"子建七步"。北宋文学家欧阳修等《新唐书·柳公权传》："（柳公权）从幸未央宫，帝驻辇曰："朕有一喜，边戍赐衣久不时，今中春而衣已给。"公权为数言称贺，帝曰：'当贺我以诗。'宫人迫之，公权应声成文，婉切而丽。诏令再赋，复无停思，天子甚悦，曰：'子建七步，尔乃三焉。'"

亦作"诗成七步"。南朝梁文学家萧统《锦带书十二月启·中吕四月》："声闻九皋，诗成七步，涵蚌胎于学海，卓尔超群。"

亦作"七步成章"。元代戏曲作家高明《琵琶记》第十处："休道是七步成章。"

亦作"陈思七步"。南朝梁文学家任昉《齐竟陵文宣王行状》："淮南取贵于食时，陈思见称于七步。"

亦作"釜中泣"。清代小说家褚人获《隋唐演义》第二回："直教豆向釜中泣，宁论豆萁一体生。"

亦作"萁豆煎"。现代诗人柳亚子《屈辱一首》："萁豆谁令煎魏釜？烽烟从此逼秦城。"

黄粱一梦

"黄粱一梦",语出唐代沈既济《枕中记》:"卢生欠身而寤,见其身方偃于邸舍,吕翁坐其旁,主人蒸黍未熟,触类如故。生蹶然而兴曰:'岂期梦寐耶?'翁曰:'人生之适亦如是矣。'生怃然良久,谢曰:'夫宠辱之道,穷通之理,得丧之情,生死之际,尽知之矣。此先生所以窒吾欲也,谨受教。'稽首再拜求度,翁慨然许录。传以大丹之秘,并授以剑术,遂从吕翁往来海上云。"

唐玄宗开元年间,有个贫困潦倒的书生名叫卢生,在邯郸(今河北邯郸)官道上赶路。傍晚时到一家旅店投宿,恰巧遇到道士吕翁。两人一见如故,谈得十分投机。吕翁见卢生相貌清奇,觉得此人可度,于是有意与卢生闲聊。卢生自叹穷困,谈起功名事,感叹非常,说:"男子汉大丈夫,没有想到会落得这般地步!"吕翁听了,故意问他什么意思。卢生说:"大丈夫活着应该干一番事业,出将入相,列鼎而食,选声而听,宗族茂盛,建立功名,享尽人间的荣华富贵。可是如今我还是一事无成!"说罢,像是要睡觉的样子。吕翁便从行囊中取出一个枕头,对卢生说:"你枕着这个枕头睡,就可以获得荣华富贵。"这时,店家正在蒸煮小米饭。卢生接过枕头,和衣而睡,很快就进入了梦乡,做了一场一生享尽人间荣华富贵的好梦:

"他娶了清河崔府里一位高贵而美丽的小姐,生活阔绰,十分体面。第二年,又考中进士,金榜题名。先被钦点为翰林学士兼知制诰,赐宴曲江池。不久,他趁掌制诰之便暗写了一道封自己夫人的制诰,不料此事被人告发。卢生遂被贬到陕州任知州。陕州地处华阴山外,三百里官路尽是料礓石。粮运艰难,开河工程也十分艰巨。卢生用火烧醋浇之法,很快开通了河道。于是,奏请皇上东游赏景。皇帝在大臣的陪同下,一路乘舟赏玩,毫无跋涉之苦,卢生治理陕州有方,皇上大悦,称许卢生开河功大。这时,边关急报,吐蕃杀过了边界。宇文融本想借以害卢生于疆场,所以,又荐卢生挂帅征战。卢生即被封为御史中丞兼河西节度使,挂征西大元帅印,率兵打退了吐蕃的侵扰,为朝廷立下了功劳。奏凯班师而回,皇上闻捷报,升卢生为定西侯,加太子太保、兵部尚书、同平章事。就在这时,宇文融密奏卢生图谋不轨,私通番将。天子不辨真假,即命人把卢生押云阳市斩首。崔氏携五个儿子去午门喊冤,皇上免卢生不死,却被发配广南鬼门关。卢生历经千辛万苦到了鬼门关,又差点被宇文融手下的人害死。崔氏被打入机坊做女工,五个儿子也被逐出京城。三年以后,崔氏受尽了屈辱,织了回文锦,希望能奉给皇上,以图冤白。这天,高力士来机坊,崔氏托他将回文锦献于御前。这时边境安定,吐蕃归降大唐,带西番十六国侍儿朝贺。吐蕃国侍子乃热龙莽之子,当他得知卢生为那雁足之书衔冤,让儿子对唐天子将此事辩明白。恰在此时,皇帝又看了崔氏的回文锦,方明白卢生之冤,立即下旨将宇文融问斩,召卢生回京,加封赵国公,食邑五千户,官上柱国太师,崔氏封为赵国夫人,五个儿子也都封了高官。同时,皇上又赐御马三十匹,田三万顷,园二十一所,女氏二十四名,湖山楼台二十八所。卢生又做丞相二十多年,时已八十有余。因纵欲而得病,虽荣显已极,最后还是归天而去。崔氏的哭声和拍打惊醒了卢生……"

就在这时,卢生忽然一觉醒来,发现自己正睡在旅店里,旁边坐着吕翁,而店主人蒸煮的黄粱饭还没有熟呢。卢生想想几十年荣华富贵,竟是短暂的一梦,很觉惊异。吕翁笑道:"人生就是这样!那些儿子都是店里鸡犬所变,崔氏是那驴子所变。"卢生至此幡然醒悟,就随吕洞宾去蓬莱仙山做桃花苑的扫花使者去了。现在,在邯郸市北不远处,还有卢生祠。元人马致远据此写成杂剧《黄粱梦》;明人汤显祖改写为《邯郸梦》。

"黄粱一梦"比喻虚幻、空想的事和欲望的破灭。西汉经学家、目录学家、文学家刘向《刘仙传》引《云房先生谣》："黄粱犹未熟，一梦到华胥。"北宋文学家、书画家苏轼《被命南迁，途中寄定武同僚》："只知紫绶三公贵，不觉黄粱一梦游。"元代剧作家范康《竹叶舟》第一折："因应举不第，道经邯郸，得遇正阳子师父，点化黄粱一梦，遂成仙道。"现代作家周而复《上海的早晨》："聂云台的美丽远景只不过是黄粱一梦罢了。"

亦作"黄粱梦"。北宋词人贺铸《六州歌头》词："似黄粱梦，辞丹凤；明月共，漾孤篷。"金代诗人、史学家元好问《过邯郸四绝》之四："邯郸今日题诗客，犹是黄粱梦里人。"

亦作"一枕黄粱"。元代无名氏《九世同居》第二折："逐朝青镜容颜瘦，一枕黄粱梦境熟。"清代诗人袁枚《梦》诗："古今最是梦难留，一枕黄粱醒即休。"

亦作"邯郸梦"。北宋文学家、书法家黄庭坚《薛乐道自南阳来入都留宿会饮作诗饯行》："生涯谷口耕，世事邯郸梦。"清代诗人、史学家赵翼《感兴和放翁韵》："过来富贵邯郸梦，老去英雄敕勒歌。"

亦作"邯郸枕"。北宋文学家、书画家苏轼《伯夫送先人下第归蜀》诗之七："一杯归诵此，万事邯郸枕。"金代诗人、史学家元好问《留赠丹阳王炼师三章》诗之三："仙翁相见休相笑，同是邯郸枕上人。"

诙谐

二桃杀三士

"二桃杀三士",语出春秋齐晏婴《晏子春秋·谏下》:"……公曰:'三子者,搏之恐不得,刺之恐不中也。'晏子曰:'此皆力攻勍敌之人也,无长幼之礼。'因请公使人少馈之二桃,曰:'三子何不计功而食桃?'公孙接仰天而叹曰:'晏子,智人也!夫使公之计吾功者,不受桃,是无勇也,士众而桃寡,何不计功而食桃矣。接一搏猏而再搏乳虎,若接之功,可以食桃而无与人同矣。'援桃而起。田开疆曰:'吾仗兵而却三军者再,若开疆之功,亦可以食桃,而无与人同矣。'援桃而起。古冶子曰:'吾尝从君济于河,鼋衔左骖以入砥柱之流。当是时也,冶少不能游,潜行逆流百步,顺流九里,得鼋而杀之,左操骖尾,右挈鼋头,鹤跃而出。'津人皆曰:'河伯也!'若冶视之,则大鼋之首。若冶之功,亦可以食桃而无与人同矣。二子何不反桃!抽剑而起。公孙接、田开疆曰:'吾勇不子若,功不子逮,取桃不让,是贪也;然而不死,无勇也。'皆反其桃,挈领而死。古冶子曰:'二子死之,冶独生之,不仁;耻人以言,而夸其声,不义;恨乎所行,不死,无勇。虽然,二子同桃而节,冶专其桃而宜。'亦反其桃,挈领而死。使者复曰:'已死矣。'公殓之以服,葬之以士礼焉。"

晏婴(?—前500),春秋时齐国大夫,字平仲,夷维(今山东高密)人。其父死,继任齐卿,历仕灵公、庄公、景公三朝。晏子出使楚国,楚王故意在城门边开了一扇小门以羞辱身材矮小的晏婴。晏婴说:"只有出使狗国才走狗洞。现在我是出使楚国,为什么要走狗洞?"楚王只好下令大开城门。楚王对晏婴说:"看来齐国实在是没有人才,竟然派你这样的袖珍型人物出使。"晏婴说:"我们齐国有个惯例,出使文明开化的上邦,就派仪表堂堂的人去;出使野蛮无文的小国,就派我这样不上台面的人来。"楚王再次受挫,但还是不肯罢休。在举行酒宴时,他让人押着一个囚犯走过,楚王故意叫住"囚犯"问:"你是哪里人?""囚犯"说:"我是齐国人。"楚王又问:"你犯了什么罪?""囚犯"说:"我偷了东西。"楚王转身看着晏婴说:"原来齐国人都是小偷呀!"晏子道:"我听说淮南有一种橘树,移植到淮河以北就变成了枳树。橘子又香又甜,枳子却又苦又涩。这是因为淮南淮北水土不同的缘故。我们齐国人在本国都是知礼守法的国民,可是到了贵国却成了小偷,不知道这是否也跟水土有关系?"楚王连续三次自作聪明,结果都败在晏婴的手下自取其辱。

公孙接、田开疆、古冶子是齐景公的三个勇士。有一次,他们三个人坐着说话,齐相晏婴从他们面前走过时,他们却没有站起来行礼。晏婴就对齐景公说:"我听说明君手下的勇士,上有君臣之义,下有长幼之礼,内能除暴,外能抗敌。现在主公手下的三个勇士,上无君臣之义,下无长幼之礼,内不能除暴,外不能抗敌。这是国家祸乱的根源啊!"齐景公说:"这三个人,既没人抓得住,也没人杀得了。"晏婴说:"主公可以派人送两个桃子给他们,就说给最勇敢的两个人。"齐景公采纳了晏婴的建议。

公孙接一见使者送来两颗桃子,立刻仰天长叹道:"这一定是晏婴的主意,让主公叫我们三人争功火并。我如果不敢接受桃子,也算不上勇士了。"于是他对田开疆和古冶子说:"三个人两颗桃,只好各摆功劳了。我陪主公出去打猎,第一次杀死一头野猪,第二次杀死一只老虎。我大概有资格吃一颗桃子吧?"于是他拿了一颗桃子。田开疆说:"我率领军队两次打败进攻齐国的敌人。我大概更有资格吃一颗桃子吧?"于是他也拿了一颗桃子。古冶子不紧不慢地说:"我曾经为主公驾着马车渡河,一头巨鼋咬住了左边那匹马,把马车拖向河心。我不会游泳,只好猛吸一口气跳下马车,在河底走了一百步,终于把那巨鼋杀死,救主公脱了险。难道我不比二位更有资格吃一颗桃子吗?"说着站起来拔出了剑。公孙接说:"我的勇敢不如你,功

劳也不如你。我居功恃勇，毫不谦让地拿了一颗桃子，是贪功的小人。但我不是懦夫，敢做敢当。"说完交出桃子，拔出剑自杀了。田开疆也一声不响地交出桃子，拔剑自杀。古冶子看着两具尸体和两颗桃子说："我们三人本来亲如兄弟，现在为了争这两颗桃子，你们两人都被我逼得自杀了。我如果独活，是不仁；我自吹自擂而羞辱勇士，是不义；悔恨自己做错了事还不肯死，就是不勇。"他把两颗桃子放在两具尸身上，也拔剑自杀。使者回宫向齐景公报告："三个人都死了！"齐景公下令为他们厚葬。

晏婴虽然是个智者，但却不是仁者，只是一个冷酷无情的政治家，徒有"贤相"的美名。

"二桃杀三士"意在用计谋杀人，后比喻借刀杀人。三国时蜀相诸葛亮《梁父吟》："一朝被谗言，二桃杀三士。谁能为此谋，相国齐晏子。"唐代诗人李白《惧谗》诗："二桃杀三士，讵假剑如霜？众女妒娥眉，双花竞春芳。"

亦作"齐相计"。明末清初诗人吴伟业《桃核船》诗："三士漫成齐相计，五湖好载越姝行。"

亦作"齐三士"。明清时期散文家、诗人钱谦益《戊辰七月应诏赴阙车中言怀十首》之二："长吟颇惜齐三士，抚卷谁知鲁二生。"

亦作"三士"。清代文学家程先贞《还山春事》诗："五君自醉竹间榻，三士谁怜桃下坟。"

化干戈为玉帛

"化干戈为玉帛",最早出自《论语·季氏》:"邦分崩离析而不能守也,而谋动干戈于邦内。"西汉淮南王刘安等所撰《淮南子·原道训》:"昔者夏鲧作三仞之城,诸侯背之,海外有狡心。禹知天下之叛也,乃坏城平池,散财物,焚甲兵,施之以德,海外宾伏,四夷纳职,合诸侯于涂山,执玉帛者万国。"

禹,颛顼六世孙,鲧之子,姒姓,名文命,号禹。原为夏后氏部落领袖,奉舜命治水,十三年中,三过家门而不入。因治水有功,受舜禅让为天子,世称大禹。大禹是中国历史上第一个朝代——夏朝的奠基者。在位八年而卒,传说他曾铸造九鼎。其子启建立了中国历史上第一个奴隶制国家——夏代。禹虽贵为天子,但能始终保持着传统美德,亲近百姓,是帝国君主制度下的君主典范。

大禹在童年时,就随着父亲鲧东迁到中原。其父被尧帝封在崇(即嵩山),称崇伯。时值中原闹水灾,尧帝便命鲧去治理水。当时治水的组织是很庞大的,并且还属于半军事性质的,由于鲧的为人,在这个治水大军中的权势和地位得到了迅速的上升,其势力竟然发展到足以破坏氏族社会的"禅让制度"。尧帝感到了一种致命的威胁。最后,以"治水无状"的罪名,把鲧处死在羽山。

就在这时,舜又对尧说:"现在鲧死了,可以让他的儿子禹接替治水的事。"尧帝爽快地答应了,于是,禹便走马上任。其实,禹心里很清楚这里面所包含的政治因素,所以,他便处处严格要求自己,把自己规范在"仁、义、礼、智、信"之下。疏九河,开九州,功成而不居,仁厚而爱民。

从前,禹的父亲鲧为了保卫自己,就在自己的封地上建造了三仞(七尺或八尺为一仞)高的城墙,他属下的部落一看到这种情况,便

纷纷要离他而去。别的部落对他虎视眈眈。后来禹当了首领，为了平息天下的叛变，就马上派人拆毁了父亲鲧所筑建的城墙，填平了护城河，还把自己的财产分给大家，毁掉了所有的兵器，对天下施恩济惠，用道德的力量来教化人民。于是，大家都各尽其职，别的部落也愿意前来归附。禹的所作所为就这样安稳了天下。禹在涂山召开首领大会时，来进献玉帛珍宝的首领上万。借此机会，禹与万国诸侯结为天下盟友。舜觉得大禹属于贤能之辈，完全能够治理天下，所以，就把帝位禅让给了大禹。

干戈：干：即盾牌；戈：一种横刃长柄的兵器。泛指兵器，引申为战争。玉帛：圭璋和束帛，即玉器和丝织品，是古代诸侯祭祀、会盟、朝聘等场合所用的礼器，比喻礼尚往来。化干戈为玉帛意思是变刀兵相见为玉帛相往，化解战争变为和平。现代剧作家老舍《茶馆》第一幕："三五十口子打手，经调人东说西说，便都喝碗茶，吃碗烂肉面，就可以化干戈为玉帛了。"现代作家李六如《六十年的变迁》第六章："袁宫保派兄弟来的使命，是想劝都督化干戈为玉帛。"

明修栈道，暗度陈仓

"明修栈道，暗度陈仓"，语出西汉司马迁《史记·高祖本纪》。

汉元年（前206），秦朝被推翻的时候，项羽、刘邦以及其他参加反秦战争的各路将领，齐集商议胜利以后怎样割据国土。当时势力最强的项羽企图独霸天下，他表面上主张分地封王、分配领地，心里却已开始盘算，将来怎样一个个地消灭他们。

项羽最不放心的就是刘邦。因为在早些时候，楚怀玉曾经许诺：谁先攻下秦都咸阳（今陕西西安附近），谁就在关中为王。即所谓：先到咸阳为君，后到咸阳为臣。结果，刘邦先率军攻下咸阳。关中，号称八百里秦川。由于秦朝的大力经营，不但土地肥沃，物产丰富，而且军事工程也很强固。项羽不愿意让刘邦称"关中王"，他自己也不愿意再回到家乡去，汉二年（前205）正月，项羽违背约定，自立为西楚霸王，封地九郡，占领长江中下游和淮河流域一带广大肥沃之地，以彭城（今江苏徐州）为都城。封刘邦为汉王，统辖巴、蜀和汉中三个郡，以汉中的南郑为都城。他想这样把刘邦关进偏僻的山里去，并还把关中划作三部分，分给秦朝的降将章邯、司马欣和董翳，以便阻塞刘邦向东发展的出路。

刘邦确实也有独霸天下的野心，虽然很不服气，但终因军事力量的悬殊，只能忍气吞声。汉二年（前205）四月，刘邦在去汉中的途中接受张良的建议，把一路走过的几百里栈道（在险峻的悬崖上用木材架设的通道）全部烧毁。一方面，刘邦是为了防御袭击，另一方面，是向项羽表示安守汉中。而更重要的是为了迷惑项羽，使他以为刘邦真的不打算出来了，从而松懈对刘邦的戒备。

刘邦到了汉都南郑，发现部下有一位才能出众的军事家，那就是韩信。于是，刘邦就拜韩信为大将，请他策划向东发展、夺取天下的

军事部署。

韩信的第一步计划是先打开东进的大门,以方便夺取关中,建立兴汉灭楚的根据地。于是派出几百名士兵去修复栈道。这时,守着关中西部的章邯听到了这个消息,不以为然地笑道:"谁叫你们把栈道烧毁的!你们自己断绝了出路,现在又来修复,这么大的工程,只派几百个士兵,看你们哪年哪月才能完成。简直是儿戏。"因此,章邯对于刘邦和韩信的这一行动,根本没有引起重视。

过了不久,章邯便接到紧急报告,说刘邦的大军已攻入关中,陈仓(在今陕西宝鸡市东)被占,守将被杀。章邯起初还以为是谣言,等到彻底证实了的时候,慌忙领兵抵抗,但已经来不及了。章邯被逼自杀,驻守关中东部的司马欣和北部的董翳也相继投降。关中一下子就被刘邦全部占领了。

原来,韩信表面上派兵修复栈道,装作要从栈道出击的姿态,以从正面迷惑敌人,实际上却和刘邦统率主力部队,从侧面突然袭击陈仓,这就叫作"明修栈道,暗度陈仓"。

由于这个历史故事,后来形容瞒着人偷偷摸摸地活动,并达到了目的。元代无名氏《暗度陈仓》第二折:"着樊哙明修栈道,俺可暗度陈仓古道。这楚兵不知是智,必然排兵在栈道守把。俺往陈仓古道抄截,杀他个措手不及也。"元代无名氏《气英布》第一折:"孤家用韩信之计,明修栈道,暗度陈仓,攻定三秦,动取五国。"清代小说家文康《儿女英雄传》第三十七回:"舅太太先凑了这等一席庆成宴,料着他一定会淋漓的快饮几杯,这场官司,可就算'明修栈道,暗度陈仓'的打过去了,晚间洗盏更酌,便省却无穷的宛转。"著名历史小说家蔡东藩《民国通俗演义》第四十二回:"此次趁着欧洲战争及袁总统谋帝乞助的时候,正好暗度陈仓,硬迫中国允约。"

吴市吹箫

"吴市吹箫"，语出西汉司马迁《史记·范雎蔡泽列传》："伍子胥橐载而出昭关，夜行昼伏，至于陵水，无以糊其口，膝行蒲伏，稽首肉袒，鼓腹吹篪，乞食于吴市。"裴骃集解引徐广曰："篪，一作'箫'。"

伍子胥（？—前484），春秋时吴国大夫，名员，字子胥，楚大夫伍奢次子。楚平王七年（前522），楚平王为太子建选中了一位名叫孟嬴的秦国公主，此乃秦哀公的长妹，即无祥公主。遂派大夫费无忌前往迎娶。费无忌看到孟嬴有绝世之色，便不顾一切地劝楚平王：趁太子尚未见面，大王宜先娶之，楚平王被巧舌如簧的费无忌说动了心，这位本该成为太子夫人的秦国公主，转眼间却成了公爹楚平王的妃子。楚平王心花怒放。但做贼心虚的费无忌却寝食不安，他知道太子建迟早会成为大王的。一旦成了大王，自己必死无疑。于是，他便让楚平王派太子建到城父（今河南宝丰县）去把守边疆，又对楚平王说太子建的坏话：太子近来整天和几位将军黏在一起，有谋反的迹象。楚平王自知理亏，却又经不住费无忌的屡屡谗言，遂下令捕杀太子建及其党羽。太子建只好逃离楚国。楚平王又要杀害太子建的老师伍奢及其两个儿子伍尚和伍子胥。伍子胥为了躲避灾难，带着公子胜毅然逃离了楚国，伍奢、伍尚终被楚平王逼死。

楚平王贼心不死，又派人去抓逃亡的伍子胥，并在各关口悬挂着伍子胥的画像，以便捉拿归案。伍子胥狂奔在江边的原野上，披肩的长发随风飘荡，他的身后尘土飞扬。奉楚王之命追杀他的一路人马呼啸而来……

伍子胥逃离楚国后，先是到了宋国，后又到了郑国。又因郑国发生内乱，伍子胥感到很不安全，于是，又逃离郑国投奔吴国。在离昭关（今安徽省含山县西北）不远的地方历阳山，伍子胥遇到了一位名叫东皋公的行医老人，这位老人忠厚善良，非常同情伍子胥的不幸遭遇，于是，便让伍子胥住在自己的家里，等待时机，再混出昭关。

几天后，东皋公找到了一位名叫皇甫讷的人，他和伍子胥的相貌差不多，让他穿上伍子胥的服装出关。因他过关时，故意慌慌张张，结果被守关将士抓获。就在这时，伍子胥在东皋公的掩护下，偷偷地混出了昭关，之后伍子胥结识了大力士专诸。在专诸的帮助下，伍子胥来到了吴国的都城。到了这里，伍子胥看到了希望的火光，胸怀文韬武略的人是任何凄风苦雨也压不倒的。

才华横溢的伍子胥坚信赏识他的明主终有一天会邀他加盟。为了引起吴国人的注意，伍子胥披头散发，穿着破烂的衣裳，手持斑竹箫，在街上要饭。他一会儿吹，一会儿唱，果然引起了吴国人的注意。后来，吴王僚召见了伍子胥，并拜他为大夫。正所谓："吹箫要饭泪纷纷，定要吹出有心人！"吴王僚十二年（前515），专诸刺死了吴王僚，公子光做了吴国的国君，改名阖闾，伍子胥帮助阖闾夺取王位，整饬军事，使吴国国势日盛，遂被封为大夫。吴王阖闾九年（前506），吴王阖闾率兵攻楚，一举打下了楚都郢。伍子胥为报杀父之仇，掘开楚平王的坟墓，鞭尸三百。后来因外交事务劝说吴王，吴王不悦，赐剑命他自杀。

吴市吹箫，箫：竹管乐，类笛横吹。原指春秋时楚国的伍子胥逃至吴国，在市上吹箫乞食，常用来比喻行乞街头，亦比喻过艰苦的流亡生活。近代诗人、教育家马君武《去国辞》："行矣高丘更无女，频年无事倦吹箫。"近代维新派领袖康有为《泛海至天津入京复还上海》诗："方朔长安徒索米，子胥吴市又吹箫。"

亦作"吹箫吴市"。唐代书法家、文学家虞世南《结客少年场行》："吹箫入吴市，击筑游燕肆。"

亦作"吴市乞"。清代诗人、史学家赵翼《七十自述》诗之二十三："小住本同吴市乞，久留恐被楚人钳。"

亦做"市中箫"。近代维新派领袖康有为《闻意索三门湾以兵轮三艘迫浙江有感》诗："凄凉白马市中箫，梦入西湖数六桥。绝好江山谁看取，涛声怒断浙江潮。"

亦作"伍员箫"。现代诗人柳亚子《吊刘烈士炳生》诗之一："爱书竟传张汤狱，乞食谁怜伍员箫？"

亦作"伍相吹箫"。明代抱瓮老人《今古奇观》卷十四："（宋金）身边并无财物，受饿不过，少不得学那两个古人，伍相吹箫于吴门，韩王寄食于漂母。"

家喻户晓

"家喻户晓",语出西汉刘向《烈女传·节义》:"梁国岂可户告人晓也。被不义之名,何面目以见兄弟国人哉?"

古代梁国有个名叫梁姑的女子,她把自己的名声看得比什么都重要。她特别重亲情,对侄子比对自己的儿子还好。一天,她正在屋外干活儿,忽然,她们住的那间草房着起了大火。她哥哥的一个小孩儿和她自己的两个小孩儿都在屋里玩耍。于是,她毫不犹豫地冒着熊熊烈火冲进屋里,本来想先抢救她哥哥的小孩儿,可抢出一看,却是自己的一个孩子。这时,火势更加凶猛,没法再进去了。她急得双脚直跳,捶胸大哭道:"这怎么得了呀!我不是要背上自私的恶名吗?我姓梁的岂能户告人晓,让人骂呢?我还有什么脸面见人啊……"说着,不顾一切地冲进火海,最终也被大火吞没。

另据《汉书·刘辅传》载:刘辅家居河间(今河北献县东南),为皇室宗亲,曾任东海县令。因上书朝廷言政治得失,被皇帝召见,提拔为谏大夫。

刘辅刚到朝中任职不久,汉武帝刘彻准备立赵婕妤为皇后。刘辅上书进谏,认为不妥。他说:"历代先王圣主无不精心选择有贤德家世人家的窈窕女子,继承宗庙,顺应天意人心,现在圣上您却放纵情欲,倾心于卑贱人家的女子,想让她母仪天下,就不怕上天惩罚,不怕世人耻笑吗?腐烂的木头不能做柱子,卑贱的人不能做王侯呀!我自己如果在其位不尽忠心,会玷污了我这谏大夫的名声,所以冒死进言,请皇上明察。"刘辅一片忠心,谁知汉武帝看后大怒,立即派人把他逮捕,关进专门关押妇人和女官的私狱中。

这时,几位大臣联名上书,替刘辅讲情说,君主圣明,尊敬进谏争辩的官员,广开忠心正直的言路,对有些狂妄急切的批评意见也不加罪，这样，百官在位才能竭尽忠心，朝廷就没有什么后患了。刘辅从一个县令被提拔为谏大夫，表明他的想法有打动皇上的地方。可是才半个月，就被关进私狱。如果是小错，皇上就隐忍一下；如果是大罪，就应该交给执法官公开处理。假如刘辅不是因为直言进谏而犯法，坐罪不明，天下的人不可能家家户户都知道（原文：假令辅不坐直言，所坐不著，天下不可户晓。颜师古注曰："言不可家家晓喻也。"）皇上求贤若渴，但这样伤害一个诤官，大臣们都害怕呀。长此以往，国家精锐力量将会被削弱，还请皇上明察。这样一来，汉武帝就下令刘辅减死罪一等，判刑三年。最后刘辅死在家中。

"家喻户晓"是由"天下不可户晓"和颜师古注"不可家家晓喻"概括而来，指家家户户都知道。南宋诗人楼钥《攻媿集·缴郑熙等免罪》："而遽有免罪之旨，不可以家喻户晓。"清代小说家李汝珍《镜花缘》第八十一回："今日之下，其所以家喻户晓，知他为忠臣烈士，名垂千古者，皆由无心而传。"清代小说家吴趼人《情变》第四回："一人传十，十人传百，区区一个八里铺，能有多大地方，不到几天，便传得家喻户晓。"戚施《钱基博之鲁迅论》："然始之创白话文，以期言文一致，家喻户晓者，不以欧化的国语文学之兴而荒其志耶！"学者胡适《逼上梁山》："与其作不能行远不能普及之秦汉六朝，不如作家喻户晓之《水浒》《西游》文字也。"

亦作"家至户晓"。北宋《宣和书谱·绪论》："昔者帝王坐法宫，垂衣裳，不出九重深密之地，使四方万里朝令夕行，岂家至而户晓也哉。"

攀龙附凤

"攀龙附凤",语出西汉扬雄《法言·渊骞》:"攀龙鳞,附凤翼,巽以扬之,勃勃乎其不可及也。"

上古时期,据说,蚩尤是个长着人身牛蹄、四眼六臂的人。此人残暴成性,经常无端骚扰轩辕领导的部落。轩辕最后决定和他交战。在交战中,由于蚩尤凶猛异常,轩辕几次都差点败给蚩尤。有一次,大雾弥漫,两个部落的人根本辨不清方向,只好在雾中胡碰乱撞。后来,轩辕想,如果能发明出一个指示方向的装置,就可以轻而易举地打败蚩尤了。某天的晚上,轩辕苦思冥想,在北斗星的启发下,终于造成了一辆能在雨中和雾中辨别方向的"指南车"。轩辕就靠着这辆"指南车"最终打败了蚩尤,从此统一了中原各民族,轩辕因此被推选为部落联盟的领袖,取代了炎帝,成为天下共主。

自轩辕黄帝打败蚩尤之后,部落的人为了纪念这场来之不易的胜利,就在首山采集了很多铜,在荆山脚下铸造了三只特别高大的铜鼎。就在铜鼎铸成之日,忽见天空一道金光闪耀,一条长着长长胡须的巨龙和一只彩凤从天而降。

原来,这条巨龙和这只彩凤是下凡来接轩辕黄帝上天庭的。就在轩辕黄帝骑上龙背的时候,许多大臣、妃子们都争先恐后地攀上龙背、附上凤翼,要跟随黄帝一块儿到天庭去。由于要去的人太多,龙背和凤翼上已经没有地方了,情急之中,有一部分人就抓住龙须不放,以图能和黄帝形影不离。

翻开历史,靠攀龙附凤而成功的人不胜枚举:秦始皇的仲父吕不韦,就是此类人士中的佼佼者。这位阳翟富商,眼光堪称远大。当秦公子子楚作为人质,苟活性命于邯郸,"车乘进用不饶,居处困,不得意"之时,他即及早攀上这个"潜"龙,可为日后渔利之资。他助子楚以重金，并入秦贿赂、游说华阳夫人，终于立子楚为太子嗣。他还献上身怀六甲的宠姬，把子楚照顾得舒舒服服。宠姬既为子楚所纳，也就是培养了一只"凤"，以后附上去，想来也不费力。吕不韦真有算计，攀龙附凤，一箭双雕，做成了一笔大买卖。日后子楚与嬴政先后即位，均任吕不韦为相国，封十万户，号曰文信侯，朝权在握，风光无限。对此，李贽在《史纲评要》中批道："大贾买得皇帝，又买得个皇帝儿子。大奇，大奇！"

"攀龙附凤"比喻依附皇帝以成就功业或扬威。亦比喻依附有声望的人以立名。东汉史学家班固《汉书·叙传下》："午阳鼓刀，滕公厩驺，颍阴商贩，曲周庸夫，攀龙附凤，并乘天衢。"西晋陈寿《三国志·蜀志·秦宓传》："如李仲元不遭《法言》，令名必沦，其无虎豹之文故也，可谓攀龙附凤者矣。"南朝刘宋范晔《后汉书·光武帝纪上》："天下士大夫捐亲戚，弃土壤，从大王于矢石之间者，其计固望其攀龙鳞，附凤翼，以成其所志耳。"唐代房玄龄《晋书》记载东晋王羲之伯父王廙："思欲攀龙鳞附凤翼者，有年矣。""攀龙附凤"亦指巴结投靠有权势的人以获取富贵。唐代诗人李白《相和歌辞·猛虎行》："萧曹曾作沛中吏，攀龙附凤当有时。"唐代诗人杜甫《洗兵马》诗："攀龙附凤势莫当，天下尽化为侯王。"

一箭双雕

"一箭双雕",语出唐代李延寿《北史·长孙晟传》:"尝有二雕,飞而争肉,因以箭两只与晟,请射取之。晟驰往,遇雕相攫,遂一发双贯焉。"

北周末年,洛阳有个名叫长孙晟的人,虽读书不多,但射得一手好箭。十八岁时就当了一名司卫上士(禁卫东宫的武官)。有一次,隋国公杨坚只和他交谈了片刻,便对人说:"长孙晟武艺超群,又多奇谋,以后的名将,非他莫属。"

当时,北方游牧民族突厥的首领摄图,和北周通使结好。为了炫耀各自的实力,双方都专门选择勇武有力的人充当使者。摄图为人傲慢,北周使者几乎没有人被他放在眼里。有一年,长孙晟奉命随同正使宇文神庆出使突厥。摄图一见到长孙晟,就请宇文神庆把长孙晟留下来。以后,摄图每次出猎,总要把长孙晟带在身边。一天,摄图正在帐前闲步,忽然看见空中有两只大雕在互相争夺着一块肉。他马上叫人拿来两支箭递给长孙晟说:"请你把这两只大雕射下来。"长孙晟说:"一支箭就够了。"说完就翻身上马,只见他渐渐驰近大雕,举弓搭箭,"嗖"的一箭射去,竟从两只大雕的胸脯穿过,两只大雕双双落下。摄图看在眼里,喜在心上,下令重赏长孙晟,同时要宗族子弟经常和长孙晟在一起,向他学习箭术。

摄图有个弟弟处罗侯,同摄图矛盾很深。他为了借助长孙晟来制服摄图,暗中派人和长孙晟结交。长孙晟就利用这个机会,经常和他一起出去打猎,仔细地观察突厥境内的山川地势,掌握各部的兵力强弱。

北周大定元年(581),杨坚夺取北周政权,建立了隋朝,史称隋文帝。这时,长孙晟已回到了隋朝,并得到了隋文帝的重用。摄图得到消息就联合阿波、突利等可汗出兵进攻隋朝。长孙晟上书隋文帝，请用计离间突厥，孤立摄图。文帝采纳了他的建议。摄图果然同其他可汗互相攻击，很快就退兵了。隋开皇七年（587），摄图病死，处罗侯做了莫何可汗，封他的长子雍闾做叶护可汗。次子染干由于对雍闾不满，在长孙晟的劝说下归附了隋朝，后来又被封为启民可汗。隋开皇十九年（599），隋文帝为了对染干表示恩宠，在京城武安殿中举行赐射仪式，选择优秀射手十二人，分成两队进行比赛。染干请求同长孙晟编在一队，隋文帝给长孙晟六支箭，长孙晟瞄准箭靶六发六中，轻松夺得魁首。这时，隋文帝兴致非常高，抬头看见天空正好飞过一群鹞鹰，就命人拿来十颗弹丸赐给长孙晟，对他说："朕知你善射，你就为朕射下十只鹞鹰吧。"长孙晟接过弹丸，连连扣弓发射，十只鹞鹰果然一只只应声而落。

隋开皇二十年（600），突厥的达头可汗调集大军准备与隋朝为敌。长孙晟奉命随晋王杨广出兵征讨，在大斤山附近与突厥遭遇。达头不战而逃，突厥将士被俘被杀两千多人。战斗结束后，杨广为长孙晟设宴庆功。有一个突厥归附的官员在席上对杨广说："突厥境内，听到长孙将军的威名都十分害怕啊，说他的弓声像霹雳，坐骑像闪电。"杨广高兴地笑道："将军的威名远播域外，真是了不起啊！"

隋大业五年（609），长孙晟因病去世，终年五十八岁。后来，突厥骑兵南下侵犯隋朝，一直打到雁门塞（今山西代县西北）附近。隋炀帝杨广得报，叹息着说："如果长孙晟还在的话，是不会让突厥这么猖狂的！"

"一箭双雕"：雕，一种凶猛的大鸟。一支箭就射中两只大鸟，比喻做一件事达到两个目的。《续景德传灯录·东京慧海仪禅师》："万人胆破沙场上，一箭双雕落碧空。"南宋诗人陆游《剑南诗稿》卷十六："壮年一箭落双雕，野饷如今撷药苗。"现代作家老舍《四世同堂》："他就不妨真的作一次媒，而一箭双雕的把蓝与冠都捉到手里。"后比喻一举两得。清代小说家李伯元《官场现形记》第十二回:"胡统领早存了个得陇望蜀的意思,想慢慢施展他一箭双雕的手段。"

飞黄腾达

"飞黄腾达",语出唐代韩愈《符读书城南》诗:"木之就规矩,在梓匠轮舆。人之能为人,由腹有诗书。诗书勤乃有,不勤腹空虚。欲知学之力,贤愚同一初。由其不能学,所入遂异闾。两家各生子,提孩巧相如。少长聚嬉戏,不殊同队鱼。年至十二三,头角稍相疏。二十渐乖张,清沟映污渠。三十骨骼成,乃一龙一猪。飞黄腾踏去,不能顾蟾蜍。一为马前卒,鞭背生虫蛆。一为公与相,潭潭府中居。问之何因尔,学与不学欤。金璧虽重宝,费用难贮储。学问藏之身,身在则有馀。君子与小人,不系父母且。不见公与相,起身自犁鉏。不见三公后,寒饥出无驴。文章岂不贵,经训乃菑畬。潢潦无根源,朝满夕已除。人不通古今,马牛而襟裾。行身陷不义,况望多名誉。时秋积雨霁,新凉入郊墟。灯火稍可亲,简编可卷舒。岂不旦夕念,为尔惜居诸。恩义有相夺,作诗劝踌躇。"

韩愈(768—824),唐代文学家、哲学家,字退之,河阳(今河南孟州南)人。自谓郡望昌黎,世称韩昌黎。三岁时由兄嫂抚养,刻苦自励,尽通六经百家之学。贞元八年(792)进士,先后任宣武及宁武节度使判官。贞元末,官监察御史。因关中大旱,上疏请免徭役赋税,指斥朝廷,被贬为阳山令。宪宗元和元年(808),被召为国子博士,后来历任河南令、史馆修撰、中书舍人等职。元和十二年(819),因从裴度平定淮西吴元济有功,直接升为刑部侍郎。元和十四年(821),又因谏迎佛骨,触怒宪宗,差点被杀,幸亏裴度等人援救,才改贬为潮州刺史。同年冬,再被贬为袁州刺史。穆宗即位后,召回京都,任兵部侍郎,后又转至吏部侍郎。死后谥"文",世称韩文公。韩愈强调"文以载道""文道合一",与柳宗元同为"古文运动"的倡导者,散文气势雄健,语言洗练,被列为"唐宋八大家"之首。诗风奇崛雄

伟,但有时却流于险怪,又善为铺陈,好发议论,有"以文为诗"之评,对宋诗影响颇大,有《昌黎先生集》。

《符读书城南》是韩愈写给儿子韩符的。诗中叙述道:有两家人,各生了一个儿子。恰恰这两个孩子在幼年时代的长相就十分相像。活泼可爱,调皮可人。稍为长大一些的时候,也经常会在一起玩耍,形同小鱼在一块儿游动。可是,等长到了十二三岁的时候,却渐渐地有所不同了。等长到二十岁时,其思想、意识、心灵、理想等皆不相同,一个洁净明澈,像沟中流动着的清水;一个庸俗不堪,像渠中排放着的污水。到三十岁左右,一切的一切都成形了:一个真正像腾云驾雾、呼风唤雨的蛟龙,另一个则像愚笨的猪,每日只图饱暖;一个像飞黄一样奔驰,另一个则像癞蛤蟆一样……

飞黄:亦名"乘黄",传说中的神马名字,形容马的飞驰。腾达:本作"腾踏",上升,形容神马飞驰的样子,像飞黄神马似的很快地上升着。飞黄腾达形容骏马奔腾飞驰,比喻贵显得志,官职地位很快高升;引申为发迹,官运亨通。元代陈赓《武善夫桃源园》:"飞黄腾踏有天倪,紫电转盼天山低。"

后作"飞黄腾达"。元代无名氏杂剧《施仁义刘弘嫁婢》第三折:"今春郎奋身辞白屋,平步上青霄,李春郎飞黄腾达,赖长者恩荣德化。"清代小说家曾朴《孽海花》第三回:"不上几年,含英社的社友个个都飞黄腾达,入鸾掖,占鳌头,只剩曹公坊一人向隅,至今还是个国学生,也算文章憎命了!"明代小说家冯梦龙《醒世恒言》第二十卷:"受尽了灯窗之苦,尚不能够飞黄腾达。"清代小说家曹雪芹《红楼梦》第一百二十回:"莫非他有遗复之子,可以飞黄腾达的么?"清代小说家吴敬梓《儒林外史》第二回:"正月初一日,梦见一个大红日头落在他头上,他这年就飞黄腾达的。"鲁迅《准风月谈·文床秋梦》:"先前,还可以希望招驸马,一下子就飞黄腾达。"现代教育家叶圣陶《倪焕之》:"那时还行着科举,出身寒素,不多时便飞黄腾达的,城里有好几个。"现代作家沙汀《防空》："他进过种种培植新政人才的讲习班和训练班,虽然结果没有一项使他飞黄腾达。"

亦作"飞黄"。明代诗人邵璨《香囊记·起程》："及早飞黄千里,扬姓字耀门楣。"现代作家冯德英《苦菜花》第四章："功成之日,飞黄之时,幸勿遗我碌碌也。"

天衣无缝

"天衣无缝",语出唐代牛峤《灵怪录·郭翰》:"徐视其(织女)衣,并无缝。翰问之,曰:'天衣本非针线为也。'"

唐朝,太原有个名叫郭翰的读书人,为人正派,气度不凡;能诗善画,性格诙谐,很受时人推崇。

某年盛夏的一天晚上,天气异常闷热,郭翰便搬了个竹床到院子里去睡。他仰望天空,只见长天如碧,白云舒卷,明月高挂,清风徐来,满院飘香。突然,他发现天空中有一位绝代姿容、光彩照人的美丽女子带着两名侍女飘然而下,微笑着站在了他的面前。郭翰几乎不相信自己的眼睛,但那确实是一个女子,身穿五彩衣裙,散发着淡淡的诱人的香味。郭翰见如此佳人,心中感到非常兴奋,于是,连忙整理衣衫,跪拜参见,很有礼貌地问道:"你该不会是天上的织女吧?"仙女回答说:"我是王母娘娘的织女。"郭翰目不转睛地看着美丽的织女,打量着那随风飘飞的衣裙。郭翰问:"你从天上来,能谈谈天上的事情吗?"仙女问:"你想知道什么?"郭翰说:"我什么都想知道。"仙女说:"这可难了,你让我从哪儿说起呀?"郭翰说:"人们都说仙人聪明,你就随便说说吧。"仙女说:"天上四季如春,夏无酷暑,冬无严寒;绿树常青,花开不谢。枝头百鸟合鸣,水中游鱼可见。没有疾病,没有战争,没有赋税。总之,人间的一切苦难天上都没有。"郭翰说:"天上那么好,你为什么还跑到人间来呢?"仙女说:"亏你还是个读书人。你们的前辈庄周老先生不是说过'在栽满兰花的屋子里待久了,也闻不到香味'的话么。在天上待久了,难免有些寂寞,王母娘娘体谅我,恩准我下凡,以解胸中的忧愁。我一向非常羡慕您的人品和风度,所以,愿意与您结为夫妇。"

面对这突如其来的桃花运,郭翰又惊又喜,说道:"我一介凡夫俗子，怎敢痴心妄想？有你这句话就够了。"织女听后，笑而不语，命那两名侍女布置新房，她和郭翰恩恩爱爱，共度良宵……

当天快亮时，织女先告辞离去。就这样，一连几夜，准时来和郭翰欢聚，二人之间的感情进一步加深。郭翰又问："听说有一种药，人吃了可以长生不老，你知道哪儿有吗？"仙女说："这种药人间没有，天上到处都是。"郭翰说："既然天上多得很，你该带点儿下来，让人们尝尝有多好呀！"仙女说："带是带不下来。天上的东西，带到人间就失去了灵气，不然早让秦始皇、汉武帝吃了。"郭翰说："你口口声声说来自天上，用什么证明你不是说谎话哄人呢？"仙女让郭翰看她的衣服。突然，郭翰发现，织女的衣服没有缝纫的针脚，感到很奇怪，就问："你的衣裙怎么不用线缝呢？"织女说："我是天上的神仙，神仙穿的都是天衣，天衣本来就不是用针线缝合的，所以就不会有缝的痕迹了。"

一天夜里，织女泪流满面，紧握着郭翰的手，说："王母娘娘赐我到人间的期限就要到了，从此以后，你我天各一方，永无再见之日了！"郭翰听后，更是伤感万分。两人执手相对，泪眼朦胧，直至天明。织女说："到明年的某日，我会托人带信给你。"说完，就飘然升空而去。

转眼到了第二年，郭翰果真收到了织女的侍女送来的信。满纸都是清丽之词，思念之情，并在信末附诗二首："河汉虽无阔，三秋尚有期。情人终已矣，良会更何时？""朱阁临清汉，琼宫御紫房。佳期情在此，只是断人肠。"郭翰感动，当即回赠二首，诗云："人世将天上，由来不可期。谁知一回顾，交作两相思。""赠枕犹香泽，啼衣尚有痕。玉颜宵汉里，空有往来魂。"从此以后，织女再无音信。

"天衣无缝"比喻事物浑成自然，细致周密，无痕漏可寻。清代小说《孽海花》第五回："唐卿兄挖补手段，真是天衣无缝。"清代诗人王士祯《池北偶谈》卷十三："其章法之妙，如天衣无缝。"现代作家张守仁《林中速写》："啊，那是大自然孕育的杰作。须知每一物种要经过多少万年的演变、适应、竞争、完善，才能达到目前这种鬼斧神工、天衣无缝的状态。"现代作家林语堂《红牡丹》第二十二回："这全靠工夫和训练。有时候你辛辛苦苦写一篇东西，看一看，才知道是二流或劣质的作品……天衣无缝实在太难了。"

弄巧成拙

"弄巧成拙",语出北宋黄庭坚《拙轩颂》:"弄巧成拙,为蛇添足。"

孙知微,北宋画家,字太古,号华阳真人,眉州彭山(今四川彭山)人。世代以种田为业,后蜀时隐居青城山白侯坝赵村。秉性介洁,师从沙门令宗,精老庄之学,擅画释道人物。凡写圣像皆虚神静思方始援毫,用笔奔放纵逸。虽以画得名,然耻为人呼"画师"。曾遇一登门求画者,他即托疾而走。"张永(乖崖)镇蜀,雅闻其名,欲一见之,终不可致。"忽闻知微在寿宁寺作壁画,立即乘车亲往,知微闻知,即掷笔遁去。蜀中寺观中多有所作壁画。传至日本的《伏羲像图》为其手笔。后来,张永还朝,道出剑阁,恰巧遇一村童,背负一箧,迎道于左,手持知微书,曰:"公所喜者画也,今以二图为献。"张永问村童知微现在哪里?村童回答说:"刚才遇到一位山人,即以此书授我,去向已远矣。"张公益叹其高。钦佩之余,打开画卷,乃知微所作《蜀江出山图》也。李焉说:"马知节在守成都时,知微与其同居府中,过从甚密,相从甚善,得画最多。"北宋书画家文同曾作《孙知微》诗:"太古奇伟士,精思独于画。驰心入茫昧,万物赴挥洒。当时一名重,顾陆非尔亚。卓哉青城笔,妙绝冠天下。寥寥九天仗,一一若神写。吾恐千载后,是终无继者。"

孙知微擅长人物画,有一次,他应成都寿宁寺的委托,画一幅《九耀星君图》。他用心将图用笔勾好,人物栩栩如生,衣带飘飘,宛然仙姿,只剩下着色最后一道工序。恰好此时有朋友请他去饮酒,他放下笔,将画仔细看了好大一会儿,觉得还满意,便叮咛众弟子说:"这幅画的线条我已全部画好了,只剩下着色了,你们千万要小心些,不要着错了颜色,我去朋友家有事,回来时,希望你们画好。"弟子们爽快地答应了。

孙知微走后，弟子们围住画，反复观看老师用笔的技巧和总体构图的高妙，互相交流心得。有人说："你看那水暖星君的长髯飘洒，不怒而威，神态多么逼真。"还有的说："菩萨脚下的祥云缭绕，真正的神姿仙态，让人肃然起敬。"其中有一个叫童仁益的弟子，平时为了哗众取宠，专爱卖弄小聪明，只有他一个人装模作样的一言不发。

就在这时，有人问他："你为什么不说话，是不是这幅画还有什么令人不满意的地方？"童仁益故作高深地说："水暖星君身边的童子神态很传神，只是他手中的水晶瓶好像少了点儿东西。"众弟子看了看说："没发现少什么呀？"童仁益说："老师每次画瓶子，总要在瓶中画一枝鲜花，可这次却没有。也许是急于出门，来不及画了，我们还是画好了再着色吧。"童仁益一边说着，一边就用心在瓶口画了一枝艳丽的红莲花。

孙知微从朋友家回来，发现画上的童子手中所拿的瓶子生出了一朵红莲花，又气又笑地说："这是谁干的蠢事，若仅仅是画蛇添足倒还罢了，这简直是在弄巧成拙。童子手中的瓶子，是水暖星君用来降服水怪的镇妖瓶，你们给添上莲花，把宝瓶变成了普通装花的瓶，岂不成了天大笑话。"说着，就把画撕个粉碎。众弟子看着童仁益，默默低头不语。

弄，玩弄。巧，虚浮。拙，愚笨。弄巧成拙意思是，本想卖弄一下聪明，结果却把事情弄糟，形容事与愿违。宋代普济《五灯会元·法云秀禅师法嗣》："上堂祖师妙诀，别无可说，直饶钉嘴铁舌，未免弄巧成拙，净名已把天机泄。"明代许仲琳《封神演义》第五十六回："蝉玉曰：'孩儿系深闺幼女，此事俱是父亲失言，弄巧成拙。'"

亦作"弄巧反拙"。东方英《独霸江湖》第二十六章："他自作聪明，弄巧反拙，送到他们手中，还有什么话可说。"

金玉其外，败絮其中

"金玉其外，败絮其中"，语出明代刘基《卖柑者言》："观其坐高堂，骑大马，醉醇醲而饫肥鲜者，孰不巍巍乎可畏，赫赫乎可象也？又何往而不金玉其外，败絮其中也哉！"

刘基（1311—1375），明朝开国元勋，著名军事家、政治家、文学家，字伯温，浙江青田人。元末进士，曾任江西高安县丞、浙江儒学副提举、处州总管府判。后弃官隐居，著《郁离子》，揭露元末暴政。至正二十年（1360）到应天（今江苏南京）劝朱元璋脱离红巾军领袖韩林儿，独树一帜。朱元璋建立明王朝后，他被任命为御史中丞兼太史令，封诚意伯。洪武三年（1370），惨遭胡惟庸的诬陷，遂被免职，后忧愤而死，追赠太师，卒谥"文成"。民间有"前有诸葛孔明，后有刘基伯温"的说话。善写文章，与宋濂齐名，有《诚意伯文集》等。

某年夏日的一天，刘基闲来无事，就在杭州城里散步，忽然，他看见一个小商贩在卖柑子，并且所卖的柑子皮色金黄鲜亮，就像是刚从树上摘下来的。刘基心想：柑子是很难保存到夏天的，虽然价钱是上市时的十倍，但他还是买了几个。他觉得小贩能把柑子贮存到现在，也是一件很不容易的事，贵就贵了吧！回家后，刘基剥开柑皮，发现里面的果肉干缩得就像破旧的棉絮一样，于是，他便拿着柑子，去责问小贩为何骗人钱财？

不料，卖柑子的小贩先对刘基笑了笑，然后振振有词地说："先生您有所不知，我靠卖这样的柑子为生，已经有好几年了。买的人非常多，谁也没有说什么，就是先生您不满意。"小贩接着继续说道："当今世上骗人的事到处都是，岂止是我一个？请问，那些威风凛凛的武将，从装束看，比孙子、吴起还神气，可是他们真正懂得兵法吗？那些头戴官帽、身着朝服、气宇轩昂的文官，难道他们真正掌握了治理

国家的本领吗？强盗横行，他们不能抵御；百姓困苦，他们不能救助；贪官污吏，他们不能处置；法纪败坏，他们不能整顿。这些人一个个身居高位，住着华美的房舍，吃着山珍海味，喝着琼浆玉液，骑着高头骏马，哪一个不是装得道貌岸然、一本正经的样子？又有哪一个不像我所卖的柑子那样，表面上如金如玉，内中却像是破旧的棉絮呢？"

刘基听了小贩的这一席话，哑口无言，回到家里后，就写了《卖柑者言》这篇文章。

"金玉其外，败絮其中"意思是说，外表像金玉，瓤子却像是破棉絮，比喻外表漂亮，内里破败，虚有华美的外表，实质却一团糟。现代作家欧阳山《三家巷》一："难怪人说长皮不长肉，中看不中吃！这才真是金玉其外，败絮其中呢！"

解铃还需系铃人

"解铃还需系铃人",语出明代瞿汝稷《指月录》卷二十三:"金陵清凉泰钦法灯禅师,性豪逸,不事事,众易之。法眼独契重。一日,眼问众:'虎项金铃,是谁解得?'众无对,师适至,眼举前语问,师曰:'系者解得。'"

南唐时,金陵清凉寺(即今清凉山公园清凉寺)有一位泰钦法灯禅师,性情豪放,不拘小节。初住洪州双林院,开堂之日,他指着法座说道:"此山先代尊宿曾说法来,此座高广,不才何升?古昔有言,作礼须弥灯王如来,乃可得坐。且道须弥灯王如来今在何处?大众要见么,一时礼拜。"便升座,良久,又说:"大众祇如此,也还有会处么?"更不拘佛门戒规,所以,寺内的和尚都瞧不起他。唯独住持法眼禅师对他颇为器重。有一次,法眼在讲经说法时询问寺内众和尚:"你们谁能够把系在老虎脖子上的金铃解下来?"大家再三思考,都回答不出来。这时法灯刚巧走过来,法眼又向他提出这个问题。法灯不假思索地答道:"只有那个把金铃系到老虎脖子上面去的人才能够把金铃解下来。"法眼听后,认为法灯颇能领悟佛教教义,便当众赞扬了他。

自从发生这件事之后,法灯深得法眼禅师的赏识。后来,他在法眼禅师座下做维那(寺庙中统摄僧众统管禅堂的主要负责人),协助法眼禅师开创了佛教五宗中著名的法眼宗。

法灯禅师不但是一位得道高僧,而且在文学方面很有造诣,《古镜歌》三首最为著名。

"解铃还需系铃人"比喻谁惹出来的麻烦,还得由谁去解决。鲁迅《两地书》:"解铃还需系铃人,所以这回伏园回来,我仍要他将事情弄清楚。"

亦作"解铃须用系铃人"。明代王錂《春芜记》："常言道：解铃须用系铃人，当初是他两个说他进去，如今依先要这两个说他出来。"

亦作"解铃还是系铃人"。清代小说家曹雪芹《红楼梦》第九十回："心病终须心药治，解铃还是系铃人。"

亦作"解铃还仗系铃人"。清代谴责小说家吴趼人《二十年目睹之怪现状》第四十回："解铃还仗系铃人，珠花是你拿去的，求你还代我拿了回来，我好好的谢你。"

亦作"系铃解铃"。清代小说家汤颐琐《黄绣球》第三十回："这事原只为了你先生一人，还请你先生系铃解铃，劝劝大家，同到猪大肠那边去请个安，赔个罪。"

际遇

众志成城

"众志成城",本为"众心成城",语出春秋鲁左丘明《国语·周语下》:"王不听,卒铸大钟。二十四年,钟成,伶人告和。王谓伶州鸠曰:'钟果和矣。'对曰:'未可知也。'王曰:'何故?'对曰:'上作器,民备乐之,则为和;今财亡民罢,莫不怨恨,臣不知其和也。且民所曹好,鲜其不济也;其所曹恶,鲜其不废也。故谚曰:'众心成城,众口铄金。'三年之中,而害金再兴焉,惧一之废也。王曰:"尔老耄矣!何知!"二十五年,王崩,钟不和。"

周景王二十三年(前522),周景王为了铸造一口无射乐钟,事先便打算先造一口大休乐钟,以便享受从未有过的庙堂音乐。大夫单穆公说:"不能这么做!铸造大钱已经剥夺了百姓的资财,现在又要铸大钟会加重民众的负担。如果民众的积蓄都被夺走,他们怎么生存呢?钟不过是用来奏乐的,钟声是让人听的,如果听不见了,就不算钟声了。犹如眼睛看不清楚东西,不能硬去看。眼睛所能观察的范围,不过几尺之间;所能分辨的颜色,也不过数十丈的距离。耳朵所能听到的和声在清音与浊音之间;其所能分辨的清、浊之音,不超过个人的能力所及。先王先前铸造乐钟,大小不超过乐音的标准,重量不超过一百二十斤。音律、长度、容量、重量都因此确定,锱铢分寸、斤两丈尺的单位都由此产生。所以,圣人对此十分慎重。现在大王所铸造的钟,耳朵无法听到声音,大小不符合规制,钟声中听不出和声,规格上不能成为标准,既无益于乐又浪费民众财产,那有什么用呢?"

景王不听劝阻,就去征求主管音乐的伶官州鸠的意见。州鸠答道:"臣的职责无法知道这些。但臣听说,琴瑟宜于演奏宫调,乐钟宜于演奏羽调,磬石宜于演奏角调,笙箫是取其声音悠扬,乐音低弘不逾越宫声,尖细的不超过羽声。宫声是乐音的主音,由它依次到羽声。

圣人保有音乐而珍惜生财，资财用来置备器用，音乐用来增殖财富，所以，质重的乐器演奏尖细的声音，质轻的乐器演奏低沉的声音。因而乐钟宜于演奏羽调，磬石宜于演奏角调，埙缶琴瑟宜于演奏宫调，笙箫取其声音悠扬，鼓柷则声音不变。施政就像奏乐，奏乐要求和谐，和谐要求均平。五音用来和谐乐调，十二律用来均平声音。钟磬奏出乐音，琴瑟笙箫衍成曲调，诗句用以表达，歌声用以咏唱，笙竽发出和声，埙缶加以装饰，鼓柷规范节拍。各种乐器都能发挥作用称为乐极，所发出的声响汇集在一起称为乐音，乐音和谐相应称为和，高低声音不相干扰称为平。就像这样，用金属铸成钟，把石磨成磬，组合丝木为琴瑟，穿凿匏竹为笙箫，用鼓声调节而演奏起来，以与八方之风相应。于是阴气不郁积，阳气不散乱，阴阳有次序，风雨按时降，福祉频临，民众多利，品物齐备而乐音和谐，上下逸乐，这就叫乐正。现在尖细的声音越过了主音而干扰了乐律，耗费过度而损害了财用，乐律受到干扰而财用感到缺乏就有害于音乐。无射尖细的声音为大休钟低沉的声音所抑制凌掩，不能动听入耳，就不是和谐。听起来低沉迂远，就不是均平。既干扰乐律使财用缺乏，其声音又不和谐均平，就不是乐官所能管辖的了。"

　　景王还是不听劝谏，到了第二年，大钟铸成，那帮善于献媚的乐工报告大王说乐音和谐。景王告诉州鸠说："钟声不还是和谐了吗？"州鸠答道："不见得吧！大王还是不明了其中的缘故。"景王问："什么缘故？"州鸠说："君王制作乐器，百姓非常高兴，这才是和谐。现在花费了财物而民众疲惫，无不怨恨，臣不认为这就是和谐。百姓都喜好的事情，很少有不成功的；百姓都厌恶的事情，很少有不失败的。所以，谚语说：'众志成城，众口铄金。'大王您在这三年内耗费钱财的事情做了两件，恐怕至少有一件是要失败的。"景王说："你老糊涂了，懂得什么？"周景王二十五年，景王去世，大钟所奏的声音不和谐。

"众志成城"意思是说只要万众一心，就会如城堡一样坚固难以摧毁，比喻众人团结一致，力量强大。唐末五代诗人何光远《鉴诫录·陪臣谏》："四海归仁，众志成城，天下治理。"清代学者梁章钜《归田琐记·炮说》："兵无常形，地无常势，果能众志成城，则又何炮之不可用乎？"

挟天子以令诸侯

"挟天子以令诸侯",最早为"挟天子以令天下"。语出西汉刘向《战国策·秦一》:"据九鼎,按图籍,挟天子以令天下,天下莫敢不听,此王业也。"

战国中期,逐渐强大起来的秦国还在谋求开拓疆域。那么,先从哪里下手好呢?秦惠王九年(前318),秦将司马错和张仪在秦惠王面前就这一问题展开了争论。

司马错主张先攻打蜀国,而张仪主张先打韩国。张仪的理由是:我们只有先亲近魏国,在与魏国亲近的基础上再和楚国搞好关系,然后就能顺利出兵三川(今河南洛阳一带。因境内有黄河、洛河和伊河三川),先阻断韩国出兵的关口,这样就等于掐断了韩国的咽喉。然后,再让魏国隔断南阳,让楚国逼近南郑,到那时,我们秦国就可以攻占新城(今河南伊川县西)和宜阳(今河南宜阳西),一直可以打到东、西二周的城郊,讨伐周王。陷入困境之中的周王为了保命,肯定要献出象征天下王权的九鼎宝器,我们拥有了这九鼎宝器,掌握了地图和户籍,就可以挟天子以令诸侯,到那时,天下没有人不听从的。这就是王业!就是统一天下的功业!至于楚国和魏国,待回过头来再一一占领不就得了。这时,司马错摇了摇头,面向惠王微微一笑,伸出了三个手指头,说:"任何朝代,要想成就霸业,必须具备这样三个条件:第一,富国;第二,强兵;第三,君民一心。这就是说,要想富国,就得设法开疆拓土。说白了就是占领地盘。土地广了,百姓就可以丰衣足食,强兵的目的自然也就达到了。百姓是国家的根本,有了百姓,才能有国家。要想取得百姓的信任,就得广施惠政。只要这三点做到了,大王统一天下的大业也就完成了。所以,下臣还是觉得先攻打蜀地为上策,蜀地是戎狄之邦,虽然偏远一些,但首领残暴无比,百姓之心

惶惶，国内已到混乱不堪的地步。只要我们秦军一到，还可以获得除暴安良、为民做主的好名声。像这样名利双收的事情，何乐而不为呢？"他又转过头对张仪说："阁下的意思是先攻打韩国，挟持天子。但这样做是要承担恶名的，其他国家一旦晓得了利害关系，必然会联合起来对抗我们秦国。就凭我们现在的兵力，是万万难以击败六国联军的。所以，我们何必要自找麻烦呢？"

最后，秦惠王决定采纳司马错的主张，兴兵伐蜀，逐步扩展秦国的疆域。

挟是挟持、挟制。挟持着天子，用天子的名义向天下发号施令。其实，"挟"字还有一义：倚仗，倚以自重。"挟天子"就是倚仗天子，倚靠天子以自重。在古代，只有地位高的人或能接近天子的人才能倚仗天子，故"挟天子"便是一种政治优势。

西晋史学家陈寿《三国志·蜀志·诸葛亮传》："今操已拥百万之众，挟天子以令诸侯，此诚不可与争锋。"《后汉书·袁绍传》："沮授说绍曰：'今州城粗定，兵强士附，西迎大驾，即宫邺都，挟天子以令诸侯，蓄士马以讨不庭，谁能御之？'"按：如果"挟天子以令诸侯"含有贬义的话，沮授作为袁绍的谋士，对袁绍献计时，绝不可能出言不恭，况且他的话中还有"西迎大驾"这样对皇帝尊敬的话语。

"挟天子以令诸侯"形容权势极盛，现比喻用领导的名义按自己的意思去指挥别人。明代小说家罗贯中《三国演义》第一百一十九回："曹操挟天子以令诸侯，自立魏王，篡夺汉室。"陶菊隐《北洋军阀统治时期史话》第六十六章："其实，吴（佩孚）根本不知宪法为何物，而拥曹（锟）也不过是历代强藩'挟天子以令诸侯'的一套伎俩。"

图穷匕见

"图穷匕见",语出西汉刘向《战国策·燕三》:"秦王谓轲曰:'起,取武阳所持图。'轲既取图奉之。发图,图穷而匕首见。"

战国末期,秦王嬴政为了统一中原,重用了尉缭、李斯等人,改革政治,发展生产,增强军力。秦王凭借着他强盛的国力在消灭了韩、赵两国后,又连续攻占了燕国的多座城池。燕国危在旦夕。

燕国的太子丹原本就在秦国做人质,他看到秦王野心很大,就偷偷地跑了出来,回到燕国,为了扭转这种局势,以解亡国之威胁。太子丹在恐惧之中决定派人去行刺秦王。派谁去好呢?原来,太子丹看中了一位侠客名叫荆轲。荆轲(?—前227),卫国人,卫人称为庆卿。燕人称为荆卿,亦称荆叔,后被太子丹尊为上卿。他擅长剑术,是行刺秦王的最好人选。为了使荆轲能接近秦王,他特地为荆轲准备了两样秦王急于想获得的东西:一是从秦国叛逃到燕国的将领樊於期的头颅,二是燕国督亢(今河北易县、涿州、固安一带)的地图。这两样东西分别放在两个匣子里。在行刺秦王的这把匕首的刀锋上还淬过了烈性毒药,就放在卷着的地图的最里面。此外,还为荆轲配了一名助手,此人也是勇士,名叫秦舞阳,燕国人。燕王喜二十八年(前227,秦王政二十年),荆轲和秦舞阳从燕国出发上路了。临行时,太子丹等身穿丧服,将荆轲送到易水边。然后满满地斟了一杯酒,流着泪跪着递给荆轲,荆轲接在手,一口喝了下去,然后高声诵道:"风萧萧兮易水寒,壮士一去不复还!"

荆轲到了秦都咸阳后,先用金银财宝贿赂秦王宠臣中庶子蒙嘉,求他向秦王进言,以便得到朝见秦王的机会。秦王得知燕国派人来献宝的消息后非常高兴,于是,他就穿着朝服,设九宾之礼,亲自在都城咸阳宫内接见燕国的使者。

荆轲捧着装有樊於期头颅的匣子走在前面，秦舞阳捧着装有地图的匣子跟在后面。可是，秦舞阳在上台阶时，一看到秦国朝堂如此威严，紧张得双手颤抖，脸色变白。荆轲赶紧作了解释，并按秦王的要求，接过秦舞阳手里装有地图的匣子，当场打开，取出地图，双手捧给秦王。秦王慢慢展开卷着的地图细细观看。快展到尽头时，突然露出一把匕首。荆轲见匕首露出，左手抓住秦王衣袖，右手举起匕首便刺。谁知秦王使劲一转身，把荆轲抓住的那只袖子挣断了，可惜未能刺中。秦王急忙拔剑自卫，却又一时拔不出来。于是，两人绕着朝堂上的铜柱子转。卫兵因没有秦王的命令，不敢擅自上前。就在这关键时刻，秦王的侍臣突然提醒秦王把剑推到背后拔出。秦王顿时醒悟过来，迅速拔出宝剑，一剑砍断了荆轲的左腿。荆轲倒地后，仍将匕首再次刺向秦王，结果还是未中，秦王转过身来，对准荆轲又是几剑。面对秦王，荆轲倚靠着朝堂上的铜柱子骂道："我之所以没有及早动手，是因为我想先逼你退还被你侵占的燕国的土地，这样我才算报答了太子丹！"说完，就被拥上来的卫兵捉住，秦王的左右大臣上前斩了荆轲。当然，台下的那个秦舞阳也遭到同样的下场。

秦王嬴政受此惊吓，更激起了他的愤怒之心，于是，便马上命王翦统兵伐燕。

"图穷匕见"比喻事情发展到最后，真相或本意显露了出来。孙中山《敬告同乡书》："自弟有革命演说之后，彼之诈讹已无地可藏，图穷而匕首见矣。若彼果真有革命之心，必声应气求，两心相印，何致有攻击不留余地？"现代教育家叶圣陶《一个青年》："不意先生乃蓄别抱，图穷匕见，爰有斯言。"

亦作"图穷匕首见"。陶菊隐《北洋军阀统治时期史话》第八十章："这次谈话，双方针锋相对，已经到了图穷匕首见的最后阶段了。"

祸起萧墙

"祸起萧墙",语出《论语·季氏》:"今由与求也,相夫子,远人不服,而不能来也;邦分崩离析,而不能守也;而谋动干戈于邦内,吾恐季孙之忧,不在颛臾,而在萧墙之内也。"

春秋时,鲁国自鲁文公后,实际执政者是季孙氏。季孙氏,即季友的子孙。到鲁哀公时,卿大夫季康子的权势其实早已大大超过了国君。当时的费邑(今山东费县)属于季康子的私邑。他为了进一步扩大和巩固自己的统治权力,一心想把颛臾(今山东费县西北)并吞过来。颛臾,一个小国,位于鲁国国都曲阜和季氏采邑费城之间,商朝时被称为方国,在周成王时就已经成为鲁国的附庸国,于是,他以种种借口,欲出兵攻伐。

当时,孔子就极力反对季康子的这种做法,而孔子的学生冉有(名求,字子有)和子路(姓仲,名由,字子路)恰恰都是季康子的家臣,他俩当然倾向于他们的主子,因此,孔子就严厉责备他俩不应该不顾道义和良知去支持季康子。孔子说:"君子最讨厌的就是那种有贪婪之心的小人。我曾经亲自听一个智者说过:不论是被称为君王的国家,还是被称为诸侯的国家,财富的多少并无所谓,担心的关键在于财富上的分配不均;百姓的多少也无所谓,担心的关键在于内部的不安定。如果财富很平均,那便没有了贫穷;也就是说,消灭了贫富差别。如果不发生战争,那就不会再出现什么灾难,这样的话,远方的人就会羡慕地前来归顺你,如果你嫌归顺的人不够多,还可以广泛施行仁义礼乐这种文治教化来招引他们。他们一旦来了,就要让他们安居下来。古代良史周任说:'身在其位,应尽其责。如果做不到,就别干了。'今天,你们两人辅佐季氏,季康子要进犯颛臾,你俩却不能制止,究竟都干了些什么?远方的人不归服,却不能用文治教化来感召他们。

一个国家如果支离破碎，百姓的性命就不能得到保证。大家离心离德，国家迟早是要崩溃的。我想，季氏的忧患，恐怕并不是来自颛臾，而是来自萧墙之内吧。"孔子的一句话点破了季氏讨伐颛臾的真正原因。

孔子说了这话不久，季氏兄弟之间果然发生了问题。

后来，孔子还说："如果这个国家很讲究道义，那么，制礼作乐及出兵打仗的事均由天子决定；相反，如果这个国家很不讲究道义，那么，制礼作乐及出兵打仗的事却由诸侯决定。"

萧墙："萧"是"肃"的假借字，古代国君在宫门内设置的屏风。臣子拜见君王，至此屏风便会肃然起敬。"萧墙之内"：指宫内，暗指鲁哀公。当时，季康子和鲁哀公之间的矛盾很大，季康子恐怕鲁哀公利用颛臾的有利地势来袭击他的费邑，于是，他先下手攻打颛臾，占为己有。"祸起萧墙"指祸乱发生在内部。西汉易学家焦延寿《易林·豫之随》："忧在腹内，山崩为疾，祸起萧墙，竟制其国。"东汉辞赋家、散文家、书法家蔡邕《刘镇南碑》："俄而汉室大乱，祸起萧墙。"清代小说家李汝珍《镜花缘》第六十八回："无如族人甚众，良莠不齐，每每心怀异志，祸起萧墙。"现代小说家蔡东藩、许廑父《民国通俗演义》第八十回："不照这么办法，恐祸起萧墙，势且波及全国，总统不如通权达变，暂歇风潮为是。"

螳螂扑蝉，黄雀在后

"螳螂扑蝉，黄雀在后"，语出战国庄周《庄子·山木》："蹇裳躩步，执弹而留之。睹一蝉，方得美荫而忘身，螳螂执翳而搏之，见得而忘其形；异鹊从而利之，见利而忘其真。"西汉经学家、目录学家、文学家刘向《说苑·正谏》："吴王欲罚荆，告其左右曰：'敢有谏者死！'舍人有少孺子者欲谏不敢，则怀丸操弹游于后园，露沾其衣，如是者三旦。吴王曰：'子来，何苦沾衣如此！'对曰：'园中有树，其上有蝉，蝉高居悲鸣饮露，不知螳螂在其后也；螳螂委身曲附欲取蝉，而不知黄雀在其傍也。黄雀延颈欲啄螳螂，而不知弹丸在其下也。此三者务欲得其前利而不顾其后之有患也。'吴王曰：'善哉！'乃罢其兵。"

春秋时，各诸侯国之间经常是你攻我打，意欲吞并对方。有一次，吴王准备发兵攻打楚国，他便召集群臣，宣布了这一重大决定。当群臣们一听到这个决定后，就在朝堂上低声议论起来，因为当时吴国的实力确实还不够雄厚，只有先发展生产，训练兵力，待国强民富之后，才能作出一些打算。

吴王听到群臣们的议论后，便怒而制止道："你们都不要再议论了，既然我已经作出了这个决定，那你们谁也别想动摇我！倘若有谁敢出面阻拦我，我就立即将他处死！"大臣们听到吴王的话后，面面相觑，议论之声马上就停止了。

吴王的某侍从官有个儿子，年纪还小，当他得知此事后，心里很不安，便想自己亲自出面去说服吴王放弃攻打楚国的打算，但他不敢直接进宫去见吴王，害怕被杀，更不知道该怎样向吴王开口。于是，他就在吴王的后花园里踱来踱去地想办法。就在这时，他的目光无意中便落在树上的一只蝉的身上，他立刻就有了主意。

第二天天刚亮，只见他手里拿着一把弹弓，来到吴王的后花园，便在树下转悠，他希望能在这里见到吴王。次日早晨依然手持弹弓在这里转悠。直到第三天早晨，有人觉得这个少年的行为有些莫名其妙，就将此事报告给了吴王。

吴王听后，也觉得很奇怪，便来到后花园见这个少年。当吴王来到后花园时，一眼便看见这个少年的衣服全被花草上的露水浸湿了，但他还在仰着头望着树梢，吴王觉得好笑，便问道："这位后生，瞧你身上的衣服都被露水浸湿成这个样子了，你却全然不顾，究竟你在干什么？"这时，只见他用手往树上一指，很有礼貌地对吴王轻声说道："大王，您往树上看，那里有一只蝉只顾在那儿高兴地吸着露水，却没有觉察到有一只螳螂就躲藏在它的身后，弯着身体，伸出前臂，正准备捕捉它呢！"

吴王笑道："螳螂捕蝉，这有什么好奇的呢？"这少年又说："大王您再看，螳螂只顾一个心思捕蝉，岂不知还有一只黄雀在它身后，黄雀正瞪着眼睛，伸长脖子想啄它呢！"吴王问道："这又能说明什么问题呢？"只见这位少年不慌不忙地举起手中的弹弓，搭上泥丸，对准黄雀，然后说："那只黄雀只顾捕捉螳螂，却不知道在它身后已经有泥丸对准它了。蝉、螳螂、黄雀都只看到自己眼前的利益，却没有看到自己身后也潜伏着危险。"

吴王听了，觉得这位少年说的话不但有意思，而且很有道理，顿时醒悟了，彻底明白了少年的良苦用心，立即召集群臣，宣布取消攻打楚国的计划。少年的所作所为，为人们留下了"螳螂扑蝉，黄雀在后"的历史典故。

"螳螂扑蝉，黄雀在后"讽刺那些只顾眼前利益，不顾身后祸患的人。人们把企图捕蝉的螳螂比作只顾眼前利益而不顾后患的短视者。西汉学者韩婴《韩诗外传》："螳螂方欲食蝉，而不知黄雀在后，举其颈欲啄而食之也。"东汉史学家、文学家赵晔《吴越春秋·夫差内传》：

"螳螂扑蝉,志在有利,不知黄雀在后啄之。"清代文学家纪昀《阅微草堂笔记·槐西杂志四》:"后数年,闻山东雷击一道士,或即此道士淫杀过度,又伏天诛欤?螳螂扑蝉,黄雀在后,挟弹者又在其后,此之谓矣。"

亦作"黄雀伺蝉"。南朝梁元帝萧绎《荆州放生亭碑》:"譬如黄雀伺蝉,不知随弹应至;青鹨逐兔,讵识扛鼎方前。"

亦作"螳捕蝉"。北宋文学书画家黄庭坚《寺斋睡起二首》之一:"小黠大痴螳捕蝉,有余不足夔怜蚿。"

亦作"雀捕螂"。元代诗人陈高《丁酉岁述怀一百韵》:"逸构蝇栖棘,吞图雀捕螂。负荆廉蔺远,刎颈耳余狙。"

过河拆桥

"过河拆桥",语出明代宋濂等《元史·彻里帖木儿传》:"翌日,崇天门宣诏,特令有壬为班着以折辱之。有壬惧其祸,勉从之。治书侍御史普化消有壬曰:'参政可谓过河拆桥者矣。'"

元朝的大臣彻里帖木儿,处理公务精明干练,善于决断。有一年,他在浙江任职,正好逢上省城举行科举考试。他目睹了这场考试,从官府到考生都花费了许多钱财,并且免不了有营私舞弊的情况。他暗暗下了决心,待到自己掌握了大权,一定要促使朝廷废除这种制度。后来,他升任相当于副宰相的中书平章政事,便奏告元顺帝,请求废除科举制度。中国科举制度自隋唐以来已经历了七百多年,要废除它是一件非常重大的事情,他的奏告在朝中引起了巨大的反响。大臣伯颜表示支持,但反对的人还是很多。当时,有位御史坚决反对废除科举制度,他请求昏庸的顺帝重治彻里帖木儿的罪。不料,顺帝却对废除科举制度非常赞成。因此,不仅不支持那位御史,反而把他贬到外地去当官。

不久,他命人起草了废除科举制度的诏书,准备颁发下去。诏书还未下达,地位略低于平章的参政许有壬跳出来极力反对废除科举制度。他对伯颜说:"如果废除科举考试制度,世上有才能的人都会产生怨恨的。"伯颜针锋相对地说:"如果继续实行科举考试制度,世上贪赃枉法的人还会更多。"许有壬反驳说:"没有实行科举考试制度的时候,贪赃枉法的人不也是很多吗?"伯颜讽刺他说:"我看中举的人中有用之才太少,只有你参政一个人可以任用!"许有壬不服气,举出许多当时中举的高官来反驳伯颜。伯颜当然不会改变自己的观点,于是两人争论得面红耳赤。

第二天,满朝文武大臣被召到崇天门听读皇帝下达的废除科举制度的诏书,许有壬还特地被侮辱性地通知在班首听读。看来,顺帝是特意要让这个反对者将诏书听得明白些。许有壬心里虽然很不愿意,但又惧怕得罪皇帝遭到祸害,只好勉强跪在百官前列听读诏书。听读完诏书后,百官纷纷回府,许有壬满脸不高兴地低头走路。有个名叫普化的御史特地走到他边上,凑到他的耳旁冷嘲热讽地说:"参政,你这下可成为过河拆桥的人啦!"这话的意思是,你参政是靠科举当官的,现在宣读皇上关于废除科举制度的诏书,你跪在最前面,似乎是废除科举制度的领头人,就像一个人过了桥后就把桥拆掉一样。许有壬听了又羞又恨,加快步伐离开。从此之后,他经常假作有病,再也不上朝了。

"过河拆桥"的意思是说,自己过了河就把桥拆掉,比喻事情办成达到目的后,就把曾经帮助过自己的人一脚踢开。与成语"忘恩负义"是一个意思。元代戏曲家康进之《李逵负荆》第三折:"你休得顺水推船,偏不许我过河拆桥。"现代作家老舍《骆驼祥子》一十四:"祥子受了那么多的累;过河拆桥,老头子翻脸不认人;他们替祥子不平。"

亦作"过桥拆桥"。清代小说家李伯元《官场现形记》第十七回:"但是现代的人总是过桥拆桥,到了时候,你去朝他张口,他理都不理你呢。"

亦作"过桥抽板"。如清代小说家曾朴《孽海花》第三十一回:"只要你不过桥抽板,我马上去找他们,一定有个办法,明天来回复你。"

围魏救赵

"围魏救赵",语出西汉司马迁《史记·孙子吴起列传》:"田忌欲引兵之赵,孙子曰:'夫解杂乱纷纠者不控拳,救斗者不搏撠,批亢捣虚,形格势禁,则自为解耳。今梁赵相攻,轻兵锐卒必竭于外,老弱罢于内。君不若引兵疾走大梁,据其街路,冲其方虚,彼必释赵而自救。是我一举解赵之围而收弊于魏也。'田忌从之,魏果去邯郸,与齐战于桂陵,大破梁军。"

魏惠王十六年(前354),魏惠王拜庞涓为大将,带兵前去攻打赵国,赵国的都城邯郸被围。情况紧急,赵王于危难之中只好求救于齐国,并许诺:待解围之后即以中山相赠。齐威王心想,在危难之中,你帮我,我帮你是再也正常不过的事了,于是就爽快地答应了。这中山原本是东周时期魏国北邻的一个小国,被魏国收服,后来赵国又乘魏国举办国丧之机强行占领。齐威王本想拜孙膑为大将,孙膑推辞说:"这可不行,我是一个受国刑的残疾人,如果大王命我为大将,恐怕很难得到将士们的信服。还是请拜田忌大夫为大将吧!"于是,齐威王即拜田忌为主将,孙膑为军师,率兵八万前去营救赵国。

当年,孙膑曾与庞涓同学兵法,因而对用兵之法谙熟精通。魏王用重金将他聘得,当时庞涓正事奉魏国。庞涓自觉能力不及孙膑,就向魏惠王进谗言:"孙膑私同齐国。"魏惠王听后十分恼怒,于是,就对孙膑施以酷刑,剜去了他的膝盖骨,还在他脸上刺了字,企图使孙膑不能行走,又羞于见人。后来,孙膑装疯卖傻,幸得齐国使者救助,才逃到齐国。

且说田忌与孙膑率兵进入魏赵交界之地时,田忌想直逼赵国邯郸,孙膑制止说:要解开纷乱的丝线,不能用手强拉硬扯,要制止别人打架,不能直接参与去打。派兵解围,要避实就虚,击中要害。双方因受到制约才能自然分开。现在魏国的精锐兵力已经倾国而出，内部非常空虚，我们不如将兵发到魏国都城大梁（今河南开封市西北），造成大军压境之势。先占据它的交通要道，再袭击它的空虚地方，魏国知道后必然要放下赵国回师自救，这时，我们再在中途伏击庞涓，其军必败。田忌依计而行。果然，魏军离开邯郸，归途中又陷伏击，与齐军交战于桂陵（今河南长桓西南；一说在今山东菏泽市东北），魏军长途疲惫，溃不成军，庞涓勉强收拾残部，退回大梁，齐师大胜，赵国之围遂解。又，后十三年，齐魏之军再度相交于战场，庞涓复又陷于孙膑的伏击，自知智穷兵败，遂自刎。孙膑以此名显天下，世传其兵法。"围魏救赵"这一避实就虚的战法为历代军事家所欣赏，后来，被军事家们列为"三十六计"中的重要一计。

　　"围魏救赵"泛指围攻敌人后方而迫其撤回兵力的作战方法。明代小说家罗贯中《三国演义》第三十回："曹军劫粮，曹操必然亲往，操既自出，寨必空虚，可纵兵先击曹操之寨；操闻之，必速还。此孙膑围魏救赵之计也。"清代小说家施耐庵《水浒传》第六十四回："倘用围魏救赵之计，且不来解此处之危，反去取我梁山大寨，如之奈何？"

项庄舞剑，意在沛公

"项庄舞剑，意在沛公"，语出西汉司马迁《史记·项羽本纪》："项王即日因留沛公与饮。项王、项伯东向坐，亚父南向坐。亚父者，范增也。沛公北向坐，张良西向侍。范增数目项王，举所佩玉玦以示之者三，项王默然不应。范增起，出召项庄，谓曰：'君王为人不忍。若入前为寿，寿毕，请以剑舞，因击沛公于坐，杀之。不者，若属皆且为所虏。'庄则入为寿。寿毕，曰：'君王与沛公饮，军中无以为乐，请以剑舞。'项王曰：'诺。'项庄拔剑起舞，项伯亦拔剑起舞，常以身翼蔽沛公，庄不得击。于是张良至军门，见樊哙。樊哙曰：'今日之事何如？'良曰：'甚急！今者项庄拔剑舞，其意常在沛公也。'"

秦二世三年（前207）十月，刘邦率大军攻破武关（今陕西丹凤东南），攻下峣关（今陕西蓝田县东南），兵临咸阳（今陕西咸阳东北），屯兵灞上（今陕西西安市东）时，派人劝子婴投降。此时，秦廷群臣百官也都背叛秦朝而投降刘邦。子婴眼看大势已去，便和妻子、儿子们用绳子绑缚自己，坐上由白马拉着的车，身着白色装束，并携带皇帝御用玉玺、兵符等物，从轵道亲自到刘邦军前投降，秦朝灭亡。子婴在位仅四十六天。十二月，项羽破关而入，刘、项在鸿门会面，双方斗争开始。不久，项羽以盟主身份召开戏下（今陕西临潼东）之会，封十八人为诸侯王。自封为西楚霸王，都彭城（今江苏徐州），刘邦为汉王，都南郑（今陕西省南境）。

项羽下决心要把刘邦消灭。那时候，项羽的兵马四十万，驻扎在鸿门；刘邦的兵马只有十万，驻扎在灞上。双方相隔只有四十里地，兵力悬殊。刘邦的处境十分危险。项羽的叔父项伯是张良的老朋友，张良曾经救过他的命。项伯怕仗一打起来，张良会陪着刘邦遭难，就连夜骑着快马到灞上去找张良，劝张良逃走。

张良不愿离开刘邦，就把项伯带来的消息告诉了刘邦。刘邦请张良陪同，会见项伯，再三辩白自己没有反对项羽的意思，请项伯帮忙在项羽面前说句好话。项伯答应了，并且叮嘱刘邦亲自到项羽那边去赔礼。

第二天一清早，刘邦带着张良、樊哙和一百多个随从，到了鸿门拜见项羽。刘邦说："我跟将军同心协力攻打秦国，将军在河北，我在河南。我自己也没有想到能够先进了关。今天在这儿和将军相见，真是件令人高兴的事。哪儿知道有人在您面前挑拨，叫您生了气，这实在太不幸了。"

项羽见刘邦低声下气向他说话，满肚子气都消了。他老老实实地说："这都是你的部下曹无伤来说的。要不然，我也不会这样。"

当天，项羽就留刘邦在军营喝酒，还请范增、项伯、张良作陪。在酒席上，范增一再向项羽使眼色，并且举起他身上佩带的玉玦，要项羽下决心，趁机把刘邦杀掉。可是项羽只当没看见。

范增看项羽不忍心下手，就借故走出营门，找到项羽的堂兄弟项庄说："咱们大王心肠太软，你进去给他们敬酒，瞧个方便，把刘邦杀了。"于是项庄就进去敬酒，说："军营里没有什么娱乐，请让我舞剑助助兴吧。"说着，就拔出剑舞起来，舞着舞着，慢慢舞到刘邦面前来了。

项伯看出项庄舞剑的用意是想杀刘邦，说："咱们两人来对舞吧。"说着，也拔剑起舞。他一面舞剑，一面老用身子护住刘邦，使项庄无法下手。

张良一看形势十分紧张，也离开酒席，到营门外去找樊哙。樊哙连忙上前问："怎么样了？"张良说："情况十分危急，现在项庄正在舞剑，看来他们要对沛公下手了。"樊哙跳了起来说："要死死在一起。"他右手提着剑，左手抱着盾牌，直往军门冲去。卫士们想拦住他,樊哙拿盾牌一顶,就把卫士撞倒在地。他拉开帐幕,闯了进去,气呼呼地望着项羽,头发往上直竖起来,眼睛瞪得大大的,连眼角都要裂开了。

项羽十分吃惊,按着剑问:"这是什么人,到这儿干吗?"张良跟了进来,替他回答说:"这是替沛公驾车的樊哙。"项羽说:"好一个壮士!"接着,就吩咐侍从赏他一杯酒,一只猪腿。樊哙一边喝酒,一边气愤地说:"当初,怀王跟将士们约定,谁先进关,谁就封王。现在沛公进了关,可并没有做王。他封了库房,关了宫室,把军队驻在灞上,天天等将军来。像这样劳苦功高,没受到什么赏赐,将军反倒想杀害他。这是在走秦王的老路呀,我倒替将军担心哩!"

项羽听了,只说:"坐吧。"樊哙就挨着张良身边坐下了。过了一会儿,刘邦起来上厕所,张良和樊哙也跟了出来。刘邦留下一些礼物,交给张良,要张良向项羽告别,自己带着樊哙从小道跑回灞上去了。刘邦走了好一会儿,张良才进去向项羽说:"沛公酒量小,刚才喝醉了,先回去了。叫我奉上白璧一双,献给将军;玉斗一对,送给亚父("亚父"是项羽对范增的尊称)。"

项羽接过白璧,放在座席上。范增却非常生气,把玉斗摔在地上,拔出剑来,砸得粉碎,说:"唉!真是没用的小子,没法替他出主意。将来夺取天下的,一定是刘邦,我们等着做俘虏就是了。"一场剑拔弩张的宴会,总算暂时缓和了下来。

"项庄舞剑,意在沛公",意思是项庄在席间舞剑,企图刺杀刘邦,比喻说话和行动的真实意图别有所指。清代小说家黄小配《大马扁》第四回:"在康有为之意,志在(余)成各,如项庄舞剑,意在沛公。"现代教育家叶圣陶《城中》:"但是他的话里却含着骨头,项庄舞剑,其意常在沛公。"

成也萧何，败也萧何

"成也萧何，败也萧何"，语出南宋洪迈《容斋随笔·萧何绐韩信》："信之为大将军，实萧何所荐；今其死也，又出其谋，古俚语有'成也萧何，败也萧何'之语。"

秦朝灭亡后，项羽为了扩大势力，首先把原来的齐、楚、燕、韩、赵、魏、秦等国的旧贵族和有功勋者共十八人封了王，自称西楚霸王。在这十八个"王"中，对项羽威胁最大的还是刘邦，所以，在分封诸侯时，项羽故意把刘邦封在地势偏狭最遥远的巴蜀和汉中，同时，又把关中地区封给章邯等秦国的三名降将，让他们封住刘邦的路。刘邦虽然对项羽的这种做法很不满意，但却也很无奈，只好带着自己的人马到封地的都城南郑（今陕西汉中东）去了。

萧何（？—前193），汉初大臣，沛县（今江苏徐州市西北）人，曾为沛县吏。秦朝末年，辅佐刘邦定天下。率领起义军攻入咸阳，他亲自收取了秦政府的律令图书，掌握了全国的山川险要、郡县户口及当时的社会情况。楚汉战争中，以丞相身份留守关中，输送士卒粮饷，支援作战。后被刘邦封为酂侯，位次第一。韩信（？—前196），汉初军事家，淮阴（今江苏淮阴市西南）人。早年家境贫寒，寄食于人家，遭到白眼。秦朝末年，项羽和他叔父项梁起兵反秦，路过淮阴，韩信知道后就投奔了过去。可是，他并没有显示出什么军事才能。他虽然多次向项羽献计献策，提出一些作战方案，但项羽从来就没有采纳过。直到项梁战死之后，项羽才让他当了一名非常不起眼的侍卫官。韩信感到很失望，于是，就离开了项羽的起义军。就在这时，萧何向刘邦推荐了韩信。起初，也得不到刘邦的重用，刘邦只让他当了一名小小的军官，有一次，韩信不小心触犯了军法，要被砍头。韩信大声呼喊求救，恰被夏侯婴将军听见，得以免死，汉王刘邦改派他去当治粟都尉（管理军粮的官员）。

韩信心里非常窝火，于是，就向刘邦的亲信萧何诉苦，萧何也认为韩信具有卓越的军事天才，曾几次劝说刘邦，刘邦总是不听。

那时，刘邦被封为汉王，封地在汉中，刘邦部下大多来自刘邦的家乡。已经有好多人逃离，韩信见刘邦依然不重用自己，所以也跟着跑。萧何听说韩信也走了，赶忙连夜去追，把韩信追了回来。刘邦听后大为恼火，责怪萧何是小题大做。萧何却说："韩信不是普通的人，如果你甘愿做一辈子汉王的话，那便罢了；如果想取得天下，无此人万万不可！"于是，刘邦沉默了，萧何不失时机地建议刘邦拜韩信为大将军，刘邦便接受了萧何的建议。楚汉战争时，刘邦首先采用了韩信的策略，轻而易举地攻下了关中。当项羽率领大批人马在荥阳（治今河南省荥阳市）、成皋（治今河南省荥阳市汜水镇西）间与刘邦对峙时，韩信率军袭击项羽后路，破赵灭魏取燕、齐。后来，刘邦又封韩信为齐王。时隔不久，韩信率兵与刘邦会合，将霸王项羽击灭于垓下（今安徽灵璧南），为汉朝的建立立下汗马之功。

刘邦做了汉朝的开国皇帝，即汉高祖，萧何做了丞相。就在这个时候，汉高祖刘邦对功高震主的韩信却不放心了，首先解除了他的兵权，贬为楚王。后来，有人向刘邦的妻子吕后告发韩信谋反，他被再贬为淮阴侯。

汉高祖十年（前197）九月，韩信的好友陈豨反叛，自立为赵王，刘邦亲自率兵征讨。韩信称病在家，对刘邦诏令置之不理，还准备与家臣乘夜伪称诏令大赦罪犯，发兵袭击吕后和太子。就在这时，韩信的舍人的弟弟向吕后告发了韩信谋反的事情，吕后本来想召韩信，但又怕韩信的党羽作乱，于是，就和丞相萧何商议计策。萧何设计以庆贺高祖平叛胜利为理由，骗韩信进宫。韩信刚一进宫，就被吕后以谋反的罪名杀于长乐宫悬钟室。吕后当即下令：再灭其韩信三族。

"成也萧何，败也萧何"，比喻事情的成败、好坏都是由一个人造成的。

大器晚成

"大器晚成",最早出自《老子》四十一章:"大方无隅,大器晚成。大音希声,大象无形。"南朝刘宋范晔《后汉书·马援列传》:"汝大才,当晚成。良工不示人以朴,且从所好。"

马援(前14—公元49),字文渊,扶风茂陵(今陕西兴平东北)人,东汉著名的军事家。十二岁时,父亲去世,靠长兄马况抚养。马援少年有志,曾跟人学《诗》,但因其用心不专,使得学无长进。当时,同村有个名叫朱勃的人,与马援年纪相仿,能诵《诗》《书》等,马援见此,自愧不如,于是,他向长兄马况提出要到边疆去种田放牧。马况很开明,同意他的意向,安慰弟弟说:"你与朱勃不同,你属于那种有远大理想的人,只要发奋努力,定能成大气候的。"马援听后,更坚定信念!但还没等马援起身,马况就去世了,马援留在家中,为哥哥守孝。一年中,他没有离开过马况的墓地,对守寡的嫂嫂非常敬重,不整肃衣冠,从来不踏进家门。

工夫不负有心人,后来马援当了郡中的督邮。一次,他奉命押送囚犯到司命府。囚犯身负重罪,但马援很可怜他,就私自将他放掉,自己则逃往北地郡(今甘肃庆阳西北)。后天下大赦,马援就在当地畜养起牛羊来。时日一久,不断有人从四面八方赶来依附他,于是他手下就有了几百户人家,供他指挥役使,他带着这些人游牧于陇汉之间(今甘肃、宁夏、陕西一带)。马援过的虽是转徙不定的游牧生活,但胸中之志并未消减。他常常对宾客们说:"大丈夫立志,穷当益坚,老当益壮。"

马援种田放牧,能够因地制宜,多有良法,因而收获颇丰。当时,共有马、牛、羊几千头,谷物数万斛。对着这田牧所得,马援慨然长叹。于是,便把所有的财产都分给兄弟朋友,自己只穿着羊裘皮裤,过着

清简的生活。

后来，马援受到王莽的堂弟卫将军王林的荐举，被王莽任命为新城(今陕西安康)大尹，后投光武帝刘秀，先后任绥德将军、太中大夫、陇西郡郡守。"腾声三辅，遨游二帝。"五十五岁时，因功累官伏波将军，封新息侯。

晋代陈寿《三国志·魏书·崔琰传》："琰从弟林，少无名望，虽姻族犹多轻之，而琰常曰：'此所谓大器晚成者也，终必远至。'"

东汉末袁绍身边有一位门客名叫崔琰，他从小喜习武艺，到了23岁才开始读《论语》《韩诗》。由于他刻苦努力，学问也逐渐多起来。当时袁绍的士兵非常残暴，掘开死人坟墓将尸骨暴露出来。崔琰劝说袁绍不要这样做，袁绍认为他说得对，封他为骑都尉。后来，崔琰跟随曹操，为曹操出了不少主意。

在他做尚书时，曹操想立曹植为嗣子，而崔琰反对，他说："自古以来的规矩是立长子，怎么能立曹植呢？"曹植是崔琰的侄女婿，尽管是亲属他也不偏袒，曹操十分佩服他的公正。

崔琰有个堂弟名叫崔林，沉默寡言，看起来有点笨，年轻时既无成就也无名望，亲戚朋友都看不起他。可是，崔琰却很器重他。崔琰常对人说："才能大的人需要很长时间才能成器，崔林将来一定会成大器的。"后来，崔林果然当上了冀州主簿、御史中丞，还在魏文帝手下任过司空。

大器晚成，原指大的器物需要经过较长时间的加工才能做成，后比喻有大才能的人成就事业较晚。清代小说家吴敬梓《儒林外史》第四十九回："二位先生高才久屈，将来定是大器晚成的。"

请君入瓮

"请君入瓮",最早出自北宋欧阳修等所撰《新唐书·周兴传》。《资治通鉴·唐则天皇后天授二年》:"或告文昌右丞周兴与丘神勣通谋,太后命来俊臣鞫之。俊臣与兴方推事对食,谓兴曰:'囚多不承,当为何法?'兴曰:'此甚易耳!取大瓮,以炭四周炙之,令囚入中,何事不承?'俊臣乃索大瓮,火围如兴法,因起谓兴曰:'有内状推兄,请兄入此瓮。'兴惶恐叩头伏罪。"

武则天执政时,为了打击李唐王朝的旧势力,巩固自己的统治地位,一方面公开设立告密制度。她曾下令:凡进京告密的人,州县必须供给驿马,不得向告密者打听告密内容;凡来告密的,不论何种身份,一律接见;凡告密有功者奖赏,凡不实者,也不追究责任。所以,导致进京告密者络绎不绝。另一方面,大量任用酷吏。其中有两个性情最为残忍,一个是监察御史周兴,另一个是来俊臣。周兴的外号叫"牛头阿婆",经常向人夸耀自己很会逼人招供。来俊臣靠告密起家,深得武则天的器重。他们两个人狼狈为奸,利用诬陷、控告和严讯逼供等惨无人道的刑法,不知枉杀了多少正直的文武官员和平民百姓。

有一回,一封告密信送到武则天手里,内容是告发周兴与人联络谋反。武则天大怒,下令来俊臣严查此事。来俊臣心里直犯嘀咕:周兴是个狡猾奸诈之徒,仅凭一封告密信,是无法让他说实话的;可万一查不出结果,太后怪罪下来,我来俊臣也担待不起呀。这可怎么办呢?苦苦思索半天,终于想出一条妙计。

这天,来俊臣准备了一桌丰盛的酒席,把周兴请到自己家里。两个人你劝我喝,边喝边聊。酒过三巡,来俊臣叹口气说:"兄弟我平日办案,常遇到一些犯人死不认罪,不知老兄有何办法?"周兴得意地说:"这还不好办!"说着端起酒杯抿了一口。来俊臣立刻装出很恳切的样子说:"哦,请快快指教。"周兴阴笑着说:"你可命人搬来一个大瓮,四周用炭火烧烤,等把瓮烧热了之后,再让犯人进到瓮里,你想想,还有什么犯人不肯招供呢?"来俊臣连连点头称是。随即命人抬来一口大瓮,按周兴说的那样,在四周点上炭火,等把瓮烧热了之后,回头对周兴说:"宫里有人密告你图谋不轨,我奉旨对此事进行严查。对不起,现在就请老兄自己钻进瓮里吧。"周兴一听,手里的酒杯"吧嗒"一声掉在地上,跟着又"扑通"一声跪倒在地,连连磕头说:"我有罪,我有罪,我招供!"经审讯,周兴最终以谋反罪被流放岭南(今广东省),在行进的途中被仇人杀死,结束了他罪恶的一生。数年后,酷吏来俊臣同样也以谋反罪,被武则天斩首于西市。就在斩首的当天,凡遭受他打击诬陷的人,或被他迫害致死的人的后代蜂拥而至,"挖其眼,剖其心,啖其肉,践其骨。"

"请君入瓮":君,对人的尊称。瓮,大坛子。意思是自己布置的圈套,想陷害别人,不料,最后害了自己,比喻用整治别人的办法反过来自己却受到整治。清代小说家蒲松龄《聊斋志异·席方平》:"鲸吞鱼,鱼食虾,蝼蚁之微声可悯。当掬西江之水,为尔湔肠;即烧东壁之床,请君入瓮。"清代小说家曹雪芹《红楼梦》第六十二回:"宝琴笑道:'请君入瓮。'大家笑起来,说:'这个典用的当!'"

文坛掌故

力学

听诵舌耕

东汉经学家、领骑都尉贾逵，扶风郡平陵县（今陕西咸阳市）人。刻苦勤学，著述等身，所撰经传义诂及论难达百余万言，又作诗、颂、诔、书、连珠、酒令凡九篇，时称通儒。

贾逵幼时聪慧过人，邻舍有人早晚诵读，他每日隔篱听诵。及至十岁，能诵六经篇章，姐姐惊奇，贾逵言道："往日姐姐抱我听邻家读书，我已默识于心。"言毕，便剥院中桑树皮且诵且写。一年后，能将所听经文全部默写出来。此消息不胫而走，凡见者皆称"振古无伦"。有人不远万里，前来听他口传经文。据说，慕名前来投奔贾逵的门徒所捐的粮食已经堆满了仓房，有人感叹："贾逵非力耕所得，诵经口倦，世谓舌耕也。"意思是说，贾逵口舌之劳，如力耕所获。（王嘉《拾遗记》）

阚泽抄书

　　三国时期孙吴大臣阚泽，会稽郡山阴（今浙江绍兴）人。少时家贫，加之父母缺乏文化，并不主张让他求学。每当他外出放猪，只要遇到学馆里的学生，他都要虚心请教。及至十五六岁时，《诗经》《论语》等儒家经典皆熟记于心。阚泽为了替家里分忧解愁，又开始为富户人家抄书，他一边抄写，一边诵读，遇到特别好的文章或段落还要背诵。就这样，日积月累，年复一年，学识逐渐渊博起来。汉末被举为孝廉，任钱塘（今浙江杭州）长，授郴县令。孙权称帝后，历官中书令、太子太傅，封都乡侯。经学家虞翻称其为"盖蜀之扬雄""今之仲舒"。著作有《乾象历注》《九章算术》。阚泽去世后，孙权万分痛惜，竟数日不食。（陈寿《三国志》卷五十三）

　　编者按：据传，阚泽对圆周率颇有研究，南北朝时期数学家祖冲之对圆周率的精确计算就是借鉴了他的研究成果。

搓绳诵书

西晋重臣刘寔，平原郡高唐（今山东禹城西南）人。汉章帝刘炟第五子济北惠王刘寿之后。

刘寔好学不倦，通晓古今。初以计吏身份进入洛阳，调任河南尹丞，后迁任尚书郎、廷尉正、吏部郎。杜预伐吴时，兼镇南军司。因其子刘夏受贿获罪，受牵连免官。后被起用为散骑常侍。元康初，晋爵为侯。怀帝即位，复授太尉。病卒，谥"元"。

刘寔十几岁时，就挑起了家庭生活的重担。白天去集市出售蓑衣，晚上在家编织蓑衣，他一边搓着草绳，一边诵书，就这样终年不懈，尤其是对《左传》《公羊传》《谷梁传》等儒家经典之作有着很深的研究。著作有《崇让论》《春秋条例》《左氏牒例》《春秋公羊达义》等。（房玄龄《晋书》卷四十一）

池塘草梦

南朝刘宋文学家谢惠连,陈郡阳夏(今河南太康县)人。幼有才思,为族兄谢灵运所重。惠连在父丧期间,竟然赠人五言诗十余首,事发后,朝廷终不准入仕。后为彭城王刘义康法曹行参军。工诗,与谢灵运并称"大小谢",明人辑有《谢法曹集》。

一天,谢灵运正在永嘉西堂构思诗作,苦思冥想一整天,也没结果。到了晚上入睡后,梦见族弟惠连,即得"池塘生春草,园柳变鸣禽"。他常对人说,"此句有神功,而非我语。"后来,他终于写就了《登池上楼》,诗云:

潜虬媚幽姿,飞鸿响远音。薄霄愧云浮,栖川怍渊沉。进德智所拙,退耕力不任。徇禄反穷海,卧疴对空林。衾枕昧节候,褰开暂窥临。倾耳聆波澜,举目眺岖嵚。初景革绪风,新阳改故阴。池塘生春草,园柳变鸣禽。祁祁伤豳歌,萋萋感楚吟。索居易永久,离群难处心。持操岂独古,无闷征在今。

后以"梦惠连""池塘草梦"等形容写作时的神来之笔。(李延寿《南史》卷十九)

织帘诵书

沈驎士，南朝宋齐时学者，字云祯，吴兴武康（今浙江德清）人。祖父膺期，晋太中大夫。

沈驎士少时家贫，只能一边织帘，一边诵书，真乃口手不息。二十岁时就已精通《诗经》《左传》《史记》等文学典籍。尚书仆射何尚之访举学士编撰《五经》，吴兴知县荐举沈驎士，应选。因其渊博学识和敬业精神，宋文帝满意之余，想留他在朝中任职，沈驎士得知后，称疾归乡。后隐居余干吴差山，讲经教授，从学者数百人。太守王奂上表荐之，被诏征为奉朝请，不就。又诏征为太学博士，征著作郎，征太子舍人，俱不就。在他八十岁时，家里发生了一场大火，四五千卷藏书全部化为余烬。他心如刀割，就在当天晚上，他又从别人那里借来书籍开始抄写，夜以继日，至临终前，抄写了两三千卷。著作有《周易两系》《庄子内篇训》《老子要略》等。（萧子显《南齐书》卷五十四）

袁峻抄书

袁峻,南梁文学家,字孝高,陈郡阳夏(今河南太康县)人。魏郎中令袁涣之八世孙。幼年贫寒,加之丧父,不得已,只能向别人借书,他规定每天抄书五十页,日以为课,从不间断。就这样,通过多年的抄读,他的知识日渐渊博,四邻八舍羡慕至极。后官侍郎,兼都曹参军。

梁武帝萧衍雅好辞赋,常常提拔具有文学才能之人。在当时,以诗文求职的学子很多,唯独袁峻以一篇拟汉代作家扬雄《官箴》的散体大赋深受梁武帝刮目相看,帝以此文藻丽可观,赐袁峻珠玉锦缎,擢员外散骑侍郎,直文德学士省。命抄《史记》《汉书》各二十卷。又奉敕与陆倕各制《新阙铭》,盛称于时。(姚思廉《梁书》卷四十九)

仰屋著书

萧绎是南北朝时期南朝梁皇帝,字世诚,小字七符,自号金楼子,南兰陵(今江苏常州)人。梁武帝萧衍第七子,梁简文帝萧纲之弟。五岁能诵《曲礼》。性好矫饰,多猜忌,工书,善画,能文。承圣三年(554),雍州刺史萧詧带领西魏兵围攻江陵,烧毁藏书十万卷,城陷,萧绎被杀。萧绎生前"聚书四十年,得书八万卷"。自称"韬于文士,愧于武夫"。他被封湘东王时,因病导致一目失明,即使不能亲自捧读,也要书童读给他听。为太子时,不贪慕荣华富贵,常以读书为由,屡拒宫中宴饮。平日卧床构思,形销骨立,仰屋著书,出言为论,冠绝一时。著作有《孝德传》《怀旧志》《老子讲疏》《内典博要》《贡职图》《金楼子》等四百余卷,后人辑有《梁元帝集》。(姚思廉《梁书》卷五)

编者按:在历代取得文学地位的帝王中,"四萧"(萧梁父子萧衍、萧统、萧纲、萧绎)堪比"三曹"(曹魏父子曹操、曹丕、曹植),而萧绎又是"四萧"中的佼佼者,文学成就堪称翘楚。

意尽

唐代诗人祖咏，洛阳（今河南洛阳）人，以文章名世。开元进士，久未授官。后被张说引为并州驾部员外郎。遭遇贬谪，仕途落拓，后归隐汝水一带，渔樵终老。善诗，诗多状景咏物，宣扬隐逸生活。其诗讲求对仗，亦带有"诗中有画"色彩。山水诗语言简洁、含蕴深厚。从基本倾向上看，接近"大历十才子"的诗风。与王维友善。明人辑有《祖咏集》一卷。

祖咏应进士试时，诗题为《雪霁望终南》，限制为六十字，而祖咏只写了二十字：

终南阴岭秀，积雪浮云端。

林表明霁色，城中增暮寒。

写完后就立即交了卷。考官惊诧，问他怎么只写了二十字？他回答说："要写的意思都写尽了。"（计有功《唐诗纪事》卷二十）

推敲

　　唐代诗人贾岛，字阆仙、浪仙，范阳（今河北涿州）人。初落拓为僧。与孟郊合称"郊寒岛瘦"。《唐才子传》称其"所交悉尘外之士"。

　　他在长安（今陕西西安）时，朝廷令禁和尚午后外出，他作诗大发牢骚。不料，诗被京兆尹韩愈发现，后还俗参加科举，累举不第。

　　有一次，他写了一首《题李凝幽居》五律诗，颔联是"鸟宿池边树，僧推月下门"。总觉得里面的"推"字不够味，又想改为"敲"字。究竟是用"推"字？还是用"敲"字？甚至一边走路，一边做着推门或敲门的动作。

　　一天，他骑驴行在大街上，正在一推一敲地比画着，不知不觉一头撞进韩愈的仪仗队，随即被押到韩愈面前。韩愈问他为什么乱闯？他便将诗句未定的事说了出来，过了一会儿，韩愈说："还是'敲'字好些。你想：月夜访友，即便友人没有关门，也不能鲁莽撞进。敲门，表明你很有礼貌，而且一个'敲'字，于夜静更深之时，多了几分声响。静中有动，岂不活泼？"贾岛听了连连点头。他不但没受到惩罚，反而还和韩愈交上了朋友。

　　这两句诗正映现出诗人构思之巧，用心之苦。由于月光皎洁，万籁俱寂，老僧一阵轻微的敲门声，竟然惊动了池边树上的宿鸟。作者抓住了这一瞬即逝的现象，来刻画环境之幽静，响中寓静，有出人意料之胜。（何光远《鉴诫录》卷八）

锦囊诗草

唐代诗人李贺,字长吉,福昌(今河南宜阳西)人。宗室郑王之后。有"诗鬼"之称,与诗仙李白、诗圣杜甫、诗佛王维齐名。仅官奉礼郎,因避家讳,被迫不得应进士科。

李贺少负诗才。一次,文学家韩愈、皇甫湜路过他家,想当面考考他。进门后,他俩让李贺当场作一首诗。只见李贺稍加思索,提笔便写了《高轩过》,诗云:

韩员外愈、皇甫侍御湜见过,因而命作:
华裾织翠青如葱,金环压辔摇玲珑。
马蹄隐耳声隆隆,入门下马气如虹。
云是东京才子,文章巨公。
二十八宿罗心胸,九精照耀贯当中。
殿前作赋声摩空,笔补造化天无功。
庞眉书客感秋蓬,谁知死草生华风。
我今垂翅附冥鸿,他日不羞蛇作龙。

此诗形象地描写了朝廷重臣韩愈、皇甫湜驷马高轩造访的声势,赞颂两位文人的诗文盖世学识,同时也表达了自己的理想抱负。文辞典雅,语意沉着,想象丰富。韩愈、皇甫湜看后惊喜不已。可惜李贺天不假年,情深不寿,卒年仅二十七岁。

据说,李贺年少时,常背一破旧锦囊,跨一毛驴缓行在旷野中,每当触景生情,便掏出笔纸,记完随手投入锦囊。回到家后,连缀成篇,像《雁门太守行》中的"黑云压城城欲摧,甲光向日金鳞开"等千古名句。北宋文学家苏轼在《次韵王晋卿奉诏押高丽燕射》诗中写道:"锦囊诗草勤收拾,莫遣鸡林得夜光。"便是对李贺诗才的高度赞美。(《李长吉小传》)

诗瓢

唐代诗人唐求，蜀州青城（今四川崇州市）人。僖宗乾符年间，为四川青城县令。昭宗时，四川归王建统管，王建欲聘其为参谋，他拒不受聘，后弃官归里，隐居于味江山中，人称"唐山人""唐隐居"。青城山至今还留存着他写的一首七律诗，述其"数里缘山不厌难，为寻真诀问黄冠"悠然自得的生活。

唐求写诗，或片言，或只语，不拘长短，皆辄手记下。每当诗成，则捻稿为丸，投入一个大葫芦中，谓之"诗瓢"。晚年卧病时，他把诗瓢投入味江，感慨道："如果这个瓢不沉没的话，得之者才会知道我的苦心！"后来，这只诗瓢就漂流到一个叫做新渠的地方，有认识的人说："这是唐山人的诗瓢也！"可惜的是，由于诗瓢在水上漂流多日，待打开时，诗稿多被浸损，仅得诗数十首，为其所写诗稿的十之二三，后人称其为"一瓢诗人"。（计有功《唐诗纪事》卷五〇）

快马追"而"字

北宋著名文学家、史学家欧阳修，字永叔，号醉翁、六一居士，吉州吉水（今属江西）人。天圣进士。历官翰林学士、参知政事等。与晏殊并称"晏欧"。

魏国公韩琦建造了一座别墅，请欧阳修写篇纪念文章。欧阳修闭门谢客，几经思索后，一挥而就，交给差人，差人则辞归。

到了晚上，欧阳修重读此文，当读到"仕宦至将相，锦衣归故乡"时，总觉得这两句写得过直，气短而促。经过仔细推敲，决定在两句中各加上一个"而"字，即成为："仕宦而至将相，锦衣而归故乡。"使得文句上下贯畅，也更显得深邃。

于是，欧阳修立即牵出一匹好马，唤醒梦中书童快马加鞭，向相州方向飞驰而去。日落之前，终于赶上韩琦派来的差人，把"而"字补上。从此，欧阳修快马追"而"字的故事广为传诵。（潘永因《宋稗类抄》卷五）

摘叶书事

　　元末明初文学家、史学家陶宗仪，字九成，号南村，黄岩（今浙江台州黄岩区）人。早年习举业，一试不第，则弃去。师从张翥、李孝光、杜本等专志古学。

　　元末，陶宗仪寓居华亭，以著述授徒为乐。工诗词，精书法，勤著述。当年他在吴地避乱时，吴淞江南有一小块田地，便在那里安家，以耕种为生。他每次下地劳动时，都会随身带上笔墨，每当休息时，或抱膝长叹，或鼓腹而歌。每有所思，便顺手摘取一片树叶记录下来，并贮在破罐子里埋入地下。十多年来，竟然也积累了十多罐。一天，他把树叶全部倒出来，共得若干条，编为《南村辍耕录》。（孙大雅《南村辍耕录叙》）

香漏验时

清代诗人叶映榴，字炳霞、苍岩，江苏上海（今上海市）人。顺治进士，官至陕西提学，后逢兵变自刎。

叶映榴早年丧父，家境贫寒。为能使他功成名就，母亲在一旁不断地督促他读书。晚上读书时，把香线剪成相等的长度，并在上端系一枚铜钱将其点燃，再在下面放置一个铜盘，当香燃烧到铜钱处，铜钱则落入盘中，发出清脆的响声，以此方法来判断时辰，称之为"香漏"。叶映榴工古隶，善山水，苍古似沈周，卒谥"忠节"，著作有《叶忠节遗稿》。（黄协埙《锄经书舍零墨》）

飞马索诗

清代官吏钱陈群,字主敬,号香树,又号柘南居士,浙江嘉兴人。某年,康熙南巡,陈群迎驾吴江并献诗。上命俟回召试,钱以母病不赴。康熙六十年(1721)进士,授翰林院编修。雍正时督顺天学政。乾隆中授刑部侍郎,与修《大清会典》。后以疾归里,卒谥"文端"。著作有《香树斋集》。

乾隆十五年(1750),钱陈群以侍郎身份主持江西乡试。遇见一位名叫陈巨儒的写榜吏,此人须鬓雪白,求钱陈群赠送手迹。他自述道:自己年且七十,在当地抄写文武榜三十二届。钱陈群听后,感动万分,遂赠其诗一首,诗云:

桂籍凭伊腕力传,白头从事地行仙。

自言作吏中书省,曾侍朱衣四十年。

是年十月,陈巨儒奉命抄写武举正榜,名刚唱罢,第一名恰是其孙陈腾蛟,只见他仰天掀髯大笑,手中之笔也掉落在地,在场的巡抚阿思哈遂命一武官持笺,直奔布政使彭家屏官署,嘱其赠诗。适逢彭家屏公务在身,彭便嘱咐幕属代写。彭看后,觉得不合心意。于是,彭家屏立即派遣府属飞马速请戏曲家、文学家蒋士铨前来相助。当时,蒋士铨正在与友人饮酒,不愿离席。经府属催促再三,蒋才持鞭上马赶到彭府,至此,彭家屏已先后派出四拨人马前往催促。彭家屏见蒋士铨赶到,连忙起身,告知巡抚的索诗之使已经立马檐下了。蒋听后笑道:"我真不知彭公有此急事。"说罢,挥笔就是一首,诗云:

榜头题处笑开眉,六十年来鬓若丝。

官烛两行人第一,夜阑回忆抱孙时。

彭家屏得诗狂喜,亲自为蒋士铨斟酒,临别又赠薄纱八丈。(袁枚《随园诗话》卷八)

脱裘换书

　　清代诗人顾烈星，秀水（今浙江嘉兴）人。顾家生活贫苦，但他为人要强，酷爱读书。

　　有一年冬天，天气特别寒冷。他冒着大雪远去拜访朋友，朋友见他身上只穿了一件薄衫，吃惊地问："你没有冬衣，为什么不早点告诉我呢？"说着找出一件羊皮裘袍，不由分说就给他穿在身上。顾烈星穿着朋友送的羊裘回家，路上经过一旧书铺，他走进去，一眼就发现了一套王士禛的诗集刻本。由于身无分文，他就把身上的羊皮袍脱下来换了王士禛的诗集。旁人看见他用羊裘换书，穿着单衣哆哆嗦嗦地回家，不禁嘲笑他读书把脑子读坏了。可顾烈星全然不顾这些闲言碎语。

　　顾烈星诗学杜少陵，北走燕齐，东至海上，后与袁景辂诸人结诗社，称"竹溪七子"。著作有《深竹闲园集》《旧雨遗音》等。（李伯元《南亭笔记》卷三）

改诗成剧

唐朝诗人杜牧写过一首脍炙人口的《清明》诗：

清明时节雨纷纷，路上行人欲断魂。

借问酒家何处有，牧童遥指杏花村。

意思是说：江南清明时节细雨纷纷飘洒，路上羁旅行人个个落魄断魂。借问当地人何处卖酒浇愁？牧童笑而不答，遥指杏花山村。

到了宋朝，有人将其改成一首小令：

清明时节雨，纷纷路上行。

人，欲断魂，借问酒家何处？

有牧童遥指，杏花村。

进入元朝，又有人将其改成一幕戏曲：

［时间］清明时节

［布景］雨（纷纷）

［地点］路上

［幕启］行人：（欲断魂）"借问：酒家何处有？……"

　　　　牧童：（遥指）杏花村

［幕落］……

戏曲诸要素无一缺少，且浑然一体，不增减一字而成一剧，颇耐人寻味。

直至后来，又有人将其改成一篇散文：

清明时节，雨纷纷。

路上，行人欲断魂。

借问：酒家何处有？牧童，遥指杏花村。

还有人将其删改成一首五绝：

时节雨纷纷，行人欲断魂。

酒家何处有？遥指杏花村。

有人又将其改成一首六言诗：

清明时节雨纷，路上行人断魂。

借问酒家何处？牧童遥指杏村。

还有人将其改成一首三言诗：

清明节，雨纷纷。路上人，欲断魂。

问酒家，何处有？牧童指：杏花村。

有人又将其改成一阕词：

清明时节雨，纷纷路上行人，欲断魂。

借问酒家何处？有牧童，遥指杏花村。

更有人将其改为酒铺对联：

此即牧童遥指处；

何须再问杏花村。

这些改编饶有风趣，也算是《清明》诗的又一佳话吧。

名士回文诗

回文诗，或称回环诗，是汉语特有的一种使用词序回环往复的修辞方法，流行于晋代。唐人上官仪说"诗有八对"，其七曰"回文对"，"情新因意得，意得逐情新"。历代名士皆有回文诗作传世，譬如：

南朝齐王融《春游》回文诗：

枝分柳塞北，叶暗榆关东。
垂条逐絮转，落蕊散花丛。
池莲照晓月，幔锦拂朝风。
低吹杂纶羽，薄粉艳妆红。
离情隔远道，叹结深闺中。

倒过来读，则为：

中闺深结叹，道远隔情离。
红妆艳粉薄，羽纶杂吹低。
风朝拂锦幔，月晓照莲池。
丛花散蕊落，转絮逐条垂。
东关榆暗叶，北塞柳分枝。

唐人戴光乂《山居》回文诗：

犁锄阔地烧侵云，焰猛冲岩迸鹿群。
鼙鼓静时长霸国，战争无地感明君。
啼猿响树寒山碧，宿鸟喧巢夜雾曛。
梯崄上岩缘路去，院僧敲磬晓来闻。

倒读则为：

闻来晓磬敲僧院，去路缘岩上崄梯。
曛雾夜巢喧鸟宿，碧山寒树响猿啼。
君明感地无争战，国霸长时静鼓鼙。

群鹿迸岩冲猛焰，云侵烧地阔锄犁。
唐人陆龟蒙《晓起即事因成回文寄袭美》回文诗：
平波落月吟闲景，暗幌浮烟思起人。
清露晓垂花谢半，远风微动蕙抽新。
城荒上处樵童小，石藓分来宿鹭驯。
晴寺野寻同去好，古碑苔字细书匀。
倒读则为：
匀书细字苔碑古，好去同寻野寺晴。
驯鹭宿来分藓石，小童樵处上荒城。
新抽蕙动微风远，半谢花垂晓露清。
人起思烟浮幌暗，景闲吟月落波平。
北宋苏东坡《题金山寺》回文诗，被诗家誉为"回文体之无上佳制"。
潮回暗浪雪山倾，远浦渔舟照月明。
桥对寺门松径小，槛当泉眼石波清。
滔滔绿树江天晓，霭霭红霞海日晴。
遥望四边云接水，碧波千点数鸥轻。
倒读则为意境相同的另外一首诗：
轻鸥数点千波碧，水接云边四望遥。
晴日海霞红霭霭，晓天江树绿滔滔。
清波石眼泉当槛，小径松门寺对桥。
明月照舟渔浦远，倾山雪浪暗回潮。
明人徐文长《神殿灯》回文诗：
新架灯垂高厂殿，旧场球蹴斗芳年。
春花有几能希赏，夜月无多惜早眠。
轮迫马蹄盘作阵，烛抽莲叶嫩如钱。
人游厌听催壶漏，客醉扶看堕鬓钿。

颠倒过来读，则为：

钿鬓堕看扶醉客，漏壶催听厌游人。
钱如嫩叶莲抽烛，阵作盘蹄马迫轮。
眠早惜多无月夜，赏希能几有花春。
年芳斗蹴球场旧，殿厂高垂灯架新。

明人葛桂《咏偏凉汀》回文诗：

青山半掩斜阳晚，绿水江通北塞长。
汀浅落花香滚浪，巘高迎日晓生光。
萍摇翠闪鱼惊网，谷吐清音鸟弄簧。
醒复醉游酣胜境，亭凉爱赏共情忘。

颠倒过来读，则为：

忘情共赏爱凉亭，境胜酣游醉复醒。
簧弄鸟音清吐谷，网惊鱼闪翠摇萍。
光生晓日迎高巘，浪滚香花落浅汀。
长塞北通江水绿，晚阳斜掩半山青。

明代佚名《萤窗清玩》回文诗：

其一

春桃落地满残红，日暖浮烟紫苑东。
新柳绿时游客醉，人窥晓鸟语林中。

颠倒过来读，则为：

中林语鸟晓窥人，醉客游时绿柳新。
东苑紫烟浮暖日，红残满地落桃春。

其二

春来到处落花红，袅袅清风晓阁东，
新水绿波光映日，人游满径草洲中。

颠倒过来读，则为：

中洲草径满游人，日映光波绿水新。

东阁晓风清袅袅，红花落处到来春。

清人吴文章《绮园晚晴》回文诗：

东轩出看晚开花，冉冉晴芳簇绮霞。

桐叶暗穿烟缕细，竹稍新挂月钩斜。

风生砌草扬归蝶，水动池荷聒吠蛙。

空翠滴衣苔径满，红残映照夕窗纱。

颠倒过来读，则为：

纱窗夕照映残红，满径苔衣滴翠空。

蛙吠聒荷池动水，蝶归扬草砌生风。

斜钩月挂新稍竹，细缕烟穿暗叶桐。

霞绮簇芳晴冉冉，花开晚看出轩东。

清人张奕光《梅》回文诗：

香暗绕窗纱，半帘疏影遮。霜枝一挺干，玉树几开花。

傍水笼烟薄，隙墙穿月斜。芳梅喜淡雅，永日伴清茶。

倒读则为：

茶清伴日永，雅淡喜梅芳。斜月穿墙隙，薄烟笼水傍。

花开几树玉，干挺一枝霜。遮影疏帘半，纱窗绕暗香。

行止

鸣琴而治

春秋末鲁国人宓子贱,名不齐,字子贱,孔门七十二贤之一。宓子贱为单父(今山东单县南)宰时,采用"无为而治"的办法来治理,《吕氏春秋·察贤》:"宓子贱治单父,弹鸣琴,身不下堂,而单父治。"当他向孔子述职时,孔子称赞说:"惜哉!不齐所治者小,所治者大则庶几矣。"意思是说,宓子贱还可以做更大的官。

宓子贱的同僚巫马期当年在治理单父时,披星戴月,早朝晚退,亲自处理各种政务,但还是不如人意。于是,便去请教宓子贱,宓子贱说:"我的做法叫作使用人才,你的做法叫作使用力气。使用力气的人当然辛苦,而使用人才的人当然安逸。"巫马期听后,恍然大悟。后用"鸣琴而治"指以礼乐教化民众,达到"政简刑清"的治理效果,或指咏官吏善于管理。(《吕氏春秋》卷二十一)

编者按:唐开元二十七年(739),追封宓子贱为单伯;宋大中祥符二年(1009),加封单父侯;明嘉靖九年(1530),改封先贤宓子。

鼓盆而歌

庄子,名周,字子休,战国时著名哲学家,宋国蒙(今河南商丘东北)人,楚庄王后裔。做过蒙漆园吏。家贫,追求自由,拒绝楚威王高薪迎聘。在美学上提出"天地有大美而不言"等见解,其哲学思想对后世影响很大。为文汪洋恣肆,想象丰富,著作有《庄子》。

庄子之妻死了,惠子去吊唁,进门看见庄子正蹲着敲盆而歌。惠子说:"妻与你朝夕相处,为你生儿育女,现在老而身死,您不哭也就算了,为何还要敲盆唱歌呢?岂不是太过分了?"庄子说:"不是这样。当她刚死的时候,我怎么能不哀伤呢?可细细审察,她起初是无生命的,不仅无生命而且还无形体,不仅无形体而且还无气息。在若有若无之间,变而成气,气变而成形,形变而成生命,现在又变而为死,这样生来死往的变化就好像春夏秋冬四季的轮回。她静静地安息在天地之间,而我还在哭哭啼啼,我认为这样是不通达生命的道理,所以,不但不哭,还要歌唱。"(《庄子》卷十八)

编者按:后人常以"鼓盆歌,鼓盆悲"表示丧妻及丧妻之哀。元人无名氏撰有杂剧《鼓盆歌庄子叹骷髅》,明人话本有《庄子休鼓盆成大道》。

行吟泽畔

屈原是战国时楚国政治家、诗人，楚国贵族，丹阳秭归（今湖北宜昌）人。楚武王熊通之子屈瑕后裔。博闻强识，娴于辞令。早年获楚怀王信任，任左徒、三闾大夫，兼管内政外交大事。主张对内举贤任能，修明法度，对外力主联齐抗秦。后因遭到贵族势力的排挤诽谤，被流放汉北及沅湘流域。楚国郢都被秦军攻破后，自沉于汨罗江，以身殉国。其《离骚》《天问》《九歌》《九章》《哀郢》等诗章皆为名篇，对后世诗歌产生了深远的影响。

屈原被流放后，面色憔悴，形体枯槁，仍游走于江湖之间，忧国忧民，且行且吟。有渔父见而问之："您不就是三闾大夫吗？为什么会来到这里？"屈原回答说："举世皆浊我独清，众人皆醉我独醒。因此遭到流放。"渔父又说："圣人顺应时势，而不固执己见。举世皆浊，何不混淆是非、同流合污？众人皆醉，何不食其酒渣，与其一般昏沉？何不怀瑾握瑜，而自令被放？"屈原听后，答道："我听说，新沐者必弹冠，新浴者必振衣，我怎能以清白之身遭到外物的玷辱？我宁愿赴奔湘流，葬身鱼腹，又怎么能保持高洁的心志不再蒙受世俗的尘埃？"渔父见屈原志坚如铁，无法再劝，只能对屈原微笑着荡桨而去，屈原作《怀沙》赋，遂抱石自投汨罗江而死。（司马迁《史记》卷八十四）

编者按：1953年，在屈原逝世2230周年之际，世界和平理事会通过决议，确定屈原为当年纪念的世界四大文化名人之一。

黄石传书

张良，秦汉时期杰出谋臣，字子房，韩国（今河南省新郑市）人。与韩信、萧何并称"兴汉三杰"。曾助汉王刘邦赢得楚汉战争，建立大汉王朝。又助吕后之子刘盈成为皇太子，以功封留侯。张良不恋权位，晚年云游四海，卒谥"文成"。刘邦评价他说："夫运筹策帷幄之中，决胜于千里之外，吾不如子房。"

一次，青春年少的张良正在下邳的一座桥边散步，忽然有一位身着布衣的老人来到他身旁，抬脚就将鞋子甩落桥下，然后说："孩子，下去捡回。"张良听罢愕然：你我素不相识，凭什么让我去捡？顾其年迈，也就忍气吞声帮其捡鞋。老者伸脚，又让张良为其穿上，待穿好后，笑而离去。张良吃惊地望着老者的背影。不一会儿，老者又折身返回，对张良说："你这小子很有出息，值得我来指教。五天后，天亮前在此桥上相会。"张良好奇地答应了。约见之日黎明，张良前往。但老者已在此等候，责备道："与老人约期，为何来迟？"遂让张良过五天再会。五天后，张良于鸡鸣时分赶去，老者依然早达，怒斥张良又来迟，令其再过五天会面。未及夜半，张良奔至桥上。不久，老者到，见张良说："早该如此。"说罢，从怀里取出一卷书送给张良，并说："读通此书，可辅佐建立帝业之人。十年后，天下有变，将可用。十三年后，再来见我。济北谷城山下黄石便是。"老者言毕而去，不复再见。天亮后，张良观书，是一部《太公兵法》。

相传，《太公兵法》是辅佐周文王的姜子牙所作的一部奇书。十年后，张良以《太公兵法》帮刘邦谋划天下；十三年后，他随刘邦过济北，果然见到谷城山下黄石（即大隐士黄石公），于是，将其取回祭祀。及张良死，黄石与他并葬一墓。此事在后世广为流传。（司马迁《史记》卷五十五）

梁园盛会

　　刘武，西汉梁王，汉文帝刘恒次子。文帝时，先后受封代王、淮阳王。梁怀王刘揖无嗣，刘武继嗣梁王，后欲继景帝位，病卒未果，谥"孝"。

　　吴楚七国起兵反叛，刘武因坚守梁都睢阳（今河南商丘南）有功，获赏赐无数，身领四十余城，居天下膏腴之地，出入仪从堪比天子。并于封国大治宫室苑囿作乐，建造曜华之宫，筑梁园（又称兔园）。园中诸宫相连，延绵数十里。奇花异果、珍禽稀兽一应俱全。梁王好客，招揽四方文士，日每宴游其中。

　　梁园是以邹阳、严忌、枚乘、司马相如、公孙乘、公孙诡、路乔如、羊胜、韩安国等为代表的西汉梁园文学主阵地。一次，梁王游忘忧馆，召诸文士各自为赋。枚乘作《柳赋》，公孙诡作《文鹿赋》，路乔如作《鹤赋》，邹阳作《酒赋》，公孙乘作《月赋》，羊胜作《屏风赋》。只有韩安国作《几赋》不成，邹阳为之代劳，结果，他和韩安国被各罚酒三升。枚乘、路乔如之赋得赏，梁王赐予每人绢五匹。（刘歆《西京杂记》）

　　编者按：及至后来，李白、杜甫、高适、王昌龄、岑参、李商隐、王勃、李贺、秦观等都曾慕名来梁园。李白更是居住梁园长达十年之久不忍离去，所作《梁园吟》成为千古名诗。

负薪行歌

　　西汉大臣朱买臣，字翁子，会稽吴县（今江苏苏州）人。幼时家贫，好读书而不治家产，靠打柴卖钱维持生计。常常挑着柴薪，且行且诵。其妻因其行止以为耻，羞与为伴，故要离他而去。朱买臣忙说："我五十岁时定当富贵，今已四十多，你随我吃苦多年，等我富贵了再报答你。"妻子怒斥道："像你这种疯癫的样子，何来富贵？即便来富贵，当何享受？"说罢，弃他而去，另寻夫家。

　　有一次，朱买臣背柴行至一块坟地，碰见故妻与夫家，故妻遂呼朱买臣过去吃饭。后来，朱买臣去了京师长安，经同乡严助荐举而被武帝召见，所解《春秋》《楚辞》甚称圣上之意，遂被拜为中大夫。东越多次反叛，朱买臣向武帝献平东越计策，获得信任，授会稽太守。又因功擢升主爵都尉，位列九卿。后因与长史王朝等诬陷御史大夫张汤事发，被武帝处斩。

辞激义士

东汉名臣黄琼,江夏安陆(今湖北安陆南)人。尚书令黄香之子。因父荫征为太子舍人,不应。永建年间,拜为议郎,迁尚书仆射、尚书令,出为魏郡太守,迁太常,遍历三公,后因得罪梁冀被罢,梁冀被诛后,复任太尉,封邟乡侯。卒赠车骑将军,谥"忠"。

某年,朝廷多位公卿大臣举荐黄琼入朝做官,黄琼行至半道,转念称病不往。李固素来敬慕黄琼,于是,修书劝进:

贤士如待尧舜圣君方入仕施展抱负,恐怕终生难得机遇。常听人讲,峣峣者易缺,皦皦者易污;阳春之曲,和者必寡,盛名之下,其实难副。

意思是说,高峻之物容易被损毁,洁白之物容易被污染;高雅之曲,应和者必少,声望过大,名实未必相符。又说:

今有所谓处士入朝,才识平平,无所建树。众人因此都认为处士纯属欺世盗名;愿贤士屈尊入朝,弘扬抱负,以事实驳斥那些流言飞语。

李固的一番激辞果真奏效,黄琼见信,遂入朝任职。(范晔《后汉书》卷六十一)

击鼓辱曹

　　东汉狂士、文学家祢衡，字正平，平原般（今山东临邑东北）人。少有才辩，长于笔札；任高傲物。唯与孔融、杨修友善。曹操强召其为鼓吏，后遣送荆州牧刘表，刘表转送江夏太守黄祖，为黄祖所杀。作《鹦鹉赋》等。

　　曹操，汉末政治家、军事家、诗人，魏武帝。小名阿瞒，字孟德，沛国谯县（今安徽亳州）人。少机敏，任侠放荡。年二十举孝廉为郎，任洛阳北部尉，迁顿丘令、兖州牧。官渡之战后，封魏公。精兵法，善歌行，著作有《魏武帝集》。

　　孔融特别欣赏祢衡的才华，屡屡在曹操面前赞不绝口。有一天，曹操想见祢衡，祢衡自称有病，不肯前往。曹操虽有怨恨，但惜其才华，不杀。后来，曹操听说祢衡善于击鼓，便将其召为鼓吏，以便在广聚宾客时欣赏鼓乐。当众鼓吏经过时，令其皆着鼓吏衣帽。轮到祢衡时，他正在击《渔阳三挝》，碎步走上前来，容貌、仪态皆与从前不同。鼓声渊渊有金石声，悲壮绝伦，听者为之改容。当他走到曹操面前时有意停了下来，左右前去呵斥，要祢衡换上鼓服。只见祢衡裸体而立，又慢腾腾地取来鼓服，穿戴完毕，重新击鼓三挝而去，面容毫无愧色。曹操尴尬地笑着说："我本意是想羞辱祢衡，反而却被祢衡羞辱了我。"
（陈寿《三国志》卷十）

借石喻冤

东汉名士刘桢,东平宁阳(今山东东平东)人。少时警悟辩捷,为"建安七子"之一。建安中,为曹操做事,文学成就主要体现在五言诗方面,风格遒劲,语言质朴。著作有《毛诗义问》。

一次,曹丕邀约诸多文士饮宴,酒酣耳热之际,曹丕让夫人甄氏出拜宾客。当甄氏近至席间,客人都低着头以示敬意,唯有刘桢头颅高昂,目光平视甄氏。后来,曹操便将刘桢逮捕,本欲处死,但念其经世文才,让其与工匠一起磨石。

有一天,曹操闲来无事,便去观看工匠磨石。看到刘桢低着头磨石,向前便问:"你看我派人所开采的石头如何?"刘桢闻言,忙跪道:"这些石头是出自荆山玄岩之巅,外观五彩缤纷,内含和璧玉的特质,它们受于自然,禀气坚贞,只是我看到上面的纹理有些迂曲萦绕,始终不得伸展。"刘桢以石自喻,为自己获罪申冤叫屈。曹操听后,大笑不止,随即赦免了他。(刘义庆《世说新语》上卷《言语第二》)

盘中诗

汉代苏伯玉，宦游蜀地。他一到四川，就被奇丽的山川景致所吸引，整天与朋友流连于山水之间，再加上政务繁忙，迎进送出，竟渐渐地把留在长安家中的妻子淡忘了。苏伯玉的妻子是一位兰心慧性的多情才女，丈夫一去数载，连书信也不修一封，心里既思念，又怨恨。她决心把自己的一片思念之情诉说出来，让"负心"之人能深知妻子的痴情。于是，她就把自己的心意全部"盛"在一只盘子里，寄给远方的夫君。

苏伯玉接到"盘中诗"后，从政务和游乐中醒悟过来，开始对远在长安的妻子牵肠挂肚。往日的恩爱之情袭上心头。他左眺右看，反复琢磨，终于读懂了这首"盘中诗"：

山树高，鸟鸣悲。泉水深，鲤鱼肥。空仓雀，常苦饥。吏人妇，会夫稀。

出门望，见白衣。谓当是，而更非。还入门，心中悲。北上堂，西入阶。

急机绞，杼声催。长叹息，当语谁？君有行，妾念之。出有日，还无期。

结巾带，长相思。君忘妾，未知之。妾忘君，罪当治。妾有行，宜知之。

黄者金，白者玉。高者山，下者谷。姓者苏，字伯玉。人才多，智谋足。

家居长安身在蜀，何惜马蹄归不数？

羊肉千斤酒百斛，令君马肥麦与粟……

苏伯玉读完全诗百感交集，他再也无法抑止自己思念之情，立刻整理行装回归故里。

赋词殉国

周处，西晋大臣、学者、将军，义兴郡阳羡县（今江苏宜兴市）人。少时纵情肆欲，为祸乡里。后来浪子回头，发奋读书，拜东观左丞。吴国灭亡后，出仕西晋，入为散骑常侍，迁御史中丞，因其刚正不阿，得罪了梁孝王司马肜。后出为建威将军，前往关中讨伐氐羌叛乱，齐万年有众七万，屯兵于梁山，镇西大将军夏侯骏逼迫周处以五千兵士讨伐，周处说："我军没有后援，必定失败，不仅自身灭亡，也是国家的耻辱。"梁孝王司马肜也命周处出兵征讨，周处便与振武将军卢播、雍州刺史解系在六陌进攻齐万年。面对如此境况，周处心知必败，乃赋诗曰：

去去世事已，策马观西戎。

藜藿甘梁黍，期之克令终。

言毕而战，自旦及暮，杀敌万余，弓绝箭尽，军后尚无支援。手下劝他撤退，周处按剑道："这是我报效臣节献出生命的时刻，以身殉国，不也是可以的吗？"周处以身殉国，追赠平西将军，谥"孝"。著作有《默语》《风土记》等。（房玄龄《晋书》卷五十八）

编者按：著名史学家、作家蔡东藩在《两晋通俗演义》第九回《遭反噬楚王受戮　失后援周处捐躯》中感慨道：

知过非难改过难，一行传吏便胪欢。

如何正直招人忌，枉使沙场暴骨寒。

黄耳传书

西晋著名文学家、书法家陆机,吴郡吴县(今江苏苏州)人。为孙吴丞相陆逊之孙、大司马陆抗第四子,与其弟陆云并称"二陆"。太康末,兄弟俩至洛阳,时有"二陆入洛,三张减价"之说。陆机曾官吴国郎中令,与贾谧等结为"金谷二十四友"。后被赵王引为相国参军,封关中侯。后又委身于成都王司马颖,为平原内史。任率军讨伐长沙王司马乂,大败,遇害,被夷三族。工诗,文才秀逸,辞藻宏丽,著作有《五等论》。善书,尤擅行草,有《平复帖》传世。

陆机年轻时喜欢游猎。在吴中时,有人送他一只狗,名唤黄耳。他到洛阳做官时,也将黄耳带在身边。黄耳狡黠精明,通晓人言,曾被带到三百里以外之地,识路自还。

很久,陆机不知家里消息,于是,便对黄耳说:"你能带我书信到家里去吗?"黄耳摇尾应之。陆机便修家书一封,放在竹筒内,系在黄耳颈上,只见黄耳出驿站直奔吴郡。每遇大河,总是对渡船人竖耳摇尾,艄公爱之,便令黄耳上船。船刚靠岸,黄耳飞腾开跑,直奔陆家,陆机家人开筒取书,待再将回信放入竹筒之中,重新系于黄耳颈上后,黄耳回奔洛阳。洛阳至吴郡,人行需要五十天,而黄耳一个来回只需半个月。后来,黄耳死,陆机为之出殡,葬于故里村南,此离陆家仅二百步之距。聚土为坟,村人呼之为黄耳冢。(任昉《述异志》)

击壶擂鼓

　　东晋权臣王敦，琅邪临沂（今山东临沂北）人。娶武帝女襄阳公主为妻。西晋时，官扬州刺史。永嘉之乱，散资财，单骑还洛阳。曾镇压荆湘流民起义，与堂弟王导一同辅佐晋元帝建立东晋，封汉安侯。永昌中，以讨杀刘隗为名，起兵攻建康，拜丞相，进爵武昌郡公。后遭剖棺戮尸。

　　王敦性情豪爽，不拘小节。每当饮宴，都要吟诵曹操《龟虽寿》诗中的"老骥伏枥，志在千里。烈士暮年，壮心不已"。并喜欢用如意敲击唾壶，久而久之，壶口都被敲出了残缺。

　　一次，晋武帝与诸名流饮宴，席间诸士谈诗论文不绝于口，且妙语连珠。只有王敦对此漠不关心，因为他本身对诗不通，加上他南口音言，被人讥为"田舍郎"。但王敦自称会打鼓，兴致渐浓的武帝命人拿鼓，但见王敦振臂扬槌，鼓音时而急促，时而舒缓，如入无人之境，气概豪迈，观者无不叹服。（刘义庆《世说新语》中卷《豪爽第十三》）

奉酒纳谏

东晋名臣陆玩，吴郡吴县（今江苏苏州）人。为人宽厚儒雅，丞相司马睿召为掾属，后被王敦请为长史。王敦之乱平定后，任尚书左仆射。于苏峻之乱时，与其兄陆晔成功劝说叛将匡术以宫城苑城归降义军，事后获封兴平伯。咸和六年（331）擢尚书令。在王导、郗鉴、庾亮相继逝世后，擢升司空，他在任上时，多次向朝廷举荐寒微之士，深受士人敬重和爱戴。

有一次，朋友前去看望他，见面后，先向陆玩要了一杯酒。陆玩以为是朋友要饮酒，故而亲自斟酒捧上。不料，朋友却将酒洒在柱旁的地上，陆玩诧异，朋友道："目下缺少好材料，才用你当柱石，千万不要让人家的栋梁塌下来。"朋友以柱石比喻"三公"之位。陆玩听后微笑道："我接受您的忠告。"陆玩卒后，赠太尉，谥"康"。（刘义庆《世说新语》中卷《规箴第十》）

鼓乐催诗

东晋权臣桓温，谯国龙亢（今安徽怀远龙亢集）人。东汉名儒桓荣之后。桓温娶南康长公主，是晋明帝的驸马。

明帝时，为安西将军、荆州刺史、征西大将军，封临贺郡公、南郡公，加授侍中、大司马，督都中外诸军事，位极人臣。后与参军郗超谋废海西公，立简文帝。独揽朝政十余年，操纵废立，有意夺取帝位，曾逼迫朝廷为其加九锡，但因谢安等人借故拖延，加之第三次北伐失败而令声望受损，受制于朝中王、谢势力而未能如愿，后怨而病卒。谥"宣武"。其子桓玄建立桓楚后，追尊其为宣武皇帝。

桓温爱好诗歌，每作诗，绞尽脑汁，苦而不得，缺乏灵感的时候，总是作鼓吹之乐，如鸣笛、号角之类。有一次，一番作乐之后，忽得一佳句："鸣鹄响长阜。"事后，逢人便说："鼓乐最能激发写诗的灵感。"（沈约《俗说》）

赋诗谦让

简文帝司马昱,东晋第八任皇帝,晋元帝司马睿幼子。历元、明、成、康、穆、哀、废帝七朝,与何充共同辅政。后总统朝政,引名士殷浩辅政。善清谈,史称"清虚寡欲,尤善玄言"。桓温废司马奕,改立司马昱为帝。司马昱因忧愤而崩,在位仅八个月,谥简文皇帝,葬于高平陵。

司马昱在担任抚军将军时,一次,他与大司马桓温一并上朝,两人多次相互谦让,请对方走在自己前面。桓温不得已,只好走在前面,边走边吟诵《诗经》中的句子:"伯也执殳,为王前驱。"大意是说,我哥手里拿着殳,我为国王打仗做先驱。跟在后面的司马昱听后,也吟诵《诗经》中的句子:"所谓'无小无大,从公于迈'。"意思是说,无论大臣小臣,都是跟着鲁公出行。二人运用古诗以示谦让,既典雅又含蓄。(刘义庆《世说新语》上卷《言语第二》)

赞楼得赏

顾恺之，东晋著名文学家、书画家，晋陵无锡（晋江苏无锡）人。博学多闻，初为大司马桓温、荆州刺史殷仲堪参军，转散骑常侍。工诗赋，精书画，尤其善画佛像、禽兽、山水，每画人成，或数年不点目睛。卒于官。画迹较多，《女史箴图》传为早期摹本。

魏晋之际，士林中盛行品目之风，所谓"品目"，是指对人或事物进行客观的评论和鉴赏。礼仪要求圣者，德合天地，变通无方；贤者，德不逾闲，行中规绳。顾恺之对此道特别擅长。

一次，征西大将军桓温在江陵时，将江陵城修建得雄伟壮丽。竣工后，又集僚属出汉江口观赏城景，并高兴地说："如果有谁能恰当地评论这座城，我必有重赏。"当时，顾恺之是客人，只见他品评道："遥望层城，丹楼如霞。"以红霞比喻江陵城楼的巍峨壮观，既新颖又富有气氛。顾恺之仅此八字，就获得了两名婢女。（刘义庆《世说新语》上卷《言语第二》）

曲水流觞

曲水流觞，亦称流觞曲水，或称流杯曲水，是古代上巳节的一种饮宴风俗。其大致方式是：众人围坐在回环弯曲的水渠边，将特制的酒杯（质地多为漆器）置于上游，任其漂浮，酒杯漂到谁的面前，谁就取杯饮酒。如此循环往复，直到尽兴为止。文人则将此俗发展成名士雅集，其乐趣类似于席间的"击鼓传花"。

永和九年（353）暮春三月初三，会稽内史王羲之与名士谢安、孙绰等四十二人聚会于山阴（今浙江绍兴）兰亭，修禊后作曲水流觞。"又有清流激湍，映带左右，引以为流觞曲水。列坐其次，虽无丝竹管弦之盛，一觞一咏，亦足以畅叙幽情。"前来修禊的名士在兰亭清溪两旁席地而坐，将盛了酒的觞放在溪中，由上游浮水徐徐而下，经过弯弯曲曲的溪流，觞在谁面前打转或停下，谁就得赋诗饮酒。

在兰亭群贤聚集中，有十一人各赋诗两篇，十五人各赋诗一篇，十六人皆无诗篇。王羲之遂将这些吟咏之作编成《兰亭集》，并挥毫写下了《兰亭集序》，此文用蚕茧纸、鼠须笔，遒媚劲健，凡二十八行，三百二十四字，重字皆用别体，尤以"之"字为多，以为诸人所赋《兰亭诗》之序。被后人誉为"天下第一行书"，王羲之也因之被人尊为"书圣"。《兰亭集序》也被称为"禊帖"。（张彦远《法书要录》）

刻烛赋诗

萧子良，南朝齐宗室、文学家，南兰陵（治今江苏常州西北）人，齐武帝萧赜次子。早年任刘宋邵陵王刘友的左行军参军、主簿，后任安南长史，刘宋末为会稽太守，齐初为丹阳尹。齐武帝萧赜即位，萧子良封竟陵郡王，入为护军，兼司徒。与范云、萧琛、任昉、王融、萧衍、谢朓、沈约、陆倕并称"竟陵八友"。著作有《净位子》《义记》等，后人辑有《南齐竟陵王集》。

萧子良笃信佛教，劝人向善。郁林王萧昭业即位，位至太傅。萧子良喜好文学，广招四方学士刻烛为诗，规定四韵者即刻一寸，并以此为表率。萧文琰以为依照此法作诗太过容易，遂与令楷、江洪等人以击铜钵立韵，响声止时，诗则成。后以"刻烛""击钵催"等指限时写诗，或形容士人的才思敏捷。（萧子显《南齐书》卷四十）

负书候车

南朝梁文学理论批评家刘勰,原籍莒县(今属山东),世居京口(今江苏镇江)。早年依沙门僧祐,精通佛教经论。梁武帝时,为昭明太子所重。晚年出家为僧。

刘勰为了谋取功名和地位,决定用《文心雕龙》作为敲门砖来求开国元勋、文坛领袖沈约,但沈约位高权重,不是一般人想见就能见的,更何况刘勰还是一介寒士。

一天,刘勰将《文心雕龙》的书稿装在一个布袋里面,自己就背着守候在沈府的大门口,等沈约出来后,便拦车求见,向沈约推荐自己的著作。沈约答应先把书稿带回阅读,读后竟大加赞赏。从此,《文心雕龙》便流传开来,刘勰也因受到沈约的器重而声名鹊起,很快便得到朝廷的启用。后来,又担任昭明太子的通事舍人,与昭明太子结为忘年交,并参与了《昭明文选》的编选工作。后又迁步兵校尉,兼通事舍人如故。(姚思廉《梁书》卷五十)

著史自名

南朝梁文学家吴均，吴兴故鄣（今浙江安吉西北）人，官奉朝请。通史学，其小品书札以写景见长，诗亦清新流丽。著作有《齐春秋》《庙记》《十二州记》《续文释》等，又注范晔《后汉书》，明人辑有《吴朝请集》。

吴均在朝为官时，曾想通过撰著史书来使自己成名。他为了撰写《南齐史》，便向皇宫借南齐的起居注及群臣行状，梁武帝萧衍没有答应。随后，他就私自撰成《齐春秋》三十卷，并呈给梁武帝御览。书中称梁武帝是齐明帝萧鸾的重要辅臣，而梁武帝最讨厌的就是据事实录，故而借口《齐春秋》不符事实，令中书舍人刘之遴提出数十条疑问，使吴均无法回应。随后，梁武帝先下令烧毁此书，再罢免吴均的官职。时过不久，梁武帝又召见吴均，命他编纂《通史》，上至三皇，下至南齐。吴均编写了其中的"本纪""世家"两部分，"列传"尚未来得及撰写就去世了。（姚思廉《梁书》卷四十九）

朝宴妙论

　　北魏大臣李骞，赵郡平棘（今河北赵县）人，高平宣王李顺曾孙。博涉经史，文藻富盛，以聪达见知。官至尚书左丞，坐事免官。北齐受禅，赠使持节、仪同三司，卒谥"文惠"。

　　李骞和崔劼出使南梁，南梁派遣侍郎明少遐、散骑常侍袁狎及信威长史王缵冲等设宴款待。在宴席前，李骞与明少遐寒暄，方知为挚友，常有诗互赠，今始得见面，倍感亲切。明少遐开口吟道："萧萧风帘举，依依然可想。"此句出自李骞赠明少遐的一首诗中。李骞听罢，说道："我那诗句已不合时令，还是您的'灯花寒不结'最好。"这是明少遐赠李骞诗中的一句。在旁的崔劼听李骞如此一说，便问明少遐："今年北方寒冷无比，不知长江与淮水一带是否上冻结冰？"明少遐回答："这里虽已结冰，仅仅可以行走，不像黄河一带，冰上可以通行马车。"袁狎问道："河冰上如果留有有狸子足迹，人们就可以过河。"崔劼插言道："您所说的狸，其实就是狐狸，这是人们的传闻之误。"明少遐说："对。狐性多疑，鼬性爱犹豫，狐疑鼬豫，所以，人们才有此传说。"崔劼说："鹊鸟筑巢，远离多风之处；野鸡搬家，躲避政治混乱及战火不断的地方。这是鸟的一种特长。至于狐狸多疑，鼬鼠犹豫，那正是这种野兽的短处。"众人深以为然。（段成式《酉阳杂俎》）

约君以礼

魏徵，唐初杰出的政治家、思想家、文学家、史学家，巨鹿曲阳（今河北巨鹿县）人，一说馆陶（今属河北）人，后移居魏郡内黄（今河南内黄县西北）。幼时孤贫好学，不理家业，隋末为道士。初入魏郡丞幕府，后随郡丞归从李密，又随李密降唐。为太子洗马，曾劝太子防秦王李世民夺权。

太宗即位，擢为谏议大夫，性刚直，知无不言。后以秘书监参与政事，引学者校订《隋书》《梁书》《陈书》《齐书》。后擢侍中，主持修史。晋封郑国公，拜特进，知门下省事。辅佐唐太宗共同创建"贞观之治"大业，人称"一代名相"。卒谥"文贞"，陪葬昭陵，同年入凌烟阁。言论多见《贞观政要》，著作有《魏郑文公集》。

李世民在洛阳，宴群臣于积翠池，酒酣耳热之际，命与宴者各赋一诗，李世民先赋《尚书》，诗云：

崇文时驻步，东观还停辇。辍膳玩三坟，晖灯披五典。

寒心睹肉林，飞魄看沉湎。纵情昏主多，克己明君鲜。

灭身资累恶，成名由积善。既承百王末，战兢随岁转。

此诗总结前朝昏君纵欲败国的深刻教训。接下来，魏徵以《西汉》为题，吟道：

受降临轵道，争长趣鸿门。驱传渭桥上，观兵细柳屯。

夜燕经柏谷，朝游出杜原。终藉叔孙礼，方知皇帝尊。

借咏叔通孙为刘邦修礼之事，规劝李世民恪守为君之道。世民听罢，满心欢喜，说道："魏徵每言，必约我以礼。"（刘肃《大唐新语》）

老僧赠句

宋之问，唐朝诗人，汾州（治今山西汾阳市）人，一说虢州弘农（今河南灵宝）人。上元进士，因告密有功，迁考功员外郎。后为太平公主告发，赐死。

某年秋天，宋之问游杭州灵隐寺。是夕，月光皎洁，宋绕廊闲行，只觉树影婆娑可爱，但却寒气逼人，偶然触发，信口吟出：

岭边树色含风冷；

正想再续一句，不料才情枯竭，苦思不得。转过殿角，忽见殿内琉璃灯下的蒲团上有一老僧打坐，见了宋之问，忍不住问道："少年公子为何深夜不寐？既要吟诗，风景只在口头，何必如此苦搜枯肠呢？"宋之问听了，不觉暗自吃惊："除了卢、骆、王、杨，我也算当今才子，这老和尚怎么一开口就轻薄起来。"说道："本尊以诗为业，师父莫不也会吟诗么？"只见老僧答道："贫僧虽不善吟咏，但这一句早已代公子续就也。"宋之问说："既然续了，何不吟与我听？"只见那老僧吟道：

石上泉声带雨秋。

宋之问见老僧对句冷隽，不觉惊喜道："老师父原来是个诗人，弟子失敬了！"说罢，纳头便拜："老师父既出口便成，想胸中定然头头是道。晚生见灵隐寺泉石秀美，为纪其胜，欲赋一诗，虽说只在口头，却一时拈不出，只吟得首二句在此。请教老师父，不知可为我再续一联否？"老僧道："首二句可念来。"宋之问吟道：

鹫岭郁岧峣，龙宫隐寂寥。

老僧听罢，不假思索道：

楼观沧海日，门听浙江潮。

宋之问听了，愈加敬佩："老师父雄才也，弟子何能及一二。老

师父何不卒成,以彰灵隐寺之胜?"老僧闻言,也不推辞,欣然续道:

　　桂子月中落,天香云外飘。

　　扪萝登塔远,刳木取泉遥。

　　霜薄花更发,冰轻叶未凋。

　　夙龄尚遐异,搜对涤烦嚣。

　　待入天台路,看余度石桥。

宋之问听了,佩服得五体投地,老僧只是微微叹息,默然无语。

次日清晨,宋之问再去拜访老僧,却已不见踪影。询问寺僧,得知原来帮他续联续诗者乃是大名鼎鼎的骆宾王。骆宾王当年在扬州追随徐敬业起兵讨伐武则天,败后隐寺为僧。(计有功《唐诗纪事》卷七)

以诗加官

唐朝名将郭震，魏州贵乡（今河北大名县东北）人。咸亨进士。先天年间，玄宗骊山讲武，因其军容不整，流放新州，后改饶州司马，赴任途中病故。

郭震十八岁时为通泉县尉。意气风发，举止率意，不拘小节。私下曾铸钱强行卖给当地民众千余人，又将钱财馈赠给宾客，民众深为愤恨。后来，此事传到武则天那里，即命进京诘问。武则天问他索要文章，郭震呈上《宝剑篇》，诗云：

君不见昆吾铁冶飞炎烟，红光紫气俱赫然。
良工锻炼凡几年，铸得宝剑名龙泉。
龙泉颜色如霜雪，良工咨嗟叹奇绝。
琉璃玉匣吐莲花，错镂金环映明月。
正逢天下无风尘，幸得周防君子身。
精光黯黯青蛇色，文章片片绿龟鳞。
非直结交游侠子，亦曾亲近英雄人。
何言中路遭弃捐，零落漂沦古狱边。
虽复尘埋无所用，犹能夜夜气冲天。

武则天读后，深被郭震的才华所打动，又令学士李峤等人传看，并当场任命其为右武卫铠曹参军，不久，又进奉宸监丞。（刘𫗧《隋唐嘉话》卷下）

称量天下

上官婉儿，唐朝皇妃、女诗人，陕州陕县（今河南陕县东北）人，西台侍郎上官仪孙女。因上官仪之罪，初随母亲被没入掖庭为婢。因其聪明伶俐，兼善文辞，酷习吏事，为武后重用，有"巾帼宰相"之名。每下制敕，则尊武抑李。临淄王潞州别驾李隆基起兵发动宫廷政变，斩上官婉儿于旗下。

相传，婉儿母亲郑氏怀孕时，曾梦见一巨人送她一杆大秤，说："当生贵子，用它可以称量天下。"婉儿满月时，其母戏言道："称量天下的就是你吗？"她竟呀呀着。十四岁时，武后爱其才，凡百司表奏，多令参奏，拜为婕妤。中宗复位，又令其专掌制命，再拜昭容，每当赐宴赋诗，婉儿代中宗、皇后及长宁、安乐二公主赋诗，词甚绮丽。群臣唱和之际，中宗就令婉儿评其甲乙。凡被评者不只拜服，更是引以为荣。

有一次，中宗召群臣在昆明池赋诗，应制者百余篇。帐殿前结彩楼，中宗命上官婉儿选一首新翻御制曲。只见她站在彩楼上，翩翩若仙子。片刻，纸落如飞，落选者各认其名，将诗藏收怀中。最后，只剩下沈佺期和宋之问二人的诗。又过了一会儿，一纸落下，人们争相观看，原来是沈佺期的诗，只见评曰："沈、宋二诗，功力匹敌，然沈诗结句'微臣雕朽质，羞睹豫章材'，表明词气已竭；宋诗'不愁明月尽，自有夜珠来'，犹陡健举。"上官昭容的诗评令在场者叹服不已，被誉为才华绝代的名儒大臣的考官和诗评家。她曾建议扩大书馆，广置昭文学士，盛引当朝词学之臣，一时天下名流及词臣多集其门。

在宫廷政变中，婉儿被斩，玄宗又令人搜集其诗篇词章，编成文集二十卷，命张说作序。《全唐诗》收其诗三十二首，然多应制之作，清人陆昶在《历朝名媛诗词》云："昭容才思鲜艳，笔气疏爽，有名士之风。"其中的《彩书怨》清新含蓄，意境开阔：

叶下洞庭初，思君万里馀。

露浓香被冷，月落锦屏虚。

欲奏江南曲，贪封蓟北书。

书中无别意，惟怅久离居。

这首诗写的是佳人怨夫不归的情境，也算是她感情生活方面的一个缩影吧。（刘昫《旧唐书》卷五十一）

醉醒书诏

苏颋，唐代大臣、文学家，京兆武功（今陕西武功）人，尚书左仆射苏瑰之子。进士出身，袭爵许国公，后与宋璟一同拜相，又以礼部尚书罢相，卒谥"文宪"。

苏颋聪悟过人，能一目十行，日诵千言，记览如神。其父对其家教甚严，常令其着青布衣物伏于床下。成年后，文学冠于一时。

苏颋性嗜酒。玄宗平定内乱后，欲起草制书，于是，就问苏瑰："你认为朕可诏命谁来起草？"苏瑰说："臣只知道苏颋才思敏捷，可备指使。就是嗜酒，不醉不足以了其事。"玄宗遂召苏颋。此时，苏颋大醉未醒，于殿下拜舞，口水纵横，玄宗命将其扶于殿前，并亲自为其盖被。待苏颋醒后，思如泉涌，援笔立成一诏。玄宗见后，大喜，抚摸其背说："真可谓知子莫如父。"从此对苏颋更加器重。韦嗣立被拜中书令后，苏瑰署官告，苏颋为之辞，薛稷为之书，时人谓之"三绝"。

一次，京兆尹拜访苏颋，请苏颋咏"尹"字，苏颋以拆字法咏道："丑虽有足，甲不全身，见君无口，知伊少人。"其父亲的友人听后，大为叹赏。（宋祁等《旧唐书》卷八十八、郑处诲《明皇杂录》卷上）

千里鹅毛

唐贞观年间，回纥首领派缅伯高赴京城长安给唐太宗进贡一只珍稀的白天鹅。时值盛夏，缅伯高怕把天鹅热死，每次都会在有水的地方停下来，给天鹅洗澡降温。

这天，缅伯高在陕西境内的一个小湖照例给天鹅洗澡。不料，他稍一松手，天鹅突然展翅飞走，只在手中留下了一羽洁白的鹅毛。缅伯高见天鹅飞走，自己罪责难逃，不禁伤心痛哭，无奈之下，只得硬着头皮把这羽天鹅毛送进长安，并附诗一首献给太宗：

天鹅贡唐朝，山高路又遥。

陕西境失宝，倒地哭号啕。

上复唐天子，请饶缅伯高。

礼轻情意重，千里送鹅毛。

太宗见了天鹅羽毛和诗，欣慰地笑着说："好一个礼轻情意重，千里送鹅毛啊！"他不但没有责备使者，反而赐赏有加，并把这羽天鹅毛珍藏起来。（罗泌《路史》）

醉写清平调

唐代著名诗人李白，字太白，号青莲居士，绵州彭明（今四川江油）人。少聪颖，吟诗作赋，好剑任侠。三十岁后流寓任城（今山东济宁）。天宝元年（742）供奉翰林。后遭权贵谗毁离京，为永王幕僚。永王兵败，坐放夜郎（今贵州正安西北），途中遇赦得还。晚年漂泊，客死当涂（今属安徽）。诗风雄伟豪放，音韵和谐多变。

天宝三载（744）暮春，玄宗偕杨贵妃在兴庆宫兴庆池沉香亭前赏玩，旁有乐工李龟年率梨园弟子献歌助兴。面对汪洋一片叶绿花红花紫花白的景色，玄宗忽然想起了翰林待诏李白，深情地说："对妃子，赏名花，新花安能有旧曲？"遂命李龟年召李学士入宫。有内侍说："李学士往酒肆去了。"当李龟年找见李白时，他已喝得酩酊大醉，随后，又来内侍催促，玄宗敕赐李太白走马入宫。宫中内侍扶李白下马，玄宗见李白双目紧闭，口流涎水，亲自用龙袖为其擦拭。玄宗听从贵妃之言，命宫女含兴庆池水喷之，李白醒，见玄宗大惊。玄宗一边扶着李白，一边说道："朕与妃子同赏名花，不能没有新词，特召卿入宫，可作《清平调》三章？"李龟年取来金花笺，李白宿醉未醒，援笔立成三首云：

云想衣裳花想容，春风拂槛露华浓。

若非群玉山头见，会向瑶台月下逢。

一枝红艳露凝香，云雨巫山枉断肠。

借问汉宫谁得似？可怜飞燕倚新妆！

名花倾国两相欢，长得君王带笑看。

解释春风无限恨，沉香亭北倚阑杆。

李龟年捧词以进,玄宗御览后,称羡不已,遂命李龟年调弦而歌,贵妃手持玻璃七宝杯斟西凉州葡萄酒。玄宗则调玉笛倚曲,为了取悦贵妃,故意拖长音调。

　　玄宗厚待李白,高力士以脱靴之辱,乘贵妃吟诵《清平调》之机,逸言道:"李白词以飞燕指贵妃。"据说,玄宗曾先后三次欲为李白加官,皆因贵妃之言终不得行。(李濬《松窗杂录》、计有功《唐诗纪事》卷一八、乐史《杨太真外传》)

应声续诗

李白在郁郁不得志时，应募为一县小吏，伺候县太爷的起居生活。

有一次，李白赶着牛从堂下经过时，县令之妻发怒，声称要惩罚李白。李白知道后，以诗致歉：

素面倚栏钩，娇声出外头。

若非是织女，何得问牵牛？

县令听后，很惊异，从此不再责罚。一天，县令诗兴大发，欲写咏火山的诗，其中云：

野火烧山后，人归火不归。

适逢李白从县令身旁经过，遂续道：

焰随红日走，烟逐暮云飞。

县令听后，深感惭愧。

又有一天，李白随县令出外观潮，发现有一女子溺死江中，县令见状，苦吟道：

二八谁家女？漂来倚岸芦。

鸟窥眉上翠，鱼弄口旁珠。

李白听后，接着吟道：

绿鬓随波散，红颜逐浪无。

因何逢伍相？应是想秋胡。

县令听后，非常不悦，李白怕遭报复，遂弃职而去，隐居戴天大匡山。（计有功《唐诗纪事》卷十八）

异曲同工

北宋书画家、文学家黄庭坚，字鲁直，号山谷道人，洪州分宁（今江西修水）人。与张耒、晁补之、秦观并称"苏门四学士"。治平进士，历校书郎、《神宗实录》检讨官、起居舍人，贬涪州别驾。工诗文，擅行草，著作有《豫章黄先生文集》《山谷琴趣外篇》等。

黄庭坚的同僚司马光立志编纂一部《资治通鉴》，他见黄庭坚诗文、书法都有很高的造诣，且谙熟古今历史，便邀他来书斋叙谈。品茗谈笑间，司马光想试试黄庭坚解诗破谜之才，于是，捋须笑吟道：

岭上青松如虎啸，河边柳丝似雨飘。

池内荷花齐作揖，园中牡丹把头摇。

黄庭坚听罢，笑而不语，取过文房四宝挥毫作答：

解落三秋叶，能开二月花。

过江千尺浪，入竹万竿斜。

司马光俯身细看，不禁拍案叫绝："你我异曲同工，妙不可言！"原来，他们二人所咏的为同一自然现象"风"。

不久，诏命黄庭坚参与编纂《资治通鉴》。

泥涂驿诗

　　谢无逸，北宋词人，抚州临川（今江西抚州）人。博学，工文辞，屡举进士不第，后以诗文自娱，与弟谢过并称"二谢"。曾作蝶诗三百首，人称"谢蝴蝶"。

　　某年暮春，谢无逸独自在黄州关山杏花村驿馆外散步。面对如此美丽的江南风景，词人不禁想起昔日恋人，一种压抑的情感袭上心头。于是，他便折回驿馆，要来笔墨，就在驿馆的墙壁上题写了《江城子·杏花村馆酒旗风》，词云：

　　杏花村馆酒旗风。水溶溶，飏残红。野渡舟横，杨柳绿阴浓。望断江南山色远，人不见，草连空。　　夕阳楼外晚烟笼。粉香融，淡眉峰。记得年时，相见画屏中。只有关山今夜月，千里外，素光同。

　　这是一首游子怀人之作。上阕写景，溪边柳荫浓郁，落红轻扬，酒馆酒旗迎风，渡口小舟闲放，远山空蒙，碧草连天，一派清幽典雅的江南景象。下阕怀人，由眼前美景，回想起昔日恋人。采用借代手法，巧妙地用胭脂香、娥眉淡来表现词人所忆之人的美貌。结尾又回到现实，借明月表达无尽相思。

　　此词风格清丽，写景抒怀，自然天成。凡过客者皆爱其词，常常向驿卒借纸借笔抄写，时间一久，驿卒不堪其扰，干脆就把题词用泥巴涂抹了。（胡仔《苕溪渔隐丛话后集》卷三三）

谜考华佗

华佗，东汉著名医学家，沛国谯县（今安徽亳州）人。与董奉、张仲景并称"建安三神医"。

一次，曹操突然起了疑心，想考考华佗对中草药的精通程度，于是，便写了一首诗，派人送给华佗：

胸中荷花，西湖秋英。晴空夜珠，初入其境。

长生不老，永远康宁。老娘获利，警惕家人。

五除三十，假满期临。胸有大略，军师难混。

医生接骨，老实忠诚。无能缺技，药店关门。

华佗看后，微微一笑："这是丞相出谜考我。"于是，便挥笔疾书，写出了曹操诗中所隐藏的十六味草药名，托人转交曹操。曹操看后大悦，称赞道："华佗果真是名不虚传！"原来，曹操诗中隐藏的十六味中药分别是：

穿心莲、杭菊、满天星、生地、万年青、千年健、益母、防己、商陆、当归、远志、苦参、续断、厚朴、白术、没药。

割毡奖学

江革,南朝梁官吏,济阳考城(今河南民权东)人。少孤贫,六岁能属文,有孝名,九岁时父亲去世,十六岁时母亲去世,江革和弟弟江观服丧完毕,一起考进了太学,成为国子生。

一天清晨,吏部郎谢朓结束了皇宫值班,回家时路过国子监,当时漫天大雪,他便走了进去,看见江革身上穿着破旧的薄棉衣,身下放着一块破旧的坐垫,在房中专心致志地读书。谢朓很受感动,急忙脱下自己身上的厚棉袍披在江革身上,然后又返回皇宫,把自己上好的毡垫割下一半,拿来给江革坐卧。

入梁,江革随豫章王萧综镇彭城,失守后被魏人捉拿,后放还。梁武帝爱其才,三度官至二千石。卒谥"强"。历官数十年,家徒四壁,傍无姬侍,有文集二十卷。(姚思廉《梁书》卷三十六)

妙对

足诗借眠

张伯雨,元代诗人,钱塘(今浙江杭州)人。出家为道士。著有《玄品录》。

张伯雨晚年隐居茅山。一天,有位和尚前来拜访,童子不让进去。和尚说:"快去通报,说有位诗僧求见。"童子闻言,进去通报,张伯雨便在纸上写了杜甫《客至》中的"花径不曾缘客扫"诗句,让童子拿给和尚看,表示不接见他。和尚看到此句,不假思索,吟一诗云:

久闻方外有神仙,只住华阳古洞天。

花径不曾缘客扫,石床今许借僧眠。

穿云去汲烧丹井,带雨来耕种玉田。

一自茅君成道后,几人骑鹤下苍烟。

在诗中,末二句是对张伯雨傲慢行为有所讽喻。童子将诗拿给张伯雨,张伯雨见诗大惊,忙将和尚请了进来,奉为上宾,款待数日,方话别离去。(都穆《南濠诗话》)

解解元妙对乐乐府

有一次，解缙游历名川大山，口渴难耐，于是，便走进一户人家讨水喝。白发老伯问他是何人？解缙说道："吾解缙解元是也。"老伯笑道："你就是号称神童、善对对联的解缙？想喝茶，那你先对我的联。"解缙闻言，兴趣陡增，老人出句道：

一碗清茶，解解解元之渴；

解缙一听，觉得这三个解字连用，还真不易对出。茶且慢喝，先聊了起来，当他得知老人姓乐，曾是朝廷乐府的官员，又见壁上挂着七弦琴，便说："请老伯抚琴，我自有对。"老人取琴弹奏了一曲《高山流水》。解缙笑道：

七弦妙曲，乐乐乐府之音。

老人赞不绝口，捧了上好的清茶给解缙。

原来，老伯出句"解解解"三字，是三音三义：第一个"解"是动词，解除的意思；第二个"解"是解缙的姓氏；第三个"解"是指解缙的身份——解元。而解缙对句的"乐乐乐"三字，也是三音三义：第一个"乐"是动词，喜欢的意思；第二个"乐"是老伯的姓氏；第三个"乐"是指老伯的身份——乐府官员。巧出巧对，留下一段文坛佳话。

李梦阳巧对李梦阳

李梦阳，明代官吏、文学家，甘肃庆阳人，弘治进士，曾任户部郎中。性格诙谐，常出联命对，有《空同集》。

据说，他在江西督学时，有一童子和他同名同姓。在唱名时，就开玩笑说："你怎么和我同名同姓呢？现在我出联让你对，对不上，你就得改名，不要丢'李梦阳'的人。"言罢随口吟道：

蔺相如，司马相如，名相如实不相如；

联借战国时期赵国的大臣蔺相如和西汉时期的辞赋家司马相如同名作文章，以其名同人异，切合当时的现实。当然，蔺相如的文采比起司马相如差得很多，言下之意是说李梦阳这个童子比不上他这位大文学家李梦阳。童子李梦阳略一思索，即对：

魏无忌，长孙无忌，彼无忌此亦无忌。

魏无忌，即战国时期魏国贵族信陵君，就是窃符救赵的公子无忌。长孙无忌是唐代宰相、唐太宗长孙皇后之兄。此联以其"无忌"，双关二人不要顾忌，李督学觉得有理，非常赞赏这位同名同姓童子的才智，于是，亲自举荐，请朝廷重用。

三难新郎

某年深秋季节，秦少游与苏小妹走进了婚姻殿堂。小妹决定在入洞房时看看郎君的窘态。小妹一进洞房便命丫鬟将门关上，随口吟出一联：

东厢房，西厢房，旧房新人入洞房，终生伴郎；

在洞房门外的秦少游深为小妹对自己的一往情深所感动，脱口道：

南求学，北求学，小学大试授太学，方娶新娘。

小妹知道没有难住新郎，便亲自开门，请夫君入内。丫鬟备好酒菜，悄然离去。少游端起酒杯欲与小妹交杯，小妹轻声说道："若要交杯，仍须对我一联。"

酒过三巡，交杯换杯干杯，杯杯尽在不言中。

此联意在说酒，实为愉情，妙在意会。少游沉思良久，不得而对。小妹见他不语，只是五指在桌上点了一下。少游回过神来，看看满桌的佳肴，恍然大悟：

菜过五味，形美色美鲜美，美美都在心中留。

少游以菜喻人，赞不露形，羞得小妹以袖遮面，喝下了这杯沁透心脾的交杯酒。

待丫鬟撤下酒席，已月上中天。二人四目相对，小妹含羞道："红帏帐前，与郎执手，若要同寝，再对一联。"

小妹虽小，小手小脚小嘴，小巧但不小气，你要小心；

小妹一口气吐出八个"小"字，柔情收敛，傲性显露，少游蹙起眉头，来回踱步，抬眼忽见小妹顾盼含情，粉面娇羞，随口道：

少游年少，少家少室少妻，少见且又少有，愿娶少女。

细品此联，觉得少游在点明决心娶自己为妻之际，又自喻世间少有，不坠男儿之志，芳心大悦，成就了一桩千古良缘。

三难佛印

苏东坡与佛印和尚友善，时常去寺院谈古论今，弈棋联对。佛印也常来拜访苏东坡。时间一长，苏小妹也与佛印熟识。

一天，苏小妹外出，正好在门口碰见了佛印。小妹见机会难得，非要佛印先对一副对子：

人曾是僧，人弗能成佛；

此为拆字拼字联，"僧"是"人曾"相拼，"佛"是"人弗"相连而成，而其中又暗藏不恭。佛印闻言一愣，立即慧至心灵，脱口对道：

女卑为婢，女又可称奴。

竟然对得天衣无缝。小妹见没有难住佛印，便冲书房大喊一声，自己快步走了。

又一日，小妹身体不适，其兄正在为她煎药，正巧佛印来拜访苏东坡。东坡竟忘了给卧病在床的小妹送药，小妹受了佛印上次之辱尚未泄恨，这次又见其兄重他而轻己，心生怨愤，就在床上高声念出一联：

清水池边洗和尚，浪浸葫芦；

小妹以"葫芦"隐喻和尚的"光头"，实在大为不敬。苏东坡晓得小妹脾气，知道她又生气了，忙中断话送药。一旁的佛印听了"骂声"，就要对下联。忽然，他抬头看见苏东坡端了药碗，撩起碧纱帐，立即对曰：

碧纱帐里坐佳人，烟笼芍药。

苏小妹嫣然一笑，算是和解。

某年中秋，苏东坡邀佛印来家饮酒赏月，小妹作陪。三人饮到酣处，又一起走到后花园，但见一池碧水，两岸青草，清风徐拂，明月倒映，甚得意趣。小妹回头对佛印言道："我有一联，不知您能对否？"小妹不慌不忙道：

五百罗汉渡江，岸畔波心千佛子；

东坡一听也觉难对，内中既有数字，且波心的千佛乃渡江的五百罗汉及他们的倒影。佛印也在一旁沉思，无意间低头瞧见小妹的身影倒映在池中，于是，随口对道：

一位美人映月，人间天上两婵娟。

苏东坡闻言，拍手称快，小妹虽然三次都没难倒佛印，却也真心佩服佛印的才华。

佳联得妻

　　王安石赴京赶考，途经江西马家镇在此稍歇。马家镇有个马员外，家有爱女，才貌双全，马员外便在走马灯上写了个上联挂在门前，声言凡对得出下联者，便以爱女相许：

　　走马灯，灯走马，灯熄马停；

　　此联一出，引来无数秀才。身在远处的王安石，见有人围观，出于好奇，便走了过来，见联，拍手称道："好对！好对！"因他不知道事情原委，便信步离开。站在旁边的家人马上禀告员外，待员外出来时，已不见王安石的踪影。

　　科考时，王安石交了头卷。主考官便传来面试，当即指着厅前的飞虎旗说：

　　飞虎旗，旗飞虎，旗卷虎藏；

　　王安石一听，随口而出：

　　走马灯，灯走马，灯熄马停。

　　主考官惊叹不已。

　　王安石考完试回到马家镇，想起走马灯对他的机缘，便信步走到马员外门口，想再去看看走马灯。家人一看是原先那个喊"好对"的人，便请他到府中。王安石信手写上主考官给他的上联做下联应对。马员外见此，非常高兴，当即把女儿许配给他，并择出吉日，在马府成婚。

　　结婚那天，正当新郎新娘行婚礼时，报子报道："王大人金榜题名，明日请赴琼林宴。"马员外重谢报子，重新开宴。王安石正当洞房花烛夜，金榜题名时，自觉喜上加喜，醉意三分地挥笔写了一个大"囍"字贴在门口，并吟道：

　　巧对联成双喜歌；

马灯飞虎结丝罗。

从此,"囍"字便成了人们在喜庆时贴在门窗喜物上的喜庆装饰。王安石捡来两联上应主考,下获贤妻,从此传为佳话。

题诗般若寺

有一次，朱元璋乔装出行，此时天色已晚，他来到附近的般若寺借宿。寺僧见他长相丑陋，言行奇怪，就严厉盘问他的姓名、籍贯、官职、爵位，朱元璋一听，显得很不耐烦，提笔就在寺院的墙上写了一首诗：

杀尽江南百万兵，腰间宝剑血犹腥。
山僧不识英雄主，只顾哓哓问姓名。

寺僧一看，不敢再问。可他们万万没有想到，此人后来竟然成了大明王朝的开国皇帝。

朱元璋登基后，听说当年他题在寺庙墙上的诗早已被人铲去，于是，龙颜大怒，下旨将庙中寺僧全部押解至京，朱元璋问道："为什么要把朕写的诗铲掉？"

寺僧灵机一动，回答道："自从圣上题诗后，现在只有我师父的四句诗还保留着。"朱元璋问："什么诗？"寺僧顺口吟诵道：

御笔题诗不敢留，只缘常恐鬼神愁。
故将法水轻轻洗，尚有毫光射斗牛。

在这几句狡辩的言辞中，连吹带捧，果然令朱元璋龙颜大悦，不再追究昔日题诗了无痕迹之事，遂将寺僧全部放归寺院。（陈全之《蓬窗日录》卷七）

巧对主考官

戴大宾，明代官吏，莆田（今福建莆田）人。出身于官宦之家，正德进士，授翰林院编修。正德四年（1509），告假返奔母丧，不幸途中病逝。

戴大宾参加童子试时，有位秀才问他将来想做个什么官？他说："阁老。"于是，秀才就戏谑道：

未老为何思阁老？

他即回敬道：

无才岂能称秀才！

秀才因此被他嘲弄了一番。

临考时，主考官指着大堂上的虎皮椅，出句道：

虎皮褥盖学士椅；

戴大宾举着毛笔对道：

兔毫笔写状元坊。

主考官说：

雨；

他对：

风。

主考官又说

杏花雨；

他对：

杨柳风。

主考官接着说：

沾衣欲湿杏花雨，

他对：

吹面不寒杨柳风。

主考再说：

沾衣欲湿杏花雨，红雨；

他对：

吹面不寒杨柳风，绿风。

主考再续：

沾衣欲湿杏花雨，红雨落后结青果；

他对：

吹面不寒杨柳风，绿风过处飘白绵。

主考见难不住他，于是，再出句道：

月圆；

他复对：

风扁。

主考问道："风怎么会是扁的？"他答："风能钻进门缝，不是扁的能行吗？"主考无言以对，并连连点头称许：

后生可畏，来日小子必登科；

他连忙称谢：

前辈不弃，他年大鹏定展翅。

后来，戴大宾果然金榜题名。

句对宾客

明代戏剧家高则诚善对。有一次，高则诚的父亲在家里设宴款待客人。年仅十岁的则诚则在一旁羡慕地看着满桌诱人的美味佳肴。他忍不住钻在桌下，悄悄伸出手偷拿了碗里的一片肉。他的举动被一位客人无意发现，于是，便吟出一联：

小儿不识道理，桌边偷食；

高则诚听了，心里不服气，想了想，对道：

大人有甚文章，场中出对。

客人一听大惊，小小年纪果然出口不凡，于是，再出一联：

细颈壶儿，敢向腰间出嘴；

意思是说，你小小年纪，居然也敢对句。高则诚听了，马上吟道：

平头锁子，却从肚里生锈。

客人见小则诚居然对答如流，不好意思地涨红了脸。他父亲见客人下不了台，便连忙喝住了他。他却不以为然，摇头晃脑地说："大人出联让我对，礼尚往来，我也出一上联向大人请教。"说罢吟道：

懒童子数椽：一二三四五六七八九十；

此联看似平易，实际很难，要把"一"至"十"十个数字全部用完，因此，客人想了很久无以言对。最后，还是高则诚说出了下联：

瞎先生算命：甲乙丙丁戊己庚辛壬癸。

此联巧用十大天干对十个数字，可谓构思奇特，天下无双。

巧对天子

明朝宰辅李东阳,幼年聪颖好学,四岁能写直径一尺的大字,被京城人誉为神童。代宗先后二次召见他,他每次都能从容应对。后主文坛数十载。

代宗第一次召见时,他才四岁,进宫跨不过门槛,内侍扶过殿阈,代宗见状,就吟出一联逗他:

神童脚矮;

李东阳未经思索,应声对道:

天子门高。

进殿参见后,代宗命他写龙、凤、龟、麟等字。顷刻便写成,代宗看后很开心,顺势将其抱在膝上,并赐给他珍果钱币。此时,代宗抬眼看见李东阳之父就站在殿外阶下,于是,吟道:

子坐父立,礼乎？

李东阳应声而道:

嫂溺叔援,权也。

代宗第二次召见他时,他才六岁。当他进宫时,皇上正在吃螃蟹,便指着螃蟹道:

螃蟹一身甲胄;

李东阳随即对道:

蜘蛛满腹经纶。

代宗听后,连连称赞李东阳:"他日必做宰相。"

巧对知府

一天，徐文长在杭州赋诗作画，可杭州知府不以为然，便把徐文长召来同游西湖，要他对句，如果对不上，就要被赶出杭州。徐文长爽快答应。只见知府指着六和塔吟道：

六塔重重，四面七棱八角；

徐文长听后，并不开口，只是扬了扬手。知府大人以为徐文长对不上，心中窃喜，便又指着保俶塔出句：

保俶塔，塔顶尖，尖如笔，笔写五湖四海；

徐文长还是用手指了指锦带桥，又在空中画了一个圈。知府大人见徐文长只做手势，并不作答，便说："连一句也对不上，还算什么才子？"随即下令要把他赶出杭州！

徐文长哈哈大笑："休得无礼！下联我早已对了！"知府大人说："无理狡辩，愚弄本府！"徐文长解释道："你是口出，我是手对。我对第一联，是扬了扬手，意思是说：

一掌展展，五指两短三长。

我对第二联，指指锦带桥，拱拱手，两手平摊向上一举，就是说：

锦带桥，桥洞圆，圆似镜，镜照万国九州。

知府大人听罢，顿时哑口无言。

新科状元对宰相

有一次，明朝宰辅叶向高路过福州府，想见见新科状元翁正春。二人谈笑间，叶向高说："老夫今晚恐怕进不得西门了。"翁正春闻言，便知他打算在这里留宿，便道：

宠宰宿寒家，穷窗寂寞；

叶向高见此话全是宝盖头的字，稍加思索，便道：

客官寓宦宫，富室宽容。

翌日，用罢早餐，翁正春送叶向高，在经过一个池塘时，叶向高说："翁公昨夜讲穷窗寂寞，我看未必。"随口吟出：

七鸭浮塘，数数三双一只；

翁正春寻视池塘，当即对道：

尺鱼跃水，量量九寸十分。

双价买藕

明太祖朱元璋喜欢对对联，常把对联作为礼物赏赐给臣下。每逢春节，便要求家家户户贴对联。有一次，朱元璋微服私访，看到一家小酒店想进去喝两杯，可是，进去一看，酒店太简陋，便随口吟道：

小酒店三杯五盏，无有东西；

店家也是一个对联高手，不假思索地吟道：

大明国一统万年，不分南北。

朱元璋听了非常高兴，随手赏了他几两银子。

朱元璋又转悠到一个卖菜市场。看见一老农正在卖鲜藕，可他一摸腰间，已空无一文，他对老农说："当今天子提倡对对联，我们也来对对联赌一赌如何？"老农忙问怎么个赌法，朱元璋说："如果您老能对出我的对联，我就出双倍价钱把您老的藕全部买了；如果您对不出，我就白拿您的藕，想拿多少就拿多少。"老农听罢同意，于是，朱元璋出句云：

藕入泥中，玉管通地理；

老农略一思索，道：

荷出水面，朱笔点天文。

朱元璋大吃一惊，下联不仅工整，而且还与上联一样有气势。于是，再出一联：

一弯西子臂；

农夫马上对曰：

七窍比干心。

此上联用西子臂喻藕之白，而下联用比干心指藕有七孔，对得巧妙。朱元璋无话可说，正在尴尬之时，幸遇太监赶了过来，用双倍的价钱全部买了老农的藕。

闯席解谜

一天傍晚，唐伯虎和文徵明正在一起饮酒作乐，此事不知怎么被祝枝山知道了。祝枝山便赶到那里大声嚷道："今朝有口福，不请自来也！"说罢，坐下便要喝酒。

唐伯虎见状，暗使眼色，文徵明晓知此意，便站起身来对祝枝山说："今日喝酒有个规矩，那就是要应景吟诗一首，且诗中还要含谜，吟出诗来方能饮酒。"祝枝山明白这是在故意刁难自己，但却说道："这有何难？！"

酒令开始了，唐伯虎第一个站起来吟道：

菜儿香，酒儿清，不唤自来是此君。

不识人嫌生处恶，撞来筵上敢营营。

吟诵完毕，朝祝枝山看了一眼，端起酒杯一饮而尽。接着，文徵明起身微笑着吟道：

夜色晚，睡梦浓，不唤自来是此君。

吃人嘴脸天生惯，空腹贪图一饱充。

文徵明吟完，也一饮而尽。

这回轮到祝枝山了，他心想：你们俩以吟诗为名，暗暗取笑于我。但表面佯作不知，于是，也站起来慢慢吟道：

来得巧，正逢时，劝君莫吝盘中食。

此公满腹锦绣才，不让吃喝哪来诗（丝）？

说罢，端起酒壶一饮而尽。

唐伯虎和文徵明见祝枝山回答得巧妙，重置酒菜，三人共饮，直至大醉方休。

原来，三人谜底各不相同：唐伯虎的谜底是"苍蝇"，文徵明的谜底是"蚊子"，祝枝山的谜底是"蚕"。

巧对叶梅开

明末清初,有个长工的儿子叫林大茂,七岁时就给财主放马。每天在学堂附近一边放马,一边在外听先生讲课,日久天长,他也学到一些知识。

十一岁那年,林大茂偷偷地骑上财主的一匹沙灰大马前去应考。走到县衙门口,士官见他衣衫破烂,满身泥沙,喝问道:"哪来的村野顽童?"大茂说:"我是来应试的。"那士官冷笑道:"癞蛤蟆还想吃天鹅肉!好吧,我出个对子你对,对得上,我就放你进去。"于是吟道:

沙人骑沙马,沙头沙尾沙屁股;

大茂即对道:

土官坐土城,土头土脑土王法!

这士官被呛得哑口无言,林大茂骑马奔向考场。

监考官名叫叶梅开,对大茂说:"我出个对子,你若能对上,我就放你进去。"大茂表示同意。于是,叶梅开吟道:

嫩竹初生,几时等到林大茂;

大茂知他名字叫叶梅开,当即回敬道:

梅花开放,何日见过叶先生。

叶梅开见林大茂对得工整,惜其才华,便放他进入考场。

巧对析字联

清代大学士刘墉，民间称刘罗锅。因其聪明过人，幽默风趣，深受乾隆赏识。跟纪晓岚一样，也常常与乾隆在一起吟诗联对取乐。

刘墉初入朝时，乾隆见他其貌不扬，甚是不悦。但作为一朝天子，又不想落个以貌取人的名声，于是，便出了个上联要刘墉对：

十口心思，思家思民思社稷；

此联为析字联，第一句中的前三字组合成一个"思"字，后一句又将思字反复运用了三次，是一绝妙上联。

刘墉听后，立即对出下联：

寸身言谢，谢天谢地谢君主。

此联更妙，除了工整对仗，且隐含了自己是"寸身"的一介书生，能得到皇帝重用，感谢之情表白得体。

乾隆点头称是，便再出一联：

只可叹，弯木难当顶梁柱；

刘墉随即对曰：

甚为喜，屈弓才可射天狼。

听到"天狼"二字，乾隆不快，问刘墉："如何射？"刘墉从容作答："割除朝廷之弊政，查处天下之贪官，拯救世间之贫民，即为射天狼。"乾隆听罢，深感满意。

有一次，乾隆到杭州西湖游玩，在灵隐寺遇到一位长者，据说，长者已经一百四十一岁了，这天正是他的生日，乾隆决定给他写副对联贺寿。但他又想再考考刘墉的才能，于是，随即吟道：

花甲重开，外加三七岁月；

此上联暗含老人的寿数。花甲指六十岁，用干支纪年法，一个周期就是六十年。花甲重开，指的是两个花甲，即一百二十岁，再加上三七二十一岁，恰好是一百四十一岁。

刘墉想了想，对曰：

古稀双庆，内多一个春秋。

下联也暗含老人的寿数。古稀指七十岁，古稀双庆，就是一百四十岁，再加上一岁，恰好也是一百四十一岁。

又有一次，他们一行人来到一家酒店。酒店主人姓倪，有一个正值妙龄的女儿，席间给客人斟酒。乾隆心一动，出了一个上联给刘墉：

妙人儿倪氏少女；

此联用的是析字格。"妙"字拆开来是"少"和"女"两字，"倪"字拆开来是"人"和"儿（兒）"两字。乾隆心想，你也有对不出来的时候！没过多久，只见刘墉吟道：

大言者诸葛一人。

下联也是用的析字格，把"大"字拆成"一"和"人"两字，把"诸"字拆成"言"和"者"两字，下联对上联，真可谓天衣无缝。

妙答乾隆

有一次，乾隆南下，微服私访。到宁波后，便独自去了天童寺。圆智住持躬身道："小僧天童寺住持圆智接驾来迟，万望恕罪！"乾隆听罢，把脸一沉，厉声道："你既然已经知道朕来这里，为什么不率众僧打开山门，跪接圣驾？你这轻轻一揖，莫非有意亵渎圣躬！该当何罪？"圆智从容不迫道："小僧岂敢亵渎圣上，只因这次圣上南巡，乃是微服私访。小僧恐引起游人瞩目，有碍圣上安康，不敢劳师动众，故小僧一个人悄悄在此恭迎。"乾隆听他说得入情入理，立即改口说："那好吧，恕你无罪，前面带路便是。"

一路上，乾隆说道："大和尚，今日朕上得山来，你能不能把朕比上一比？"圆智闻言，暗自思忖："这可不好比。要比得不好，全寺恐怕都会遭受灭顶之灾。"想到此，他忽然灵机一动，笑着说："万岁爷上山，可有一比：如比佛爷带你登天，一步更比一步高！"乾隆一听，心里很不高兴：圆智自比佛爷，上风被他占了，可又无可指责。

圆智送乾隆下山，当行至半山腰时，乾隆又想为难一下圆智，便说："我上山时，你说我是一步更比一步高，现在我下山了，你可怎样说呢？"言罢，瞅着圆智，心想：上山是爬高，好比；下山是落低，我看你怎么个比法！

只见圆智从容答道："如今又好比如来佛带万岁爷下山，后头更比前头高啊！"乾隆听罢，不禁对圆智肃然起敬。

巧联对父

清代著名文学家、戏剧理论家李调元，幼时聪颖，被誉为奇才。

有一年，李调元随父亲李化楠及老师赵亮外出，时值春季，春风吹拂，春意盎然，他们一行行至百花渠，见那里有人正在碾米，随行的老师笑着对李调元说："我出个对子你来对，怎样？"随即便出句道：

一木压滚调圆（元）；

李调元想了想，抬头便看见不远处的半山腰有座寺庙，门前的一根杆子上挂着一盏九莲灯。即指着灯杆说：

两石夹柱照（赵）亮。

李父听后，暗自称奇，并对儿子训道："休得无礼，怎能直呼老师的名字呢？"赵亮忙说："对得好，但说无妨。"

此时，李化楠又对儿子说："我也出个上联，你对对看。"随即吟出：

蜘蛛有网难罗雀；

其实，李父诗话里有话，意思是说，这小子小小年纪，竟有如此学问。但李调元以为父亲是在问他志向，所以，兴冲冲地对道：

蚯蚓无鳞欲化龙。

李化楠与老师赵亮相视一笑，预料这小子将来必成大器。

妙词设谜

清朝末年，有一年轻女子名叫顾春。受父母之命，媒妁之言，嫁给了一个富家子弟。婚后不久，那富家子弟便朝三暮四，常常夜不归宿。

有一年元宵节。顾春独坐闺房，百感交集地取出笔墨香笺，填了一阕《玉房怨》，词云：

元宵夜，兀坐灯窗下。问苍天，人在谁家？恨玉郎，全无一点直心话。叫奴欲罢不能罢。吾今舍口不言他。　论交情，曾不差。染尘皂，难说青白话。恨不得一刀两断分两家。可怜奴，手中无力难抛下，我今设一计，教他无言可答。

当这阕《玉房怨》传出后，文士们争相传抄。一日，此词落到一位才子手中，这才子看过后，赞叹不已："才女为情造文，不仅声声见心，词如鼓瑟，而且蕴含妙趣！"听的人一时不解，争问有什么妙趣？才子说："这是一词谜，扣含十个字：一、二、三、四、五、六、七、八、九、十。"众人听后顿悟，对才女交口称赞。

村姑妙对

在一偏远之地,有个小山庄,小山庄有家药铺,名曰全药堂。店主是一位姓白的老先生,膝下有个女儿,名唤村姑。

一天,吕秀才带一侍童路过此地,见一全药堂,心想:这小山庄,小药铺,竟然也敢称全药堂,口气好大!出于好奇,便进去看看。一进门,堂上悬挂"百药俱全"匾额。吕秀才心想:你们竟然如此狂妄,我不妨借此机会刁难一下,即开口问道:"宝铺什么药都有吗?"白先生说:"都有!"吕秀才说要买四味药配方:

一要称心丸一钱七,

二要如意丹七钱,

三要烦恼膏一帖,

四要怒气散一厘七。

白先生一听,心头不觉一惊,自从开铺以来,还从来没有人来买过此药。白先生故作镇静地说:"有!有!二位先出去转悠一圈。等会儿来取就是。"吕秀才转身离开了。这可急坏了白先生。此时,村姑捧茶进来,见此情景,便说:"由女儿配方就是。"

一会儿工夫,吕秀才来店取药。见小女子生得花容月貌,泰然安坐堂中,便大声问道:"姑娘,刚才所买四药,配齐了吗?"村姑说:"你刚才说的是口头药方,我给你配的也是口头药!"只见村姑道:

第一味药是'殷勤待客'——称心丸;

第二味药是'有问有答'——如意丹;

第三味药是'寻事生非'——烦恼膏;

第四味药是'与人为善'——怒气散。

吕秀才不禁大吃一惊,此女果然出口不凡。但还是不服气。于是,又出四药刁难:

一要游子思亲一钱七，

二要举目无亲七钱一，

三要夫妻恩爱二分五，

四要儿无娘亲五分二。

村姑坦然作答：

"游子思亲"是"茴香"，

"举目无亲"是"生地"，

"夫妻恩爱"是"蜂蜜"，

"儿无娘亲"是"黄连"。

吕秀才见难不倒村姑，还是不肯善罢甘休，再出四药继续刁难：

"什么药是颠倒挂？"村姑答道："佛手！"

"什么药是三分白？"村姑答道："茯苓！"

"什么药是巧玲珑？"村姑答道："葫芦！"

话到此，吕秀才突然反问："葫芦何以是'巧玲珑'？"村姑说："葫芦里装的是什么药，无人知晓，但要啥有啥！这不是'巧玲珑'吗？"吕秀才无言以对，继续出题刁难：

"什么是天上一片白？"村姑答道："雪！"

"什么是天上一点红？"村姑答道："日出！"

"什么是天上巧玲珑？"村姑答道："五色彩霞！"

"什么是天上颠倒挂？"村姑答道："北斗星！"

吕秀才终于败下阵来，虽然讨了个没趣，但心悦诚服，边走边说："不愧是全药堂，果然是名副其实的'百药俱全'。"

望江楼上

望江楼饭店开业那天，鞭炮齐鸣，热闹非凡，顾客比肩接踵而至，一片欢歌笑语。这时，门外进来五位青年，老板笑迎，请他们进雅座，问："各位想用点什么？"领头青年说："今天不为喝酒，专来给老板捧场。您看什么合适，就来几道，我们照单付钱就是。"

老板说："难得各位如此看重小店。这样吧，我出个谜语给你们猜，若猜中，请各位随便点菜，我分文不取；若猜不中，每个菜加倍收费，不知各位意下如何？"

还是那领头的说："难得您有如此雅兴，那就讲定了。您先说个谜语，我们五人也各说一个谜语，我们的谜语都得射中您的谜底。如有一个射不中，我们双倍付款。你看怎样？"

老板开口说道：

泉眼有，悬崖无；清风有，彩云无；潮头有，狂风无。（打一物）

领头的小伙开口答道：

油里有，粮里无；浆子有，果子无；酒里有，菜里无。

第二个小伙接着答道：

渔民有，农民无；渡槽有，桥上无；泵房有，场院无。

第三个小伙信口答道：

浮萍有，荷莲无；鸿雁有，黄莺无；灌木有，乔木无。

第四个小伙说道：

渺小有，伟大无；深沉有，轻佻无；漂泊有，定居无。

第五个小伙缓缓地道：

汤商有，桀纣无；汉武有，秦皇无；梁朝有，晋朝无。

老板听后，立即免费给五人上了一桌丰盛的酒菜。原来，这个谜底是一个"水"字。

迎亲猜哑谜

某地娶亲有个风俗，就是新郎迎亲时，必须猜岳父出的哑谜，猜中了才能把新娘娶走。

正值阳春三月，桃红柳绿，一位新郎骑马备轿前去迎亲。临近村头，只见一位老人和一个儿童并肩坐在一块石头上挡住了去路。于是，新郎急忙下马，不等新郎躬身询问，岳父却从一旁走过来，指着一老一小说："这位九十九，那个一十一。"新郎要过纸笔，写了一个字。岳父一看，满意地点了点头，示意把路让开。

新郎继续往前走。见村口道旁有一棵盛开的桃树，树下的一位姑娘拦住了去路，新郎见此情景，便主动答道："人面桃花相映红。"岳父摇摇头说："不对，还是猜一个字。"新郎略加思索，在纸上写了一个字。岳父看后点头赞许，让花轿进了村。

当走到岳父的家门前，只见大门紧闭，正要上前敲门，门却缓缓地开了，露出新娘笑脸，她向新郎秋波一送，转身而去。新郎正要请新娘上轿。岳父说道："且慢！猜中这个字再上轿不迟。"新郎凝思片刻，又猜出了一字，这才欢天喜地地把新娘子娶了回去。原来！新郎前后所写的三个字分别是：碧、赫、规。

联选佳婿

四川泸县有座玉蟾山，山下有一家小客栈名叫三元栈。三元栈里的店姑不仅年轻漂亮，而且能文能武。

一天，店里来了三个上京赶考的书生，其中一人姓张，一人姓王，一人姓李。个个眉清目秀，生得一表人才。店姑见此三人文质彬彬，便有心考他们一考，于是，出一上联：

木子李下，一土王，弓长也张；

三书生一听，这是一副析字联，无非是把他们三人的姓拆开来嵌进一副对联里，这有何难，只见李姓书生出口吟道：

一大天空，日月明，良月更朗。

王姓书生也随口吟道：

山石岩前，古木枯，此木成柴。

张姓书生也对道：

长巾帐里，女子好，少女更妙。

店姑见三书生对答如流，于是，又出一联：

三元栈，占三元，三元及第；

三书生一看，顿时傻了眼，个个挖空心思、搜肠刮肚，竟无一人能对。待这三位书生赶考回来，依旧投宿这家客栈，闲来无事，店姑邀请他们三人去一寺庙里搬花，并嘱咐道：途中有个清平场，清平场有家茶馆，可以喝茶。

刚一进茶馆，张生抬头一看，招牌上写着"一品居"三个字，一拍头，一下子就明白了店姑为什么要他们来这里喝茶，放下担子头也不回地跑回三元栈，对店姑吟出了下联：

一品居，居一品，一品当朝。

店姑见此，再出一联：

四维罗（羅），夕夕多，罗汉请观音，客少主人多；

店姑姓罗，便把罗字拆开嵌入上联，张生略一思索，坦然地对出下联：

弓长张，只只（隻）双（雙），张生戏红娘，男单女成双。

他不仅用了店姑同样的手法，还巧妙地运用了《西厢记》的故事，含蓄地向店姑表达他有着与《西厢记》中张生一样的爱慕之情。

店姑一听，再出个难度大的上联：

寄宿客官，宿守寒窗空寂寞；

张生一听，微笑着吟道：

闭门闺阁，问闲阊阖阅间阑。

张生的下联也用了联旁格，全用的是门字旁的字，属对工整。店姑见张生确实才华横溢，便与他定下了终身。

出谜考婿

清乾隆年间，北方某村住着一位秀才，秀才年轻时喜欢写诗作对。年长，猜谜的兴趣更浓。在他七十大寿那天，他把三个女婿叫到跟前，出谜让他们猜。只见他对三个女婿说："这次猜谜只能是以谜对谜，不准揭谜底。"老秀才手捻须髯道：

出门就展翅，回家把翅收；

拍拍它的头，泪水不住流。

片刻，他问三个女婿："此为何物？还是老规矩，你们从大到小挨着猜吧！"

大女婿沉思后道：

我有一座楼，没瓦没砖头，

水在楼顶上，人在楼下走。

二女婿似乎早有所思，即兴道：

我有一座亭，没安窗和门；

柱子当中立。四方任它行。

三女婿不慌不忙地念道：

我有一朵花，能闭又能发；

不见花有叶，花根手中扎。

在座的人全都会意地笑了，老岳父听后更是赞道："妙哉！妙哉！伞者，遮雨也。"

联对表嫂

庞振坤,清代文学家,邓州(河南邓州)人,有"智若北疆阿凡提,雅同南国徐文长"之誉。

有一年春节,庞振坤去舅父家拜年,三位表嫂皆擅作诗。她们见表弟远道而来,热情款待,并要行酒令。酒令限制很严:每人说一句话,第一小节要把一个单字拆开,第二小节要把一个字分成三个字,第三小节必须是第二小节分开来的那三个字,第四小节要用头两个字合成的那个字收尾。

大表嫂首先吟道:

麻石为磨,犇字三牛,牛牛牛,不知赶来多少头?

二表嫂行令:

尸至为屋,森字三木,木木木,不知能盖多少屋?

三表嫂又吟道:

水酉为酒,品字三口,口口口,不知该罚谁喝酒?

庞振坤装作很为难的样子,半天说道:

田心为思,姦字三女,女女女,不知何人害相思?

三位表嫂听罢,连说不好,但不得不佩服庞振坤的才气。

情感

诗感郎心

司马相如，西汉辞赋家，巴郡安汉县（今四川蓬安县）人。一说蜀郡（今四川成都）人。卓文君，中国古代四大才女之一，西汉蜀郡临邛（今四川邛崃市）人，冶铁巨商卓王孙之女，姿色娇美，精通音律，善弹琴，有文名，新寡家居。

一次，司马相如趁作客卓家之机，借琴表达自己对卓文君的爱慕之情：

凤兮凤兮归故乡，游遨四海求其凰，有一艳女在此堂，室迩人遐毒我肠，何由交接为鸳鸯。

卓文君随司马相如私奔成都后，生活异常艰辛。卓王孙知道后，给予接济，于是，二人又返临邛当垆卖酒。不久，汉武帝召司马相如入朝，临行前，司马相如对卓文君信誓旦旦道："不高车驷马，不复此过。"到长安后，被拜为中郎将。然而，司马相如在飞黄腾达之际，却将妻子卓文君忘在了脑后，一别五六载，书信由多到少，由少到无。尤其是最后一封，内容为："一二三四五六七八九十百千万"，并命信差"立等回文"。

卓文君接到信后，觉察到了夫君变心，百感交集之余，一挥而就，交给了信差。司马相如读完信后，被卓文君的才情深深打动，深感愧疚。于是，高车驷马，亲临临邛，接卓文君入长安。原来，卓文君回信为诗文，诗名《寄外子》：

一别之后，二地悬念，只说是三四月，又谁知五六年，七弦琴无心弹，八行书无可传，九连环从中折断，十里长亭望眼欲穿，百思想，千系念，万般无奈把君怨。

万语千言说不完，百无聊赖十依栏，重九登高看孤雁，八月中秋月圆人不圆，七月半烧香秉烛问苍天，六月伏天人人摇扇我心寒，五月石榴红似火偏遇阵阵冷雨浇花端，四月枇杷未黄我欲对镜心意乱；急匆匆，三月桃花随水转；飘零零，二月风筝线儿断，噫！郎呀郎，巴不得下世你为女来我为男。

言语委婉，字字动情，如怨如诉。后人曾根据他们二人的凄美爱情故事，谱得琴曲《凤求凰》流传至今。唐人张祜则有《司马相如琴歌》：

凤兮凤兮非无凰，山重水阔不可量。

梧桐结阴在朝阳，濯羽弱水鸣高翔。

谜为媒

晋代有个才子叫温峤，进京途中，天色已晚，便投宿在一个前不着村、后不着店的人家。这户人家只有母女二人，女儿长得眉目清秀，如花似玉。老妈妈热情地招待了温峤，并收拾出一个房间让他歇息。

温峤进得房间后，见墙上挂着几幅字画，待到掌灯时分，只见条幅上写的竟是一条字谜：

一间大厦空又空，里面倒吊齐桓公。

温峤百思不得其意，不觉顺口吟道：

天无涯学亦无涯，书到用时方恨少。

这时，店家女儿过来给温峤送茶，在门外正好听到温峤所吟之句，信口接道：

细无度精亦无度，事非经过不知难。

温峤一听，这不正是对着他吟的那句上联吗？不禁对这位女子生出倾慕之情。

次日一早，温峤向这家母女告别，老妈妈特意为他准备了一桌可口的饭菜。饭后又拿出女儿写好的那副对联下句递给温峤，并说："公子愿意对出上联吗？"温峤看见上署"玉香"，便应声道："晚生奉命。"说完，便在玉香早已备好的纸上写下了他昨晚吟的上联。

老妈妈把这一副对联挂起来，语重心长地说道："你俩真是天生一对，公子如果愿意，我就收你做我的乘龙快婿了。"温峤闻言，不好意思地说："妈妈，晚生愚钝，我现在还没有猜出条幅上的那个字谜呢！"玉香一听，含羞道："那是一个'原'字。'原'为人伦之本，万福之源。齐桓公名小白，齐桓公的名字倒过来写，便是'原'字的下边了。"

玉香说话间，双目脉脉含情，声音柔柔动人，温峤望着面前这位才貌双全的女子，心中有说不出的喜悦。

乘兴访友

　　王徽之，东晋名士、书法家，东晋琅琊临沂（今山东临沂市北）人。王羲之第五子。性喜竹，官至黄门侍郎，生性高傲，放诞不羁，好声色，时人钦其才而恶其行。

　　王徽之弃官东归，居山阴县。一天夜里，大雪纷飞，他一觉醒来，披衣打开房门一看，到处都是茫茫一片洁白。他习惯地在火炉前一边饮酒，一边徘徊，一边吟诵左思的《招隐诗》：

　　杖策招隐士，荒途横古今。岩穴无结构，丘中有鸣琴。
　　白云停阴冈，丹葩曜阳林。石泉漱琼瑶，纤鳞或浮沉。
　　非必丝与竹，山水有清音。何事待啸歌，灌木自悲吟。
　　秋菊兼糇粮，幽兰间重襟。踌躇足力烦，聊欲投吾簪。

　　此诗描写诗人寻访隐士的经过，表现出了内心对隐士生活的一种羡慕和向往。此时，王徽之突然想起了会稽郯山的好友戴逵，于是，赶忙呼唤家僮，连夜乘舟去戴逵家。舟行了大半夜，才抵达戴家门口，但徽之没有叩门，而是在门口站了一会儿，便喊家僮原路返回。后来，有人问到此事缘故，徽之回答说："我本是乘着一时的兴致去的，兴致没了，何必一定要见戴逵？所以，就回来了。"（刘义庆《世说新语》下卷《任诞第二十三》）

对诗融情

范晔,南朝刘宋时史学家,顺阳(今河南淅川南)人,出身士族家庭,官至左卫将军、太子詹事。因拥戴彭城王刘义康即位,事败被杀,终年四十八岁。

这天,范晔迎娶新娘,到了洞房花烛夜,范晔揭开新娘子的盖头一看,如花似玉,貌若天仙。许久,新娘子才缓缓抬头一看,"啊"了一声,便晕死过去。

原来,范晔面貌丑陋,从提亲到成亲从未见过面,全凭媒婆一张嘴、爹妈一道令撮合。等新娘子醒来,见红绫被全都盖在了自己身上,而新郎则和衣半躺在她的脚头打着呼噜,并没有对她粗鲁无礼。她起身走到桌前,一边暗自流泪,一边写了一首诗:

天生丽质黄花鲜,久盼俊鸟伴花眠;

哪知洞房花烛夜,白鹤落到乌鸦边。

范晔一觉醒来,看见新娘子的诗,知道娘子是对自己容貌不满意。想了想,提笔在那首诗的下边续写一首:

无瑕白玉无来难,翩翩白鹤爱泥田;

红花尚须绿叶扶,郎才女貌古人言。

范晔写完诗后,走出洞房,空对冷月,黯然神伤。当他再次走进洞房时,看那诗笺上又多了两句:

奴是素纸白鲜鲜,染上污斑惹人怜!

范晔看罢,默默地又在后面续了两句:

白素纸上黑墨点,鹏程万里冲九天。

新娘看罢,领会其意,不由粉面通红,偎进新郎的怀抱。

璇玑图

　　璇玑图，或称锦织回文、回文锦，是十六国时期前秦女诗人苏蕙用五色丝所织成。

　　苏蕙，字若兰，始平（治今陕西扶风东南）人，窦滔之妻，善属文。苻坚时，窦滔为秦州刺史，后以罪徙流沙（今新疆境内白龙堆沙漠一带）。苏蕙思念窦滔，织锦为回文璇图诗以寄。一说，苻坚命窦滔为安南将军，镇守襄阳，窦滔携宠姬赵阳台前往，苏蕙心生嫉妒，不肯与之同行，窦滔到任后，竟与苏蕙断绝音信，苏蕙悔恨自伤，织锦为回文璇图诗以寄。词甚凄婉，窦滔读之感动，遂迎苏蕙往襄阳，而遣赵阳台于关中。

　　《璇玑图》初为八百四十字，后人感慨璇玑图之妙，遂在图正中空格处加一"心"字，成为今天广为流传的八百四十一字版本。《全唐文》卷九七载，武则天作《织锦回文记》，其中云："五采相宣，莹心耀目。纵横八寸，题诗二百余首，计八百余言，纵横反复，皆为文章。其文点画无阙。才情之妙，超古迈今。"

　　《璇玑图》共二十九行，每行二十九字，无论左右、上下、里外、交互、退一字、叠一字、半段顺逆、旋回诵读，均能成七言、六言、五言、四言、三言等格式的诗文，上陈天道，下达人情，中稽物理，博引广譬，寄意深远，玄妙至极，堪称千古奇文。《诗薮外编》卷四云："苏若兰璇玑诗，宛转反覆，相生不穷，古今诧为绝唱。"（李昉《太平御览》卷五百二十）

　　《璇玑图》最早为五色读本，今已不可考，后人则通过颜色区块的划分进行解读，故有四围四角红书读法、中间井栏式红书读法、黑书读法、蓝书读法、紫书读法、黄书读法、七七横线读法等形形色色的方式。

编者按：据说，武则天从中读出了七百多首。进入元朝，有人读出了三千多首。到了明朝，有兄弟俩竟然读出了七千九百五十八首，为此还专门写了《璇玑图诗读法》。1998年11月下旬，在陕西宝鸡的一次回文诗研讨会上，有研究者称可以推读出一万四千多首。

题诗章台柳

唐代诗人韩翃，诗名卓著，为"大历十才子"之一，其《寒食》诗尤为著名。

韩翃年轻时，生活贫穷，家徒四壁。邻居李某，家资丰厚，为人慷慨大方，常邀韩翃一同饮酒。时间一长，二人遂成为好友。

李某有个姬妾柳氏，常常偷偷地观察韩翃，看到他家院落虽然长满了荒草，但来访者皆为文人学士。于是，她找准机会对李某说："韩秀才虽然家里很穷，但他结交的都是名士，一定不会长久贫穷下去。我们应当资助他。"李某点头深表同意。

过了一天，李某又置办酒宴邀请韩翃。当酒饮至酣畅时，李某对韩翃说："你是当今名士，柳氏是当今美人，当以美人配名士。"说着，就让柳氏过来伺候韩翃。韩翃连忙推辞。李某说："韩兄不必推辞！你虽然暂时无法发达起来，柳氏有钱财百万，可以助你。柳氏贤惠，适合侍奉你。"说完，李某揖手行礼离去。

韩翃还想追上去辞让，柳氏说："他就是这么一个豪放通达之人，昨天晚上我们已经把这件事谈透了，请您不要怀疑。"

第二年，韩翃果然金榜题名。数年后，淄青节度使侯希逸上奏朝廷，聘韩翃为从事官。当时正值"安史之乱"，韩翃便把柳氏暂时留在京城。几年之后，韩翃在一块白绢上题诗一首，寄给柳氏，诗云：

章台柳，章台柳，往日青青今在否？

纵使长条似旧垂，亦应攀折他人手。

柳氏回信道：

杨柳枝，芳菲节，可恨年年赠离别。

一夜随风忽报秋，纵使君来岂堪折？

柳氏觉得自己貌美而独居，难免会有不测，便想削发为尼。此时，却被一个名叫沙吒利的胡人将领抢走纳为小妾。后来，韩翃随侯希逸上朝来京，四处寻访柳氏不果。

一天，韩翃去中书省，遇见一辆华美的牛车，忽然从车里传出一个女子的声音："你是青州的韩员外吗？"韩翃答："是。"女子掀起车帘说："我是柳氏，已失身于胡人沙吒利，现在自己无法脱身，明天还要从这条路上经过，希望你能再来一趟话别。"

第二天，韩翃到达。从牛车里抛出一个用红巾包着的小盒子，盒里装着香膏。柳氏呜咽地说："从此就要永别了。"牛车飞快地离去。韩翃悲情难抑。当天，侯希逸到京城酒楼喝酒，邀请了韩翃等人。韩翃在席上闷闷不乐，有人问："韩员外平时谈笑风生，今天这是怎么啦？"韩翃便只得如实相告。其中有一位名叫许俊的军官年轻气盛，以义勇刚烈自许，起身说道："希望员外亲笔写几个字给柳氏，我马上就接她来见您！"在座者交口称赞。韩翃不得已，便给柳氏写了几句话，交给许俊。许俊骑一匹马牵一匹马，飞奔沙吒利的营地。

许俊进得营门，适逢沙吒利外出未归，便一本正经地说道："沙吒利将军坠马受伤，恐怕性命难保，派我来接柳夫人。"柳氏受惊走了出来，许俊递上韩翃的书信，一把推她上马，加鞭飞驰而去。

军官们的酒宴还没散，许俊就把柳氏交给了韩翃道："侥幸没有辜负您的嘱托。"在座者无不惊叹。（许尧佐《柳氏传》、计有功《唐诗纪事》卷三〇）

王维买药

世有"李白是天才,杜甫是地才,王维是人才"之说,后人誉称王维为"诗佛"。

王维,唐代诗人、画家,太原祁县(今属山西)人,开元进士。官至尚书右丞。笃信佛教,长斋素服,丧妻不娶。晚年居蓝田辋川别业,人称王辋川。工诗,善画,精音律,著作有《王右丞集》《画学秘诀》。

王维年少时,曾隐身居士山读书。一天,因病下山找药,到了药铺,见有一位佳人,便道:"姑娘,小生将药处方遗忘在家,但凭记忆,可不可以为我配药?"姑娘笑答:"但说无妨。"

王维说:"一买宴罢客何为。"笑答:"宴罢酒酣客'当归'"

王维说:"二买黑夜不迷途。"笑答:"夜不迷途是'熟地'"

王维说:"三买艳阳牡丹妹。"笑答:"牡丹花妹'芍药'红"

王维说:"四买赴征万里路。"笑答:"万里戍疆有'远志'"

王维说:"五买百年美貂裘。"笑答:"百年好裘是'陈皮'"

王维说:"六买八月花吐蕊。"笑答:"秋花朵朵点'桂枝'"

王维说:"七买难见熟人面。"笑答:"难见熟人是'生地'"

王维说:"八买酸甜苦辣咸。"笑答:"世人都称'五味子'"

王维说:"九买蝴蝶穿花飞。"笑答:"'香附'蝴蝶双双归。"

王维说:"十买青藤缠古树。"笑答:"青藤缠树是'寄生'"

王维连声称妙,遂告辞而去。他暗自思忖:一个民间女子竟有如此才华。从此,他便更加勤奋苦读。状元及第后,遂来药铺向姑娘求婚,喜结良缘,传为千古佳话。

赋诗得妻

于頔，唐朝宰相，河南（治今河南洛阳）人，北周太师于谨七世孙。宪宗即位，威肃四方，頔稍戒惧。后被拜相。后改太子宾客，擢户部尚书。卒谥"思"。

元和年间，秀才崔郊寓居在襄阳姑母家中，被姑母家的婢女深深吸引，只见那婢女天生丽质，能歌善舞，吹拉弹唱样样都能，二人日久生情，互相爱慕。然而，好景不长，其姑母家境日渐衰败，于是，就将婢女卖给了于頔，于頔给钱四十万，领回家倍加宠爱。婢女走后，崔郊茶饭无味，经常跑到于府附近，盼望能见到女子一面。就在寒食节那天，女子果然出了门，女子看见崔郊站在府外柳树下翘首以盼，不禁泪眼汪汪，二人对视良久，欲觉痛断肝肠。崔郊不敢上前，只能吟诵诗篇：

公子王孙逐后尘，绿珠垂泪滴罗巾。

一入侯门深似海，从此萧郎是路人。

后来，有好事者把这首诗抄送给了于頔，于頔看到诗后，忙派人把崔郊请到府上。紧紧地握着他的手说："侯门一入深如海，从此萧郎是路人。是先生写的呀？四十万是一笔小钱，怎能抵得上你这首诗呢？你应该早些写信告诉我。"说完，就让两个有情人一同归去。于頔不仅归还了崔郊的心上人，而且还赠以妆奁，成就了一段姻缘佳话。

（范摅《云溪友议》）

临风兴叹

鱼玄机,唐朝女诗人,长安(今陕西西安)人。性聪慧,有才思,好读书,尤工诗,著作有《鱼玄机集》。与李冶、薛涛、刘采春并称"唐代四大女诗人"。初经温庭筠介绍,补阙李亿纳其为妾,二人恩爱异常。然李亿妻裴氏逼鱼玄机出家于长安咸宜观。

鱼玄机遁入空门,多有哀怨之作,又多次寄诗给李亿,李亿始终不敢与其交往。先后有《寄李亿员外》《江陵愁望寄子安》《卖残牡丹》等,其中的《卖残牡丹》诗云:

临风兴叹落花频,芳意潜消又一春。

应为价高人不问,却缘香甚蝶难亲。

红英只称生宫里,翠叶那堪染路尘。

及至移根上林苑,王孙方恨买无因。

诗的大意是:频频叹息,花被狂风吹落得太多,芳香渐渐消失,又要过一个春天。终因为价格太高,人们不敢询问,又因为香气太浓,蝴蝶难以亲近。只有皇宫才配生长出这种鲜花,哪能忍受让它沾染路上的灰尘。等到把花移植到皇宫上林苑,王孙贵族们才为没有买而遗恨。

后来,鱼玄机因杀绿翘而被京兆尹温璋处死。(辛文房《唐才子传》)

夫妻回文诗

从前，有一位出门在外的丈夫，因思念在家里的妻子，特意写了一封回文诗的家书：

枯眼望遥山隔水，往来曾见几心知？

壶空怕酌一杯酒，笔下难成和韵诗。

途路阻人离别久，讯音无雁寄回迟。

孤灯夜守长寥寂，夫忆妻兮父忆儿。

妻子收到信后，遂将此信颠倒过来抄了一遍，又寄给了外出的丈夫，由丈夫思念妻子、父亲想念儿子的诗，变成了妻子思念丈夫、儿子想念父亲的诗：

儿忆父兮妻忆夫，寂寥长守夜灯孤。

迟回寄雁无音讯，久别离人阻路途。

诗韵和成难下笔，酒杯一酌怕空壶。

知心几见曾来往，水隔山遥望眼枯。

此诗回环婉转，切景切情，读之令人荡气回肠。

终当一别

秦观，北宋婉约派词人，高邮（今江苏高邮）人，字少游，学者称淮海居士。与黄庭坚、晁补之、张耒合称"苏门四学士"。

少从东坡游，以诗见赏于王安石。元丰进士。徽宗时召为宣德郎，未赴任，卒。一生坎坷，著作有《淮海集》《淮海词》《劝善录》《逆旅集》等。

秦观的侍女边朝华，开封（今河南开封）人，十九岁时就嫁给了他。他曾为她写诗道：

天风吹月入栏干，乌鹊无声子夜闲。

织女明星来枕上，了知身不在人间。

三年后，秦少游为修道准备断绝尘缘，故将朝华遣归其娘家。朝华临别，悲泣不止。于是，少游作诗云：

月雾茫茫晓析悲，玉人挥手断肠时。

不须重向灯前泣，白岁终当一别离。

朝华去后二十多天，其父来对少游说："女儿不愿出嫁，希望回到你身边。"秦少游动了恻隐之心，又将朝华接回。翌年，秦少游任钱塘通判。到淮河时，与道友议论，感叹时光流逝。秦少游对朝华说："你不走，我不能修真得道了，你我终当一别。"遂派人去开封，叫她父亲来领朝华回去。再作诗道：

玉人前去却重来，此度分携更不回。

肠断龟山别离处，夕阳孤塔自崔嵬。

（张邦基《墨庄漫录》卷三）

诗结情缘

陈孚，元代学者，临海（今浙江临海县）人。至元年间，以布衣身份晋献《大一统赋》。后为避祸乱世，出家为僧。

一天，他去拜访父亲的朋友，见庭院有一面粉墙，兴致大发，遂书一诗云：

我不学，寇丞相，地黄变发发如漆。
又不学，张长史，醉后挥毫扫狂墨。
平生绀发三千丈，几度和云眠石上。
不合感时怒冲冠，天公罚作圆顶相。
肺肝本无儿女情，亦岂惜此双鬓青。
只忆山间秋月冷，搔首不见鬐鬣影。

父亲的朋友看到此诗，说："陈孚是想还俗了。"于是就让陈孚住在家里，蓄好头发。过了半年，对陈孚说："你应该娶亲了，如果你愿意，我就把我的女儿许配给你。"陈孚非常感谢。

不久，陈孚的岳丈让陈孚去别处居住，并让陈孚派人前来提亲，择良辰吉日迎娶。就在成亲的那天，岳丈高兴地对众人说："五马太守入门了。"

陈孚虽然娶到了佳人，但因岳母和妻兄妻弟妻姐妹对此婚姻不甚满意，于是，陈孚便偕妻迁居京城，并得到馆阁诸老举荐，入翰林院，后授礼部郎中。

赠佣人新婚诗

徐文长，明朝文学家、书画家、戏曲家，山阴（今浙江绍兴）人。

某年三月，他家的长工王连玉和女佣张凤紫喜结良缘。因王连玉是孤儿，张凤紫的家在乡村，故婚礼想在徐府举行。徐文长知道后，表示赞同，并为他们写了一首贺婚诗：

连理花开朵朵红，玉容娇艳赛芙蓉。
凤凰展翅惊林鸟，紫雁穿云舞长空。
新春刚过阳春月，婚礼巧落吾府中。
之乎者也不顶事，喜于洞房见真功。

此诗表明徐文长对这对新人新婚的美好祝福和良好祝愿，同时也是一首藏头诗，如果把每句诗的第一个字连起来读，便是"连玉凤紫新婚之喜"，此诗读来既亲切感人，又妙趣横生，令新人惊喜不已，自然也赢得了人们的赞赏。

情定《西江月》

雍正十三年（1735）二月的一天早晨，郑板桥前往雷塘寻访玉勾斜遗迹。行至半道，便上前叩门想讨水喝，迎面走来一位老夫人，捧出一瓯香茶。板桥边品茗边环视客堂，但见墙壁上有自己的诗词，问老夫人，老妇人摇摇头，表示不曾认识。板桥笑道："我就是。"老夫人惊讶，忙呼女儿出闺房。饭罢，但见女子莞尔一笑，期望板桥能为其书写《道情十首》词，书毕，又请板桥即兴一首，板桥提笔写下《西江月》相赠：

微雨晓风初歇，纱窗旭日才温；绣纬香梦半朦腾，窗外鹦哥未醒。蟹眼茶声静悄，虾须帘影清明；梅花老去杏花匀，夜夜胭脂怯冷。

词的大意是：春天的早晨，微雨细风逐渐停止，整个天空呈现出一派明媚的阳光，日升三竿，佳人还在梦境之中，梦中的朦胧情意历历如绘。鹦哥在窗外似醒非醒。螃蟹的眼睛、饮茶的声音，一切都显得那么的静悄，龙虾的触须、竹帘的影子，一切都显得那么的轻明。梅花已经老去，杏花正在绽放，美妙的佳人期盼尽早能有一个家。

母女俩见词，会意一笑。夫人说："女儿饶五姑，年方十七，老身只求幼有所归，老有所养。"板桥说："明年我科考，如金榜题名，定来迎娶，不知姑娘是否愿意等我？"母女俩同意。

翌年，四十四岁的板桥金榜题名。说来也巧，有江西商人程羽宸路过真州时，见到一茶肆有一副"山光扑面因朝雨；江水回头为晚潮"的对联，款落"板桥郑燮"。程羽宸便向主人打听板桥是什么人？主人道："但去扬州，便知一切。"程羽宸径往扬州，都说板桥进京赶考未归，又说板桥和饶五姑娘的姻缘情事，于是，他毅然拿出五百两银子交给饶氏，作为板桥的聘资。第二年，板桥归来，程羽宸再送五百两银子作资费。从此，程羽宸常随板桥出游，板桥呼其为兄。（郑板桥《扬州杂记卷》）

幸嫁状元郎

朱昌颐，海盐（今浙江海盐）人。叔父朱方增家有一婢女，名叫多多，生得十分美丽，且也善诗，朱昌颐非常喜欢。他向叔父讨要多多做小妾。叔父答应，但多多不同意，问她原因，她说："只要朱公子高中状元，就嫁他！"朱昌颐知道后，写了一首思念多多的诗，其中句云：

一心只念波罗蜜，三祝难忘福寿男。

上句系佛家语，隐含波罗蜜多，下句隐含多福多寿多男子。句中隐含"多多"，真是妙语天成。

来年，朱昌颐高中状元，授翰林院编修。多多听到消息后，写诗祝贺，诗中有句云：

豸服簪花荣释褐，蓬池赐宴冠同班。

"豸服簪花"，换上官服，戴上花，指过去获取状元并封官后的服饰；豸服，指绣有神兽獬豸的补子，獬豸专司辨别忠奸，为都御史官服补子。"释褐"，即脱去布衣。"蓬池"，比喻金銮殿。"冠同班"，指在同期考生中出类拔萃。

至此，也就了却了多多姑娘的心愿，此事一时传为美谈。

神智体诗寄夫君

　　神智体，或称形意诗、谜象诗，作为一种近乎谜语的诗体，是以意写图，使人自悟。其主要特征是字形的变化。靠字形大小、粗细、长短、排列疏密、笔画增损、缺笔、位置高低、正反、颠倒、欹侧、反书、拆借，偏旁的粗细文字变形等方法形成异常外观，以及颜色的变化来显示诗的奇巧设计。它是汉字"以形见义"的表意功能的异化与延伸。

　　潮州有位才女名叫尤孟娘，天资聪颖，美丽多情，琴棋诗画无一不精。一天傍晚，尤孟娘依窗远眺，见窗外一池春水，成双成对的白鹅在池中追逐嬉水，不禁触景生情，思念起了远方的夫君。

　　夜深人静，尤孟娘辗转反侧，披衣下床，磨墨拈笔，提笔写下了十二个怪字，托人带给夫君。其夫面对这写得乱七八糟的文字，惊得一头雾水。许久的苦思冥想，才明白了原来是一首七言诗。于是，星夜赶回与妻子团聚。原来的诗句为：

　　夜长横枕意心歪，斜月三更门半开。
　　短命到今无口信，肝肠望断少人来。

　　诗的大意是身处深闺的女子热切盼望心上人到来，等啊等，盼呀盼，直至肝肠寸断，人既不来也无口信，满腔幽怨和盘托出。

联语得妻

从前，有位秀才，满腹经纶。只因厌恶官场的黑暗，便隐居乡村，以教书度日。一天，他在课余时给学生们出了一个上联，让学生们对：

鸡冠花

学生们想了好久，没能对得出来。

第二天一早，一个小男孩儿向老师说他对上了：

狗尾草

秀才一听，惊喜万分，忙问这位小男孩儿是怎样对上的？小男孩儿如实相告，说是姐姐帮我对的。秀才暗自敬佩："这穷乡僻壤，竟有如此才女。"于是，他又出了一个上联，让小男孩儿转告他姐姐：

竹篾绑笋笋长大即竹

第二天，小男孩儿来说他姐姐对的是：

稻草捆秧秧结籽成稻

秀才见了下联，本想与村姑结为佳偶，但又感到有诸多不便之处，于是，又出一联，表达自己的心境：

樵夫伐薪，怎奈山高路远

村姑得到此联后，对道：

渔翁捕鱼，那怕江阔海深

秀才见了下联，知道村姑心意坚定，于是再出一联，表明自己的求婚之意：

湖水涟漪，一碧深情何不生莲（怜）

村姑得见此联，当即回对：

庭花烂漫，满园春色怎可无梅（媒）

至此，秀才托媒提亲，一对有情人因对句终成眷属。

怨曲题扇

赵飞燕，汉成帝刘骜第二任皇后。原为阳阿公主家的歌女，因善舞蹈，加之体态轻盈，故称飞燕。成帝往公主家作乐，见而悦之，召其入宫，备受恩宠。其妹赵合德与其俱为婕妤。永始元年（前16）六月，封赵飞燕为皇后，姊妹专宠十余年。哀帝即位，被尊为皇太后。平帝即位，贬为成帝皇后，徙居北宫，旋被废为庶人，令其守陵，当日自杀，陪葬延陵。

赵飞燕受宠时，骄横嫉妒至极，班婕妤恐怕惹祸，便引身自退，请求去长信宫侍奉太后。长夜寒宫，寂静凄凉，班昭回忆其旧日恩怨，思绪久久难以平静，遂作《怨歌行》以自伤：

新裂齐纨素，皎洁如霜雪。
裁为合欢扇，团团似明月。
出入君怀袖，动摇微风发。
常恐秋节至，凉风夺炎热。
弃捐箧笥中，恩情中道绝。

诗的大意是：最新裁出的齐地上的好丝绢，犹如霜雪一般洁白。用它缝制出一把合欢团扇，像一轮挂在天上皎洁圆浑的明月。随你出入，伴你身侧，摇动起来微风徐徐拂面。团扇呵，常常担心秋来的季节，那时凉风会代替夏天的炎热。用不着的团扇将被弃置一旁，甚至被扔进竹箱，往日的恩情也就半路断绝。

这是一首著名的宫怨诗，作者以团扇自喻自己的悲惨命运，抒发了失宠妇女的痛苦心情。

全诗语言清秀，构思巧妙，含意隽咏，耐人寻味。（班婕妤《怨歌行并序》）

讽喻

讽诗获赏

魏知古，唐代文学家。深州陆泽（今河北深州西南）人。乾封进士。官侍中，封梁国公。

李隆基即位不久，有一次，带领群臣往渭川一带打猎，魏知古从驾，遂作《从猎渭川献诗》以讽，诗云：

尝闻夏太康，五弟训禽荒。我后来冬狩，三驱盛礼张。

顺时鹰隼击，讲事武功扬。奔走未及去，翱飞岂暇翔。

非熊从渭水，瑞翟想陈仓。此欲诚难纵，兹游不可常。

子云陈羽猎，儁伯谏渔棠。得失鉴齐楚，仁思念禹汤。

雍熙亮在宥，亭毒匪多伤。辛甲今为史，虞箴遂孔彰。

诗中列举了前朝兴亡教训，意在规劝玄宗不可纵欲伤物，否则，将会导致国家灭亡。玄宗得诗览之，大喜过望，诏赐帛五十匹。（刘肃《大唐新语》）

弃琴赠文

陈子昂，唐代诗人，梓州射洪（今四川射洪县）人。光宅进士，因上书论政，深受武则天赏识，封官，后冤死狱中。其诗风骨峥嵘，寓意深远，其中的《登幽州台歌》最为驰名。

陈子昂在京师长安住了十年，没有多少人认识他。当时，长安东市有人喊价百万，要卖手中的胡琴，那些豪贵们竟无一人知其好处。陈子昂突然从人群中出来，对随从说："拿车装一千缗钱买下它。"众人吃惊，问其原因，陈子昂称自己擅长胡琴。好事者要求他演奏一曲给大家听，陈子昂说："明天我在家里准备酒肴，恭候各位光临！同时，还拜托诸位代邀社会名流一同赏光，赴宴听琴。"

翌日，便有百余人赶来赴宴听琴，皆为一时名流。宴会后，陈子昂捧着胡琴来到众人面前，说："我是四川射洪县的陈子昂，写了百余篇文章，奔走京城，但始终得不到赏识。至于演奏胡琴，那只是低贱的乐工专业，哪值得去花时间钻研？"说完，便举起胡琴，重重地摔在地上，然后，命人抬出两张桌子，将自己所写的文章分赠给在场宾客。聚会后，一天之内，陈子昂的名声就轰动整个长安城。（计有功《唐诗纪事》卷八）

编者按：在今西安大唐芙蓉园里，就有一件名为《陈子昂弃琴》的雕塑。

且论禅道

一天，翰林学士苏东坡与照觉禅师论道，当照觉禅师谈及"情与无情，同圆种智"的话题后，苏东坡忽然省悟，因而作"未参禅前"、"参禅时"、"参禅悟道后"三偈表明心得，他认为：未参禅前的境界是：

横看成岭侧成峰，远近高低各不同；

不识庐山真面目，只缘身在此山中。

参禅时的境界是：

庐山烟雨浙江潮，未到千般恨不消；

得到还来无一事，庐山烟雨浙江潮。

参禅悟道后，其心境是：

溪声尽是广长舌，山色无非清净身；

夜来八万四千偈，他日如何举似人？

苏东坡自此禅悟后，对佛法自视更高。当他听荆南玉泉寺承皓禅师禅门高峻，机锋难触，心中甚为不服，因此前往拜访，想要当面试试承皓禅师的禅功如何？及至见面，东坡问："闻禅师禅悟功高，请问禅悟是什么？"承皓禅师听而反问道："请问尊姓大名？"东坡道："鄙人姓秤，乃称天下长老有多重的秤！"承皓禅师大喝一声，问道："请问这一喝有多重？"东坡无以言对，遂礼拜而退。

其实，苏东坡参禅的三个层次，正如惠能"五大弟子"之一、吉州庐陵（今江西吉安）青原山净居寺行思禅师所说的参禅三重境界："参禅前，看山是山，看水是水；参禅时，看山不是山，看水不是水；参禅后，看山仍是山，看水仍是水。"

禅者经此三关，虽能开悟，但并非修证，"悟"是"解"，"修"属"证"，故禅者由悟起修，由修而证。

一语镇知府

一天,绍兴知府大人的公子在大街上明目张胆地抢夺了一个小女孩儿的毽子,徐文长正好路过,便从公子手里把毽子夺了过来还给了小女孩儿。谁知那公子平时娇宠惯了,见毽子被人夺去,就坐到地上哭闹起来。知府的家丁闻声赶来,不由分说,将徐文长押上公堂。知府厉声喝道:"你欺负我家少爷,就是对本知府的不敬,你可知罪?"

徐文长冷笑道:"不知罪的应该是大人您吧?"知府大怒:"这里是公堂,别跟我信口雌黄!"徐文长怒道:"贵公子可是踢了一大早的毽子,大人应该知道这毽子上除了羽毛外,还有一样东西就是铜钱吧,可铜钱上铸的却是皇帝的年号啊,贵公子居然手提羽毛,脚踢万岁,这该当何罪呢?"

知府听后,直被惊得额头冒汗,忙满脸堆笑地对徐文长说:"好吧,我们谁也不要为难谁了!"徐文长也就作罢。走的时候,知府还客气地亲自把徐文长送出衙门。

让棋失官

黄虬,清代围棋国手,泰州(今江苏泰州)人。著有《弈括》《黄龙士棋图》等。

黄虬与徐星友同在内廷供奉,皆为国弈高手。黄年长于徐,棋力亦胜于徐。但二人的性格大为不同:黄为人诚朴,徐则机警百端,凡内廷举动往往事先便知。

一天,徐星友拜访黄虬,见面后,谦恭地说:"君棋艺实胜于我,唯君胜局也不算少,等下次再在皇帝面前弈棋时,是否可以让我一个棋子?以成全我一日之名。"黄虬笑道:"这有何难。"第二天,忽然传召他二人入廷,乾隆指了指案上一个描金朱漆盒子说:"里面有一物品,现在你二人对弈,胜者取之。"二人遵命对弈,结果徐胜黄负。乾隆对黄虬叹息道:"卿棋虽胜一筹,怎奈命运不济。"说完,令内侍打开盒子取出知府任命书赐予徐星友。黄虬愕然,恼恨不及,只见徐星友叩首领谢,欢天喜地而去。

原来,徐星友已经通过内监得知盒中之物,图谋得之,使得黄虬上当。(裘毓麐《清代轶闻》)

妄言疗疾

叶桂，清代著名医学家，江苏吴县（今江苏苏州）人。切脉望色，如见五脏。著有《临证指南》《温热论》等。

叶桂少继家学，先后拜师十七人学医。有一年，某公子科考，贺喜者盈门。忽然，公子双目红肿，疼痛难忍，遂请名医叶桂诊治。叶桂告知："眼睛患病万万不能思虑，如此即可自愈。愈后七日内，足心必然生痈，一发而不可治愈。"公子闻言，惊恐万状，乞求叶桂回生之术。叶桂说："此时服药无效，只能试着散毒，七日内不再发作，可以另用药方。"公子急于求方，叶桂告知："只能息心静坐，左手擦右足心，右手擦左足心，各三十六遍，每日七次，七日后再来诊治。"公子如法七日，待叶桂来时，公子对叶桂说："眼病已痊愈，就是不知道痈毒是否还会发作？"叶桂笑道："发毒之语乃是妄言，公子为富贵中人，万事皆能如意，何惧死事？我借此使你一心看足，摒除它念。擦足，则心火下行，目疾则会不治自愈。"公子听后，恍然大悟，微笑着给予叶桂很厚的酬劳。（小横香室主人《清朝野史大观》）

集句解嘲

张学曾，清代书画家，山阴（今浙江绍兴）人。为"画中九友"之一。顺治朝，官苏州知府。山水师董源，出入宋元诸家。喜仿元人笔，苍秀疏简，妍而不甜，枯而不涩。

张学曾赴任前，好友孙承泽、龚孝升、曹秋岳设宴饯行，并各自携带所藏书画赏玩。席间，张学曾也将自己珍藏的书画展示，其中有南宋著名画家江参的《长江万里图》长卷，气势磅礴，魄力雄伟。众人传观此画，赞叹不已，戏称可将此画裁成四段，大家分而有之。

张学曾信以为真，一时极为尴尬。孙承泽见状，顺口集古人诗句戏云：

剪取吴淞半江水，恼乱苏州刺史肠。

第一句出自杜甫《戏山水题王宰画山水图歌》，第二句出自刘禹锡《赠李司空妓》。集引自然，切人切事，众人闻之绝倒。（陈康祺《郎潜纪闻初笔》）

联讽权贵

萧遂，清代学者。广东人。乾隆朝举人，才思敏捷，不畏权贵，尤其擅长撰联改联，常常使用急转联，即对联的出句意思与对句意思正好相反。

有一次，他路过新会县城，看到一大户人家的大门上贴了一副光耀门楣对联：

巷有几人？举贡、监员、进士；

家无别业：诗书、礼乐、文章。

他一打听，知道这家全是不学无术、到处招蜂引蝶的纨绔子弟，靠银两捐了几个官，就大言不惭地自我吹嘘。他回家后，写了几个字，趁夜深人静，贴在了那副对联的上面。第二天，待那家人打开门一看，对联变成了：

巷有几人？化子、舞蛇、弄术；

家无别业：琵琶、绰板、三弦。

自诩为书香门第的官宦人家，一下子变成了靠卖唱、讨饭、杂耍而生存的江湖之人，别提萧遂心里有多得意。

嘲讽二进士

在山东淄川县，周登第和周登科兄弟俩同科中了进士。从此，周家兄弟便自以为是一代文豪，连以往在一起切磋诗文的文友都不放在眼里，更不要说一身穷酸的蒲松龄了。这兄弟俩听说蒲松龄很不服气，总想找个机会给蒲松龄点颜色看看。

这年三月初三，在城西三台山的庙会上，周家兄弟看见蒲松龄走在前面，便急忙赶过去。三人见面，彼此心照不宣，周登第先发制人道："蒲先生，敝人有个上联，想不出下联，先生高才，还请赐教！"说罢吟道：

三月三，三台山，三天大戏；

蒲松龄心想，联句虽然浅显，却嵌入了四个"三"字，且又是即景写实，对起来是有难度。蒲松龄往北看了一眼高耸入云的二道岭，对道：

二月二，二道岭，二只小犬。

周登科见蒲松龄把他兄弟俩比作小犬，气急败坏地说："兄弟也有个上联，请先生赐教！"

琼林宴后千钟禄，招赘女状元，花魁独占白玉带；

这上联连缀了《琼林宴》《千钟禄》《相府招赘》《女状元》《独占花魁》《白玉带》六个剧名，而且显露出金榜题名的得意。蒲松龄略一思忖，便道：

汾河湾边万里缘，教子双官诰，墙头马上黄金台。

这下联也连缀了《汾河湾》《万里缘》《三娘教子》《双官诰》《墙头马上》《黄金台》六个剧名。其中的"教子双官诰"句，是说蒲松龄教子有方，两个儿子双双登第。这轻轻五个字就把两位进士贬成了蒲松龄的晚辈。

诙谐

怪题考徒

鲁班，春秋时期鲁国人，土木建筑鼻祖。

有一天，他把徒弟叫来说："我准备出题考考你们，明天一清早就来我家吧。"第二天，徒弟们一早就到了鲁班家，只见他的家门上锁。门上写道："今日可不见。"徒弟们大感不解，准备散去，其中一位年纪最小的徒弟忽然说道："我们到河边去看看，师傅可能在那里。"大家问他："你怎么知道师傅可能在河边呢？"只见小徒弟说道："大家请看，门上这五个字，'可'就是'河'字的边；'不见'两个字合在一起就可以看成是'觅'字。不是分明暗示我们今天到河边去寻找吗？"大家听了觉得分析得在理。于是，就一起来到了河边，鲁班果然坐在那里等着他们。接着，他手指着身旁的一堆梓木说："我要考你们一个新题目，你们用这梓做三天，要做得精。"说完，便起身离开。

三天后，徒弟们都各自拿着自己精雕细琢的梓板去见师傅。尽管每件作品都各具特色，但鲁班看了，觉得没有一件能让他满意的。这时，他那最小的徒弟手里捧着一个镶嵌得很精巧的小书架走了过来，书架的梓木正好构成一个"晶"字。当他恭敬地送到师傅手里时，鲁班喜形于色，指着这个小书架对其他徒弟说："这才是我要求你们做的。一个工匠，不仅要有精巧的手艺，还要有一个充满智慧的头脑。你们回去想一想，为什么都做错了？"

鲁班离开后，大家立刻围着小徒弟询问原因。小徒弟说："师傅不是说用梓做三日，做得精吗？'梓'是'字'的谐音；'精'是'晶'的谐音。三个日字不正是一个'晶'字吗？"大家听后恍然大悟。

风幡之辩

慧能，亦称惠能，唐代法性寺僧，南宗创始人。俗姓卢，范阳（今河北涿州）人。其说教由门人汇成《六祖法宝坛经》，在中国佛教典籍中是唯一被称为"经"的著作。武则天及中宗曾征召入都，均辞。圆寂后，唐宪宗李纯追尊为"大鉴禅师"，王维、柳宗元、刘禹锡等皆为其撰写碑铭。

慧能从弘忍大师那里得到法衣木棉袈裟后南逃，途中怕遭人陷害，便隐居起来。有一次，他来到曹溪宝林寺，见住持正在与众僧讨论佛法，话题是：风吹幡动，到底是风动，还是幡动？只见众僧各执一词，争论不休。慧能应声说道："风也不动，幡也不动，而是人心在动。"住持闻言，忙向慧能敬礼，慧能说明来历，出示木棉袈裟，于是，被住持奉为上座，并在此创立南宗。（慧皎《高僧传》）

卒解铭文

裴度，唐代文学家，河东闻喜（今山西闻喜东北）人。贞元进士，曾官监察御史，以功封晋国公。历仕穆宗、敬宗、文宗三朝，数度出镇拜相，史称"出入中外，以身系国之安危、时之轻重者二十年"。晚年避祸自保，于洛阳置庄建堂，与白居易等日夜饮宴其间。卒赠太傅，谥"文忠"。后配享宪宗庙。在文学上主张"不诡其词而词自丽，不异其理而理自新"。

元和十二年（817），裴度督师攻打蔡州。攻打前，命人挖池濠，忽得石碑一通，上书虫鸟文字：

井底一竿竹，竹色深绿绿。鸡未肥，酒未熟，障车儿郎且须缩。

裴度与部下皆不解其意。忽有一卒报告："吴元济背逆天子之命，纵兵反叛，今日将被生擒。"裴度惊而问之，答曰："所得石铭，就是征兆。'井底'云云，言吴元济由一卒而至拥兵数十万之帅，比喻其拥兵自重，荣耀也。'鸡未肥'者，言其无肉也，以'肥'去肉，为'己'字。'酒未熟'者，言其'无水'也。以'酒'去'水'，为'酉'字，'障车儿郎'者，谓兵革之士也。'且须缩'者，谓宜退守其所也。换而言之，'己酉'当克也。"

是年十月，李愬率兵淮西，生擒吴元济，尽诛其部下叛乱分子。裴度一时心血来潮，掐指算日期，果然为"己酉"，喜兴之余，遂提拔解释铭文的士卒为裨将。（张读《宣室志》）

乐天罢题

乐天，即白居易，唐代诗人，下邽（今陕西渭南东北）人。贞元进士。曾拜左拾遗，贬江州司马。穆宗即位后，称病东归。其诗题材广泛，形式多样，语言平易通俗，有"诗魔"之称。与元稹并称"元白"，与刘禹锡并称"刘白"。著有《白氏长庆集》，长篇叙事诗《长恨歌》《卖炭翁》《琵琶行》等皆为传世名篇。

秭归县令繁知一，闻听苏州刺史白居易将过巫山，于是命人将神女祠墙壁粉刷一新，并题壁《书巫山神女祠》一首，诗云：

忠州刺史今才子，行到巫山必有诗。

为报高唐神女道，速排云雨候清词。

白居易目睹繁知一的题壁诗，怅然若失："刘禹锡三年理白帝，欲作一诗于此，怅而不为。及至后来，被去掉了千余首诗，仅留四章而已，分别诗沈佺期、王无竞、李端、皇甫冉。"秭归县令请白居易于壁题诗，只见白居易吟咏四公诗，吟罢说道："我不能在此逾越四公也。"（范摅《云溪友议》）

诗释帝怨

柳公权，唐代诗人、书法家，京兆华原（今陕西耀州区）人。元和进士。官至太子少师，封河东郡公。一生仕宪宗、穆宗、敬宗、文宗、武宗、宣宗、懿宗七朝，善书，尤工楷，结构劲挺，书体遒健，时称"柳体"。与颜真卿并称"颜柳"，后世誉其"颜筋柳骨"。与欧阳询、颜真卿、赵孟頫并称"楷书四大家"。卒赠太子太师。

武宗时，柳公权在内廷，武宗对其中的一位宫嫔非常反感，后虽又复召，但心里还是不畅快。于是对柳公权说："朕很怪罪她，今天如果能得到柳学士一篇诗，朕对此事也就释然于怀了。"说完，便向柳公权授前蜀笺十页，柳公权一听，出于对这位宫嫔的怜悯，略加思索，即成《应制为宫嫔咏》一绝，诗云：

不分前时忤主恩，已甘寂寞守长门。

今朝却得君王顾，重入椒房拭泪痕。

武宗得诗，大悦，遂赐柳公权彩锦二百匹，并令宫人上前拜谢。（王保定《唐摭言》）

因梦改诗

许浑，唐代诗人，润州丹阳（今江苏丹阳）人。宰相许圉师六世孙。大和进士。曾应卢钧邀请，赴南海幕府。后入为监察御史，病归，后又复出。终生专攻律体；题材以怀古、田园诗为佳，诗多写水，有"许浑千首湿"之称。与杜甫齐名，流传有"许浑千首诗，杜甫一生愁"之语。晚年归润州闲居，著作有《丁卯集》。

有一次，许浑在梦中梦见登山，见一宫殿雕梁画栋，大有凌云之势。问人，告知此为昆仑山。许浑进入宫殿中，但见有数人在一起饮酒，遂招之同饮，日暮方罢。至此，许浑梦醒，遂作《记梦》一首，诗云：

晓入瑶台露气清，座中唯有许飞琼。

尘心未尽俗缘在，十里下山空月明。

又有一次，许浑又得其梦，许飞琼问："为何将我名显露于人间？"许浑于座中无以言对，故将诗句"座中唯有许飞琼"改为"天风吹下步虚声"，许飞琼听罢，赞许不已。（孟棨《本事诗》）

气义助人

唐宪宗李纯在位时，有个新任命的湖州录事参军名叫湖斜，他在上任途中，被强盗抢去了包括委任状在内的所有财物。湖斜无奈，只得在京城附近捡拾破烂度日。他所住的旅店就靠近裴度的宅第。

一天，裴度散步，来到这家旅店，与湖斜坐下说话，问他是干什么的？湖斜哭泣道："我在京城任职数年，刚被外放湖州录事参军，不料，途中遭遇劫匪，随身携带的物品被一抢而光，我的未婚妻也被抢去，听说是太守献给了宰相裴度。"裴度问其未婚妻叫什么？他说叫黄娥。裴度对湖斜说："我是裴度的亲信，会帮你查访的。"再问了湖斜的姓名后就离开了。此时，湖斜感到非常后悔，心想，刚才问话的人如果真的是裴度的亲信，回去给裴度一说，将会给我带来灭顶之灾。当天晚上，他辗转反侧，难以入眠。

天亮后，他就来到裴府附近观察，直到傍晚，他看见有个穿红衣服的公差来到旅店，请他去见裴度。惊恐万状的湖斜只得跟着差人去了。差人带着湖斜来到一个小厅。主人让他坐下，他偷着观看，正是昨天所见的那位大人，湖斜赶紧磕头谢罪。裴度说："昨天听了你的遭遇，我很同情，今天可以弥补一下你了。"说着，命人将委任状交给湖斜，并重新任命了新官职，表示会立刻将黄娥还给湖斜。然后，特意派人将湖斜送回旅店，并给了他一千贯钱。次日，湖斜便和未婚妻一起上任去了。

皮陆宴饮

唐朝皮日休出仕前，一直隐居在襄阳鹿门山。之前，汉末名士庞德公、唐代诗人孟浩然皆栖隐于此。孟浩然还在鹿门山写下了著名的《夜归鹿门歌》。自唐以后，便有"鹿门高士傲帝王"之说。"唐宋八大家"之一的曾巩游鹿门山未果后，发出了"不踏苏岭石，虚作襄阳行"的感叹。

有一天，陆龟蒙来访，皮日休盼咐妻子备菜下酒。由于家境贫寒，哪有什么好菜招待客人？皮日休对正在发愁的夫人说："家里不是还有一只老母鸡吗？"夫人说："你的酒全指望那只鸡了，除非你从此断酒！"他看着夫人哈哈笑道："我说的是鸡蛋。"然后，对夫人盼咐一通，就和陆龟蒙聊天去了。

不多时，皮夫人端来了第一道菜。只见盘底稀疏地铺了几条翠绿的柳叶，两侧各缀有半片蛋黄，煞是好看。皮日休举杯劝酒，然后问道："鲁望兄可知此菜何名？"陆龟蒙一脸茫然，皮日休笑着说："这道菜叫作'两个黄鹂鸣翠柳'。"陆龟蒙听了，莞尔一笑。皮夫人又端上了第二道菜，只见盘底铺了厚厚的一层空心菜，上面只放了半片蛋白，皮日休高声吟道："一行白鹭上青天。"第三道菜端上来时，只见盘底铺就的松针上撒了一层捣碎了的蛋白，陆龟蒙忍不住也高声吟道："窗含西岭千秋雪！"陆龟蒙心想，这三道菜已经用完了一个鸡蛋，下一道菜该用什么圆场呢？想着想着，第四道菜就端了上来，原来是一碗煮空心菜的汤水，只见上面悠然地漂浮着两片蛋壳，好一个"门泊东吴万里船"！皮、陆二人目光对视，开怀大笑！就这样，一个鸡蛋，一壶浊酒，喝出了文人的豪爽、风流和浪漫……

奇句联诗

　　严维,唐代诗人,越州(今浙江绍兴)人,至德进士,无意仕进,官至余姚令。

　　严维曾将相关诗人的诗句摘取,然后重新整合,成为一种类似宝塔诗的形式,但始终缺少塔顶:

东,西。	(鲍　防)
步月,寻溪。	(严　维)
鸟已宿,猿又啼。	(郑　概)
狂流碍石,迸笋穿溪。	(成　用)
望望人烟远,行行萝径迷。	(陈元初)
探题只应尽墨,持赠更欲封泥。	(陈元初)
松下流时何岁月,云中幽处屡攀跻。	(张叔政)
乘兴不知山路远近,缘情莫问日过高低。	(贾　弇)
静听林下潺潺足湍濑,厌问城中喧喧多鼓鼙。	(周　颂)

奇诗救友

孟宾于，南唐诗人，连州（今广东阳山）人。天福进士，官淦阳令。后归老连上。少时，曾写诗百余篇，汇为《金鳌集》，呈送给李若虚侍郎。李侍郎从中采录了一部分好诗，让他带到洛阳献给达官，因此声誉大起。

李昉，五代至北宋文学家，深州饶阳（今河北饶阳县）人。后汉登进士，参编《太平御览》《文苑英华》《太平广记》，典诰命三十余年，终以特进、司空。卒赠司徒，谥"文正"。有文集五十卷。

孟宾于不善与人交往，唯独与翰林学士李昉情谊深厚。朝廷本以贪赃枉法罪将孟宾于处死，翰林学士李昉闻知此事后，以诗寄孟宾于，诗云：

初携书剑别湘潭，金榜标名第十三。
昔日声名喧洛下，近来诗价满江南。
长为邑令情终屈，纵处曹郎志未甘。
莫学冯唐便休去，明君晚事未为惭。

后主李煜见诗，怜其才干，遂将其释放。（辛文房《唐才子传》）

燕词谢恩

宋仁宗时,宰相吕端因年事已高,屡请辞官归里。仁宗问道:"那您认为有谁能代之为相呢?"吕端荐举了副相陈尧佐,仁宗赞同。就擢陈尧佐为宰相。陈尧佐遂作《踏莎行》燕词一阕,词云:

二社良辰,千家庭院,翩翩又见新来燕。凤凰巢稳许为邻,潇湘烟暝来何晚? 乱入红楼,低飞绿岸。画梁时拂歌尘散。为谁归去为谁来?主人恩重珠帘卷。

陈尧佐以新来之燕自况,表示对主人深怀感激之情。后来,陈尧佐带乐工来到吕府歌唱其词,吕端听罢笑道:"自恨卷帘人已老。"话音刚落,陈尧佐应声道:"莫愁调鼎事无功。"调鼎,即调和鼎中菜肴,比喻宰相治国。(文莹《湘山野录》)

以"迟"夺魁

　　孙何，北宋文学家，蔡州汝阳（今河南汝南）人。淳化进士，与其弟孙仅、孙侑合称"荆门三凤"，与丁谓并称"孙丁"。官两浙转运使。曾向宋真宗献《五议》，又上言调整国家职能部门，真宗嘉许。奉旨回京，知制诰，赐金腰带、紫蟒袍。著有《两晋名贤赞》等。

　　太宗时，孙何应殿试，与李庶几分在同一考场，李庶几文思敏捷，最先交卷。而孙何最晚交卷。按照考场惯例，凡最先交卷者为第一名。及至后来，有人向太宗进言："如今考生都很轻薄，文章不求义理，只求速度。"又说："庶几与举子曾在饼肆赋诗，一饼烙熟，一诗则成，以此向人夸耀。"太宗闻之大怒，将最先交卷者李庶几逐出门外，而让最迟交卷者孙何夺魁。（欧阳修《归田录》卷一）

因诗御宴

杨亿，北宋文学家，建州浦城（今福建浦城县）人。淳化进士，参修《太宗实录》，主修《册府元龟》。真宗得风疾，他与寇准谋请太子监国，事败。卒追谥"文"。著作有《杨文公谈苑》《西昆酬唱集》。

至道元年（995），杨亿在国史馆任光禄卿。这年三月，太宗于御花园饮宴，杨亿因未兼实职，故而不得参加。于是，心中愤恨不过，遂作《贻诸馆阁》赠同馆诸公，诗云：

闲戴宫花满鬓红，上林丝管侍重瞳。

蓬莱咫尺无由到，始信仙凡迥不同。

大意是说，诸位头戴宫花侍宴，御花园管弦齐鸣，如同蓬莱仙境一般，虽然近在咫尺，但却无缘参加，这才相信人与人之间的不同啊！有人将诗呈给太宗，太宗才知道杨亿未参会饮宴，大为吃惊。左右人说杨亿尚无兼职，太宗听后，即命杨亿兼任集贤院学士，并令其参加御宴。（文莹《玉壶清话》）

赋诗争席

赵光义，即宋太宗，北宋第二位皇帝。曾亲征太原，灭北汉，攻辽，欲收复燕云十六州。设考课院、审官院，建崇文院，编纂《太平御览》等书。大规模扩大科举取士，强化"重文"风气。

宋太宗每次在御花园赏花钓鱼时都要举行饮宴。按照惯例，史馆、昭文馆、集贤馆官员方有资格参加，凡校理以下者赋诗后必须退出。此时，校理李宗谔对此规定很不满意，遂作《绝句》一首，诗云：

戴了宫花赋了诗，不容重睹赭黄衣。

无聊独出金门去，恰似当年下第归。

意思是说，我们戴着花赋诗完毕，因官职品阶不高，就必须退席，不许重新再见到君王的面。当退出宫门时的那一刻，心情失落就如同当年科举落第一样。

太宗见到此诗，大为感动，从此，凡三馆校理以下官员皆可参加饮宴。（孔平仲《谈苑》）

句对老僧

范仲淹，北宋文学家。幼年父母双亡，只得在醴泉寺寄读。他每晚用糙米煮粥，待粥冷凝后，用刀划成四块，早上吃两块，晚上吃两块，再挖点野菜浸点盐水佐餐。

醴泉寺有位老僧，心地善良，非常怜爱范仲淹，经常同他谈诗论文。一天，老僧出句：

芳草春回依旧绿；

范仲淹应对道：

梅花时到自然香。

又一晚，老僧与范仲淹在寺院的林间散步，老僧说，我出个字谜，你来猜猜：

翠竹掩映留僧处。

范仲淹略思片刻，便在地上写了一个"等"字。

老僧见状，拍着范仲淹的肩膀说："你才智过人，将来必成大器啊！"

题诗得园

贾昌朝，北宋训诂学家、文学家、书法家，开封（今河南开封）人。博学善论，因献颂真宗，赐同进士出身。拜同平章事兼枢密使，封魏国公，卒赠司空兼侍中，谥"文元"。英宗御题"大儒元老之碑"。著作有《群经音辨》《通纪》等。

当初，许昌知州文潞公买得许昌北曲水园，有溧水横穿其间。后来，文潞公入朝任相，贾昌朝接任了许昌知州，便在园壁上题《曲水园》一首，诗云：

画船载酒及芳辰，丞相园林溧水滨。

虎节麟符抛不得，却将清景付闲人。

诗中表示了对曲水园闲置不用的惋惜之情，贾昌朝遂将此诗寄赠文潞公，文潞公得诗大喜，遂将曲水园赠予贾昌朝。（叶梦得《石林诗话》）

一字丢状元

宋仁宗年间，四川成都府有一位名叫赵旭的书生，自幼熟读诗书，下笔成文，是位饱学之士。这年科考，赵旭禀知父母上京应试。来到京师的赵旭就在状元坊落脚歇息，经过三场科考，专等发榜。赵旭自我感觉考得十分满意，得中必有希望。

这天，仁宗早朝上殿，考试官阅完考卷在朝上奏。仁宗问榜首前三名是何处何人？试官将前三名文卷呈到御前，仁宗亲自御览。看了第一卷对试官说："此卷作得极好，可惜中间有一字差错。"

试官问仁宗何字差写？仁宗笑指说："乃是一个'唯'字，原来'口'旁为何写成竖'心'旁？"试官上奏："此二字通用。"仁宗问："姓甚名谁？何处人氏？"拆开密封一看，乃是四川成都府赵旭，现在状元坊店内安歇。仁宗速命觐见。

不一会儿，赵旭叩拜。仁宗问明来历，赵旭一一面奏无甚差错。仁宗见此人出语如同注水，暗喜称奇，只可惜一字差写，就说："卷内有一字差错。"赵旭惊惶拜问："何字差写？"仁宗说："是个'唯'字，本是个'口'旁，卿为何作竖'心'旁？"赵旭回奏："此二字通用。"

仁宗闻言，大为不悦，当即在御案上写下八个字给赵旭，说："卿家看看，单翠、去言、吴矣、吕台，卿言通用与朕来！"赵旭看了半晌，无言以对。仁宗说："卿可暂退读书。"赵旭惭愧出朝，一顶即将到手的状元桂冠就此飞走。

诗判从良

陈襄，北宋理学家，侯官（今福建福州）人。庆历进士。其人公正廉明，识人善荐，司马光等三十三人皆为其荐举，与郑穆、陈烈、周希孟并称"古灵四先生"。卒谥"忠文"。著有《易义》《中庸易》《古灵集》。

陈述古为杭州知州时，官妓周韶、龙靓、胡楚等皆以诗名于当时。周韶还收藏有特殊的茶叶，曾与极善品茶的蔡谟君斗茶而获胜。名士苏子容过杭州，陈述古设宴款待，并招周韶席间陪酒。周韶想通过苏子容请求陈述古能给自己除却官妓之名而从良。苏子容闻罢，指着挂在房檐上的白鹦鹉说道："可作一首绝句否？"周韶听罢，略一思索，吟道：

垄上巢空岁月惊，忍看回首自梳翎。

开笼若放雪衣女，长念观音般若经。

当时，周韶因家有丧事丧服在身。诗中以白鹦鹉自比，企望能摆脱官妓囚笼般的生活，言辞恳切，撩人心绪，在座者无不怜悯。于是，陈述古遵苏子容之约，判令周韶从良。之后，同辈官妓胡楚、龙靓也分别有诗赠予周韶。胡楚诗云：

淡妆轻素鹤翎红，移入朱栏便不同。

应笑西园桃与李，强匀颜色符东风。

龙靓诗云：

桃花流水本无尘，一落人间几度春。

解佩暂酬交甫意，濯缨还做武陵人。

（赵令畤《侯鲭录》）

偷狗作赋

冯京，北宋鄂州江夏（今湖北武昌）人。皇祐进士。因反对王安石变法，外放亳州知府。卒赠司徒，谥"文简"。著作有《灊山集》。

幼年时期的冯京，因家境贫寒，只能寄居在灊山僧舍读书。其中有一僧人养着一条狗，被冯京与同窗几人将其诱杀而烹食。僧人告到县衙，县令命人拘捕冯京，在公堂上，县令即命冯京作偷狗赋，冯京听罢，略一思索，挥笔而就。其中警句为：

撤梵宫之夜吠，充绛帐之晨羞。团饭引来，喜掉续貂之尾；索绚牵去，惊回顾兔之头。

后二句巧用"狗尾续貂""见兔顾犬"的典故，形象而逼真地道出了偷狗的详细经过，典雅而诙谐。县令听罢，击节称赞，不仅没治冯京的罪，反而奉为上宾。翌年，冯京上京应试，连中三元，人称"冯三元"。（罗大经《鹤林玉露》）

押蝗公文

钱勰，字穆父，北宋文学家、书法家，临安（今属浙江杭州）人。西昆派名家钱惟演之孙。官至户部尚书、翰林学士兼侍读等。

钱勰任如皋知县时，有一年大旱，蝗虫泛滥成灾，如皋与泰兴遭此大灾，百姓苦不堪言。钱勰立即上报灾情，请求赈济。而泰兴知县却隐瞒灾情，蒙骗州官说："本县境内无蝗，更不用说蝗灾。"

州官觉得奇怪，便微服私访，查勘实情后，对泰兴知县训斥道："你身为父母官，欺上瞒下，隐情不报！"知县一时语塞，想向邻县推卸责任，于是胡编乱造，说："蝗虫都是近几天从如皋县那边飞过来的。"泰兴知县一回到县衙，立即向如皋知县发出打油诗公文：

敝县原本无蝗灾，均从贵县飞过来。

请您赶快搜捕净，免得再把我县害。

如皋知县打开公文一看，令人啼笑皆非。于是，就在公文的背面以打油诗回敬：

蝗虫本是天灾，即非县令不才。

既自敝邑飞去，却请贵县押来！

两首打油诗都采用了拟人手法，一个请对方将蝗虫赶快搜捕干净，一个请求另一方将蝗虫押解回去，诙谐有趣。（叶梦得《避暑录话》卷下）

荷爵莲杯

荷爵，又称荷杯、荷盏、碧筒杯。相传，荷叶杯的发明者是曹魏时代的郑公悫及其宾僚们。初意用以突出"清"趣。

在历城（今山东济南）北，有一片竹林名曰使君林。魏正始年间，时值三伏之际，郑公悫便率领他的宾僚们来此避暑。他们灵机一动，摘取大莲叶放置在砚格上，又在上面斟满酒，据说，一次足有三升之多。然后用簪子刺透叶盘中间，使之与叶柄相通，口噙莲茎，酒流口中。因其茎叶弯曲如象鼻，故称"象鼻杯"。

在唐代，荷爵成为文人雅士们的专用酒具和饮酒方式。李宗闵常常在盛夏晚上，临池设宴，招待宾僚，用的就是荷叶杯，有正始遗风，传为士林佳话。杜甫有"醉把青荷叶，狂遗白接䍦"、白居易有"疏索柳花怨，寂寞荷叶杯"、戴叔伦有"茶烹松火红，酒吸荷叶绿"、傅汝楫有"野人卧酒翻荷爵，山鬼缝衣傍荔墙"。

由于文士的雅好，荷叶杯身价百倍，而且超出了士林使用范围，发展成为寻常百姓的消夏清品。荷杯饮酒，不仅能让人领略到夏天荷塘月色、旖旎风光，更让人感受到中华莲文化、饮食文化的内蕴深厚。（段成式《酉阳杂俎》）

以手代杯，被称作"莲花杯"。宋代王永年娶宗室女为妻，曾宴请窦卞、杨绘，就让妻子出来用手掬酒给客人喝，美其名曰"白玉莲花盏"，浪漫之情，溢于言表。

其实，以手掬饮是一种返祖现象，太古时期就有"污尊而抔饮"的风俗，抔饮，就是以手掬饮。《唐书·吐蕃传》记载："其俗手捧酒浆以饮，饮酒不及乱。"然而，白玉莲花盏与一般捧饮风俗不同：捧饮之俗，一般是在没有发明创制酒器或者不时兴酒器的情况下无论男女老少，都必须捧着酒喝饮；而白玉莲花盏则是撇开酒器文明，别出心裁，让美人捧酒给客人喝。前者显露出原始人们古朴未凿之意趣，后者流露出文人士大夫们的疏狂放诞的情趣。

风流联句

北宋诗人黄庭坚，洪州分宁（今江西修水县）人，与秦观、张耒、晁补之并称为"苏门四学士"。

有一次，他到江南繁华胜地江州府（今江西九江市）游玩。当地人听说大名鼎鼎的黄庭坚来了，都想一睹风采，也想试试他的诗才。故有不少学士陪他游览。

这天，他们来到了烟水亭上。烟水亭是唐代大诗人白居易被贬江州司马时所建，因其《琵琶行》中"别时茫茫江浸月"之句，名浸月亭。后来，著名理学家周敦颐来此讲学，其子又在此建亭，取"山头水色薄笼烟"之意，更名烟水亭。此时，只见亭上有个游客在吸着水烟。其中随从的一位书生微微一笑，吟道：

烟水亭，吸水烟，烟从水起；

并请黄庭坚对句。此联巧用"烟水亭"地名，反复用"烟"和"水"两字，黄庭坚听罢，略加思索，随口吟道：

风浪井，搏浪风，风自浪兴。

相传，浪井为西汉名将灌婴驻兵九江时所凿，亦称"灌婴井"。又因浪井紧靠长江，每当江风吹起，波涛汹涌时，井中也随风作浪，故称浪井。李白"浪动灌婴井，浔阳江上风"。说的就是这口井。用风浪井对烟水亭，可谓天衣无缝。众人听后，暗暗叫好。

当来到思贤桥时，黄庭坚随口吟出：

思贤桥，桥上思贤，德高刺史名留世；

要求众人作对。句中的"刺史"是指白居易，他做过江州司马，又到杭州和苏州做刺史。许久，无人能对。于是，黄庭坚自对：

琵琶亭，亭下琵琶，情多司马泪沾襟。

句中的"情多司马"也是指白居易，他的《琵琶行》最后两句是"座中泣下谁最多，江州司马青衫湿"。

黄庭坚一行人又来到了小乔梳妆楼下，其中一人说道："我们江州有一才女，新婚之夜，仿苏小妹三难新郎之举，以此梳妆楼为题出一上联，要新郎对下联，否则，就不能入洞房。可惜新郎才疏学浅，未能对出，以致郁郁而死。今幸逢修水才子光临，恳请不吝赐教，以使泉下冤魂瞑目。"说罢，便吟出了上联：

梳妆楼头，痴眼依依，痴情依依，有心取媚君子君不恋；

此联隐藏着对黄庭坚的贬低，认为他在显示自己的才华，目的是哗众取宠，把他比喻为献媚取悦于君子的痴女。黄庭坚一下子听出了弦外之音。只见他眉头一皱，应声吟道：

延支山上，落木萧萧，落花萧萧，无缘省识春风春难留。

此联针对上联而答，上联把他喻为献媚取悦的痴女，下联他把自己喻为春风，把其他人喻为依附春风的残枝败叶，可谓针锋相对。

巧对辽使

北宋元祐年间，宋与辽两国常有使者往来，联诗属对，以相娱乐。因苏东坡才思敏捷，博学多闻，哲宗命其接待辽使。

辽使久闻苏东坡大名，欲出其不意将他难倒。辽国原有一副上联："三光日月星"，至今无人能对出下联。日月星是三种发光体，如果对句，三四五字也应该是三种事物。而第一个字不能重复用"三"，故而难度较大。得意扬扬的辽使请苏东坡对句，苏东坡一口答应。然后对自己的侍从说："我能对，而你不能，这也有失大宋体面。'四诗风雅颂'这是现成的对句，你何不先以此应付他们。"侍从照办，辽使惊讶。"风雅颂"都是《诗经》里的，而"雅"又分为"大雅"和"小雅"，合起来正是"四诗"。"四诗风雅颂"巧对"三光日月星"。

接着，苏东坡又对辽使说道："我这里还有一对句：'四德元亨利。'"《易经》称元亨利贞为四德，东坡去掉"贞"，只说"元亨利"，辽使沾沾自喜，以为是苏东坡的疏失，欲起身争辩，不料，苏东坡却说："你们以为是我漏掉了一德？而那一德你们切莫说出，因为它是我们先帝仁宗的名讳，你们作为友好邻邦的使者，也应该避讳我大宋先帝的名字吧！"辽使听后，表示由衷的叹服。（岳珂《桯史》）

字谜求婚

苏东坡妹妹苏小妹，才貌双全，智慧过人，前来求婚者络绎不绝。重阳节那天，秋高气爽，苏东坡邀请婉约派词宗秦少游来到秋香亭赏菊。席间，苏学士笑问："贤弟风姿俊逸，才辩无双，何以迟迟不择婚配？"秦少游说："吾非草木，岂能无情？小弟久慕一位窈窕淑女，只是难以启齿。"苏东坡爽朗一笑："这有何难！说出来包在愚兄身上！"

秦观沉吟片刻，笑着说道："待小弟制个字谜，请仁兄猜猜。"说罢，即赋一词：

园中花，化为灰，夕阳一点已西坠。

相思泪，心已碎，空听马蹄归，秋日残红萤火飞。

苏东坡一听笑道："我明白了，原来你的意中人是我妹妹。"于是他巧妙撮合，二人终成眷属。

"园中花，化为灰"，空余"艹"；"夕阳一点已西坠。相思泪，心已碎，空听马蹄归"，"夕"除坠去"一点"，"思"字碎去"心"字，"马"的繁体字"馬"字的底部（足、蹄部位）为"灬"，合为繁体的"鱼"；"秋日残红萤火飞"，萤火飞则天已晚，故秋日残红去"火"去"日残红"余"禾"。这样，"艹"字头与"鱼"的繁体字、"禾"字拼合为"苏"的繁体字"蘇"。

编梦得妻

一天,赵明诚对父亲赵挺之说:"我中午睡觉,做了一个梦,在梦中读了一本好书,待醒来后,却把书里的内容全都忘了,但只记得其中三句:'言与司合,安上已脱,芝芙草拔。'"

赵挺之听后,思忖道:言与司合在一起,为"词";安字去掉上头的宝盖,为"女";芝芙去掉草字头,为"之夫";合起来是"词女之夫"。于是,便为儿子解梦说:"你将娶到一位善于作词的才女做妻子。"

后来,赵明诚与礼部员外郎李格非的女儿李清照结为夫妻,原来,昼寝梦读的故事是赵明诚听说李清照聪明美丽、工诗文、尤有词才,因而心生爱慕,想娶李清照为妻而瞎编的梦。

传说在李清照的新婚之夜,当贺喜的人们都散去之后,新郎赵明诚揭开罗帐要与新娘李清照言欢,李清照触景生情,便想用谜语来试试赵明诚的才华,对着夫君便道:"今晚我想起一个字谜,请夫君猜猜看。夫君若猜中,方可入帐。若猜不中,就只好请到厅堂里去自度良宵了。"说完便吟道:

三面有墙一面空,妙龄裙钗住其中。

有心与她说句话,可恼墙外有人听。

赵明诚听完,略一思索,便拉过李清照的手,在她手心写了一个字,李清照看了一下,含情脉脉,点头微笑。

巧解题壁诗

王安石在朝为官时，有人便在相国寺壁题诗，诗云：

终岁荒芜湖埔焦，贫女戴笠落柘条。

阿侬去家京洛还，惊心盗寇来攻剽。

人皆以为此诗是写丈夫离家外出，女子忧虑外乱，担心夫君的安危。及至后来，王安石遭遇罢相，苏东坡被召还朝。有人在苏寺内饮宴席间问东坡此诗含义，东坡解释说："终岁，十二月也，十二月为'青'字；荒芜，田有草也，草田为'苗'字；湖浦焦，水去也，水去为'法'字；女戴笠为'安'字；柘落木条为'石'字；阿侬是吴地方言，吴言为'误'字；去家京洛为'国'字（京洛即首都，古称首都为国）；'寇盗'为'贼民'也。"此诗分明是说："青苗法（王安石变法所颁）安石误国贼民。"（袁褧、袁颐《枫窗小牍》）

只三句绝佳

　　李清照，南宋女词人，齐州章丘（今山东章丘西北）人。学者李格非之女，金石考据家赵明诚妻，有"千古第一才女"之称。幼有才情，善属文，工诗词。金兵入据中原时，流寓南方，明诚病亡，境遇凄苦。著作有《易安居士文集》《易安词》，后人辑有《漱玉词》。

　　李清照与赵明诚婚后，伉俪情深，琴瑟和鸣，但也时有短暂的离别之苦。明诚外出，清照曾作《醉花阴》词遥寄夫君：

　　薄雾浓云愁永昼，瑞脑消金兽。佳节又重阳，玉枕纱厨，半夜凉初透。　　东篱把酒黄昏后，有暗香盈袖。莫道不销魂，帘卷西风，人比黄花瘦。

　　明诚吟罢，闭门三日，得词十五首。然后，将清照词混入其中，送给友人陆德夫鉴赏。陆德夫得词后，说："只三句绝佳。"明诚忙问哪三句？德夫脱口而出："莫道不销魂，帘卷西风，人比黄花瘦。"至此，明诚深为妻子的绝妙好词所折服。（伊世珍《瑯嬛记》卷中）

醉后赋词

韩世忠，南宋名将、词人，延安（今陕西延安）人。与岳飞、张俊、刘光世合称"中兴四将"。出身贫寒，应募从军，抗击西夏有功。为人耿直，为岳飞遭陷鸣不平。晚年杜门谢客，优游西湖自乐。卒赠太师，谥"忠武"，配享宋高宗庙廷。

韩世忠隐居杭州时，经常骑马出游。一天，当他来到西湖时，见尚书苏仲虎正在宴请宾客，韩世忠径直入席，尽醉而归。第二天，他致函苏尚书道谢，函中附词两阕，一为《临江仙》，词云：

冬看山林萧疏净，春来地润花浓。少年衰老与山同。世间争名利，富贵与贫穷。　荣贵非干长生药，清闲不是死门风。劝君识取主人公。单方只一味，尽在不言中。

一为《南乡子》，词云：

人有几何般，富贵荣华总是闲。自古英雄都如梦，为官，宝玉妻男宿业缠。　年迈已衰残。鬓发苍浪骨髓干。不道山林有好处，贪欢，只恐痴迷误了贤。

两词充分描写了韩世忠晚年的心态和处境，充满着无奈和辛酸。苏仲虎看后，亲手封藏，并封面题字云："二阕三纸勿乱动。"（费衮、骆守中《梁溪漫志》）

承恩侍宴

胡铨，南宋文学家，吉州庐陵（今江西吉安）人。与李纲、赵鼎、李光并称"南宋四名臣"。建炎进士。曾上书乞斩秦桧、孙近、王伦，声振朝野。秦桧死后，还京任资政殿学士。卒赠通议大夫，谥"忠简"。著作有《澹庵集》等。

隆兴元年（1163）五月初三晚，胡铨正在内殿秘阁侍奉孝宗赵昚。突然间，孝宗赏赐给胡铨金凤笺、玉管笔、龙脑墨及凤尾砚文房四宝，唤宫廷厨师备办花藤酒席。在酒宴上，孝宗用玉荷杯，胡铨用金鸭杯。孝宗命潘妃唱《贺新郎》词，兰香执玉荷杯，孝宗亲自为胡铨斟酒，并对胡铨说："此阕《贺新郎》词是祝贺朕得到了爱卿你，朕用玉荷杯斟酒，表示朕饮食与爱卿你用同一皿器。"胡铨感恩拜谢。

在《贺新郎》中，有"相见了又重午"之句，孝宗感慨道："离重午没几天了。"又有"湘江旧俗"之句，孝宗亲手拍着胡铨的背说："卿流离到海岛已有二十多年，没有像屈原那样葬身鱼腹，这全靠天地祖宗的神灵保佑，将卿留下来辅佐朕。"胡铨闻言，被感动得一塌糊涂。孝宗亦黯然。过了一会儿，孝宗命潘妃手拿玉荷杯，再歌《万年欢》，此词乃为仁庙所制。酒后，孝宗亲自唱了一首《喜迁莺》，然后对胡铨说："朕在宫中，不随便作曲。只有在侍奉太上皇时，有圣旨让唱歌，朕才作。今晚与卿相聚，朕高兴，故作此乐。"胡铨闻言答道："太上皇退隐，皇上忙于治理国家，努力恢复中原，此歌还会有唱的时候。"孝宗称赞道："卿是真忠臣，汉朝的汲黯，唐朝的魏徵，也不过如此。"随后，孝宗又问胡铨在海南都写了什么诗文？胡铨如实禀告。

这场君臣对饮，直至四更，孝宗凭栏四望，御花园里的鸟儿已经开始鸣叫了。（胡铨《经筵玉音问答》）

因诗遭贬

黄公度，南宋词人，莆田（今福建莆田）人。绍兴进士。深受丞相赵鼎的器重，官至尚书考功员外郎，著作有《知稼翁集》《知稼翁词》等。

有一年，朝廷召黄公度入京。路过分水岭，黄公度感慨万分，遂作《题分水岭》一首，诗云：

呜咽泉流万仞峰，断肠从此各西东。

谁知不作多时别，依旧相逢沧海中。

当时，赵鼎已被贬往潮阳。有人向秦桧进逸言："此诗是黄公度写给赵鼎的，意指不久他们就要返回朝廷任职。"秦桧听后，非常恼怒，新恨旧怨一起袭上心头，于是，再贬黄公度于岭南荒凉之地，黄公度的大部分诗，都是写身处蛮烟瘴雨之地的困境。（黄公度《知稼翁词跋》）

殿试得妻

陈修，南宋文士，福州（今福建福州）人。绍兴年间，赴京殿试，殿试的题目为《四海想中兴之美赋》，陈修的赋文写得非常精彩，尤其是第五韵的隔对：

葱岭金堤，不日复广轮之土；

泰山玉牒，何时清封禅之尘。

寥寥数言，充分地表达了昔日被金国占领的疆土终将收复的心愿和大宋之荣光终将恢复的希冀。正因为这句话彻底俘获了高宗的心。

殿试的结果，陈修高中第一甲第三名，俗称探花。唱名时，高宗问："卿陈修是哪位？"随即吟诵此联，吟罢泪眼涟涟。再看着眼前这位颤巍巍的老头儿，又忍不住问道："卿今年高寿？"陈修答："臣今年七十三。"高宗诧异，又问："卿膝下有几对儿女？"陈修答："臣至今尚未婚娶。"高宗感其科考精神，当即诏命三十岁貌美如花的宫女施氏嫁给陈修，陪嫁甚厚。陈修以七十三岁高龄既高中进士，又意外抱得美人归，可谓双喜临门。当时有人戏语："新人若问郎年几，五十年前二十三。"（罗大经《鹤林玉露》）

际遇

吟诗巧辩

诸葛亮从小就聪明机智,勤奋好学。他听说沂河对岸有位学识渊博的先生,便想过河去拜师求教。一次,放学归来,诸葛亮遇见一位年轻貌美的村姑站在河边,望着波涛汹涌的河水,苦于无法渡过,急得擦眼抹泪。

诸葛亮见此情景,立刻将裤腿挽起,把这位素不相识的村姑背过河去。不料,这一幕恰好被他的一个同窗瞧见了,便添油加醋地把这件事禀告了先生。先生一听,不禁勃然大怒,觉得诸葛亮太有伤风化了,于是,扬起戒尺,令诸葛亮道出事情的原委。诸葛亮从容不迫,提笔写道:

村女河边泪交流,书生化作渡人舟;

相逢何必曾相识,解人危难无须求。

白沙滩头惊宿鸟,红蓼丛中起群鸥;

轻轻放在芦苇岸,默默无言各自走。

先生见诸葛亮所作之诗不仅情景交融,而且明白地述说了事情的原委,觉得入情入理,便收起了戒尺,从此不再追究。

巧言避祸

向秀，魏晋时期名士，字子期，河内怀县（今河南武陟西南）人。雅好读书，与嵇康、吕安等人友善，隐居不仕。喜谈老庄之学，被誉为"妙析奇致，大畅玄风"，为"竹林七贤"之一。著作有《周易向氏义》《思旧赋》等。

早年，向秀与阮籍、嵇康等竹林之游，其心高远。嵇康被司马昭杀害后，向秀去京都洛阳呈送郡国的账簿，受到司马昭的召见。司马昭知道他是嵇康的好友，故有意试探："听人说您有古代巢父、许由的远大志向，想终生隐居不仕，但不知道为何来到京城？"向秀面对这一杀害嵇康的刽子手，出人意料地回答道："巢父和许由都是洁身自好之人，并不值得称赞，更不值得羡慕。"司马昭闻言，大为叹赏。（刘义庆《世说新语》上卷《言语第二》）

贼窝赋诗

张融，南朝齐时文学家、书法家，吴郡吴县（今江苏苏州）人。出身士族，官至司徒左长史。著作有《玉海集》《大泽集》《金波集》等。

年轻时代，张融在当地的名气很大。会稽郡道士陆修静曾将一柄珍贵的白鹭羽扇送给张融，并在信中写道："此既异物，以奉异人。"寥寥数言，表达了道士对张融的仰慕之情。

后来，张融出任封溪令时，听说当地匪徒众多，横行霸道。一天，张融与一属下外出，行至半道，遭到匪徒的劫持。匪徒将他俩押进山林，并扬言要杀害他们。张融听后，毫不畏惧。饮食，睡眠一切如故。

张融在身陷匪窝期间，还专门写了一篇题为《洛生咏》的辞赋，每日吟诵不绝。匪徒们深感诧异，后来，干脆就把他俩放了。（萧子显《南齐书》卷四十一）

慧摽谀诗

　　释慧摽，南陈诗僧。幼时读书，求广务博，富有才华。能诗善文，尤擅五言律绝。蜀中刺史陈宝应对慧摽极为敬重，凡事皆咨询，被奉为上宾。天嘉年间，陈宝应叛乱，慧摽遂作一诗为壮其行，诗云：

　　送马犹临水，离旗稍引风。

　　好看今夜月，当照紫微宫。

　　宝应见诗，高兴不已。

　　有一天，慧摽又将这首诗拿给太中大夫虞奇观看，虞奇仅仅看了一眼，便正色无言。等慧摽走后，虞奇便对亲近者说："慧摽既然是以此诗开始，那么也必将会以此诗终结。"果真不出所料，翌年，陈宝应兵败被杀，慧摽也因附随叛臣被诛。（李延寿《南史》卷六十九）

黄台瓜辞

　　李贤，唐高宗李治第六子，女皇武则天次子。容貌俊秀，举止端庄；才思敏捷，学识渊博，深得李治喜爱。初封潞王。上元二年（675）太子李弘暴毙后，被册立为皇太子。期间三次监国，得到高宗的称赞、朝野的拥戴和武后的猜忌。

　　相传，太子李贤有感于母子亲情在权力争斗中已经荡然无存，乃作《黄台瓜辞》，以藤蔓比喻武后，因四个瓜先后被摘而感伤四兄弟性命朝不保夕，企望武后看后能醒悟。诗曰：

　　种瓜黄台下，瓜熟子离离。

　　一摘使瓜好，再摘令瓜稀。

　　三摘尚自可，摘绝抱蔓归。

　　大意是说：黄台下种着瓜，到了成熟的季节，瓜蔓上就会长出很多瓜。摘去一个，会使其他瓜长得更好。如果再摘去一个，就看着少了。要是摘了三个，可能还会有瓜，但是，把所有的瓜都摘掉，只剩下瓜蔓了。

　　武则天见诗大为恼火，遂以谋逆罪废李贤为庶人，流放巴州。四年后，武则天把持朝政，派左金吾卫将军丘神勣前往流放地逼令李贤自杀。李贤死年二十九岁。曾注释《后汉书》，著作有《君臣相起发事》《春宫要录》《修身要览》等。

以诗失意

孟浩然，唐代山水田园派诗人，襄州襄阳（今湖北襄阳）人。少好节义，广结朋缘，喜济人急难，赴长安，应进士不第。曾在太学赋诗，名动公卿。后被荆州长史张九龄招为幕府，未几归隐，以布衣终身。工诗，格调含蓄，淡雅飘逸，与另一山水诗人王维并称"王孟"。著作有《孟浩然集》。

孟浩然与李白交游，玄宗征李白入翰林，而孟浩然以故人之分，有弹冠之望。孟久等无消息，遂入京访之。一天，玄宗召李白入对，李白便对玄宗奏道："孟浩然是臣的同乡之人，现就在我的住处。"玄宗急召浩然入对，浩然作《岁暮归南山》，诗云：

北阙休上书，南山归敝庐。

不才明主弃，多病故人疏。

白发催年老，青阳逼岁除。

永怀愁不寐，松月夜窗虚。

玄宗听后，大为不悦："未曾见浩然进书，朝廷退黜，何不吟诵'气蒸云梦泽，波撼岳阳城？'"遂不降恩泽。（孙光宪《北梦琐言》）

旗亭画壁

　　开元年间，王昌龄、王之涣、高适齐名，三人经常在一起诗酒酬唱。一天，天寒地冻，三人又商量去洛阳城内的旗亭酒家痛饮，入座不久，忽然来了梨园弟子数十人登楼会宴。三诗人因避席，便拥着火炉观看。少时，有歌伎四人，陆续而来，奢华艳丽，风姿卓约，昌龄说："我们都各擅诗名，难分高下，今日勿自吹，诗入歌词多者，则为优胜。"不一会儿，有一歌伎唱道：

　　寒雨连江夜入吴，平明送客楚山孤。

　　洛阳亲友如相问，一片冰心在玉壶。（王昌龄《芙蓉楼送辛渐》）

　　王昌龄就用手指在墙壁上画了一道，说："我的一首绝句。"随后一歌伎唱道：

　　开箧泪沾臆，见君前日书。

　　夜台何寂寞，犹是子云居。（高适《哭单父梁九少府》）

　　高适伸手画了一道："我的一首绝句。"又一歌伎出场：

　　奉帚平明金殿开，且将团扇共徘徊。

　　玉颜不及寒鸦色，犹带昭阳日影来。（王昌龄《宫词》）

　　王昌龄又伸手画了一道，说道："我的，两首绝句。"

　　王之涣自以为出名很久，可是，歌伎们竟然没有唱他的诗作，面子上似乎过不去。于是，就对王、高二位说："这几个唱曲的，都是不出名的丫头片子，所唱不过是下里巴人之类的歌曲，而那阳春白雪之类的雅曲，是她们能唱得了的吗？"于是，用手指着最漂亮的歌伎说："轮到她唱的时候，如果不是我的诗，我这辈子就不和你们争高论下了；如果唱的是我的诗的话，二位就拜倒在座前，尊我为师好了。"三位诗人一边说笑，一边等待着。

　　不一会儿，就轮到刚才说的那位姑娘唱了，只听她开口唱道：

黄河远上白云间，一片孤城万仞山。

羌笛何须怨杨柳，春风不度玉门关。（王之涣《凉州词》）

王之涣得意至极："怎么样，我说的没错吧！"三位诗人开怀大笑。那些歌伎们听到笑声，不知道发生了什么事，纷纷过来问道："请问几位公子在笑什么呢？"三位诗人就把刚才比诗的缘由告诉她们。歌伎们一听，赶忙施礼下拜："请原谅我们有眼不识泰山，恭请诸位大人赴宴。"三位诗人便应了她们的邀请，共此欢宴。（薛用弱《集异记》）

让诗脱祸

王建，唐朝诗人，颍川（今河南许昌）人，出身寒微，曾一度从军塞上。大历进士。初任昭应县丞、太常寺丞、秘书郎，后出为陕州司马，世称"王司马"。与张籍齐名，世称"张王"。工乐府歌行，题材广泛，同情百姓疾苦，生活气息浓厚，思想深刻。多为七言歌行，语言通俗凝练，富有民歌谣谚色彩。著作有《王司马集》。

王建以善宫词著称，所作皆传遍天下。在担任渭南尉时，宦官王枢密要与王建认同宗。有一次，过访聚饮，王建谈起东汉桓、灵二帝在中宫乱政之事，王枢密认为王建在讥讽自己，于是便衔恨在心，然后对王建说："吾弟你有宫词，天下人口皆传，但宫内之事深邃而隐秘，弟又从何而知？所以，元稹也有宫词，而皇上下诏书令隐藏其文不传。"说完，准备奏章弹劾王建，王建遂以自己所作的诗让给了王枢密，王枢密笑纳，一首诗得免于祸。（李昉《太平广记》）

以诗惹祸

刘禹锡,唐代文学家,洛阳(今河南洛阳市)人,一说彭城(今江苏徐州市)人。贞元进士。

一次,他随淮南节度使杜佑入朝,被授予监察御史,后兼崇陵使判官。顺宗即位后,得到起用。宪宗即位后,在宦官俱文珍的逼迫下,被贬为连州(今广东连阳县)刺史。上任时行至江陵,再贬朗州(今湖南常德市)司马。元和中,宪宗召其回朝。刘禹锡看到京都已经发生了根本的变化,朝中大多官员都是过去与他政见不合的人,心里感到特别压抑。

当时,在长安城朱雀街西崇业坊(今西安南门外辛家坡西村)有一座道观,名叫玄都观,里面住着一位道士,道士在观里种植了一片桃树。时值春暖季节,观中的桃花盛开,竟引来不少游人驻足观赏。刘禹锡便应朋友之约一同前往赏花。赏花之余,便写了一首《游玄都观咏看花君子》的诗:

紫陌红尘拂面来,无人不道看花回。

玄都观里桃千树,尽是刘郎去后栽。

久负诗名的刘禹锡,这首感慨之作很快就在长安城中传开了。那些曾和刘禹锡政见不合的权贵们绞尽脑汁地在这首诗中捕捉蛛丝马迹,不除不足以平其愤恨。

其实,这首诗表面上看来是在写观中赏花情景,实际上是在讽刺当朝权贵阶层。"紫陌"之"紫",指草木;"陌",指田间小道;"红尘"之"红",指灰土。"拂面来"指飞扬的尘土。以此衬托道路上人喧马叫、川流不息的景况。"无人不道"四字形容人们赏花归来的欢喜神态。诗中不写花之动人,而写赏花之人为花所动。桃花轻薄易谢,"桃千树",指权倾朝中的新贵,这些人皆为攀高结贵之徒,他们为了荣华富贵而

奔走权门。后两句由物及人，联想到自己悲惨的遭遇。

宪宗得知此诗后，遂贬其为播州（今贵州遵义）刺史，又改连州（今广东连阳县）刺史，再改夔州（今四川奉节县）刺史。

文宗大和二年（828）春，刘禹锡奉诏还京。回到长安后，他怀念起了当年玄都观里的桃花和道士。于是，他又故地重游，得知当年那位种植桃树的道士已经去世，观里的桃树因无人管理，遭到随意砍伐，竟无一树复活。桃园之地现已长满了兔葵和燕麦，令人心碎意悲。

面对一片荒凉凄景，刘禹锡又想到了当年那些曾经迫害自己的权贵们，现在，他们一个个都被赶下了台，心中颇为感慨，于是，又写了一首《再游玄都观》：

百亩庭中半是苔，桃花净尽菜花开。

种桃道士归何处？前度刘郎今又来。

诗的大意是：玄都观庭院几乎长满了青苔，如今桃树尽被砍伐，只见菜花开放。想当年那位种桃的道士已经魂归天界，十三年前曾经来观里赏花的刘郎今又重新归来！

不料，此诗又为朝中保守派所不容，文宗看后，遂贬其为苏州（今江苏苏州市）刺史，期满归朝，再贬汝州（今河南临汝县）刺史，又改同州（今陕西大荔县）刺史。任满后，才授检校礼部尚书。

开成元年（836），刘禹锡奉命入东都洛阳担任太子宾客。"终以恃才褊心，不得久处朝列。"正是对他以诗惹祸的高度总结。（刘昫《旧唐书》卷一百六十）

日日得相见

雍陶，唐代诗人，字国钧，成都（今四川成都）人。大和进士。任简州（今四川简阳西北）刺史，归里后，不知所踪。

雍陶在任时，自比宣城太守谢朓和吴兴太守柳恽。有访客来求见，门人总是懒得通报，即便是被雍陶接见，雍陶往往也不给面子，使客人很难下台。

一次，一位名叫冯道明的落第举子前来求见，门人问他身份，他说："与员外是老相识。"于是，门人便将访客情况通报给了雍陶，雍陶同意接见。等到双方见面后，雍陶一看，并不认识，遂呵斥道："我与你素昧平生，怎么能说是老相识呢？"冯道明一听，便说："鄙人敬仰员外的为人，吟诵员外的文章，每日与员外都在诗集中相见，怎么能说不认识呢？"说完，立即吟诵起雍陶诗篇中的佳句："立当青草人先见，行榜白莲鱼未知。"又曰："江声秋入寺，雨气夜侵楼。"又曰："闭门客到常疑病，满院花开不似贫。"

雍陶听罢，满心欢喜，热情地接待了冯道明。（计有功《唐诗纪事》卷五六）

临刑唱归宿

江为，五代时南唐诗人，建阳（今福建建瓯）人。诗有风雅清丽之态。著作有《江为集》。

江为年少时居金陵（今江苏南京市），屡试不第，后来，吴越国正在招贤纳士，他遂打算投奔过去。恰巧，他遇到一位在南唐做官的朋友，这位朋友在官场不得志，也想出逃到吴越去。朋友请江为写了一篇《投江南表》，文章贬低南唐，歌颂吴越，表明自己要弃暗投明。

这位朋友怀揣这篇文章，趁月黑风高之夜潜逃，在南唐与吴越边界，被南唐边境守军抓捕，将《投江南表》从身上搜了出来，刑讯逼供，供出江为。江为被捉拿归案，判以死罪。临刑前，江为坦然地说："曹魏宗室女婿嵇康被杀之前，看日影而弹《广陵散》，今天，我弹《广陵散》是不可能了，赋一首诗总算可以吧？"于是，提笔写道：

衙鼓侵人急，西倾日欲斜。

黄泉无旅店，今夜宿谁家？

江为对待生死如此豁达，如此超然，那种视死如归的精神实在令人钦佩。（陶岳《五代史补》卷五）

典衣获赦

曹翰，北宋名将，大名（今河北大名东）人。初在后周世宗帐下。北宋后，为均州刺史兼西南诸州转运使。后随太宗灭北汉、攻契丹。雍熙年间，为右千牛卫大将军。卒赠太尉，谥"武毅"。

曹翰被贬京西汝州时，有一朝臣将去京西公差。太宗私下对朝臣说："到京西后，一定得去拜访曹翰，细心观察他的状况，此事请不要对任何人讲。"朝臣遵旨，往见曹翰，曹翰哭诉道："我知道我罪孽深重，蒙圣上不杀之恩，只是家里人口较多，生活贫困交加，想用旧衣换钱十千，有口饭吃，不知是否可以？"朝臣说："太尉有所需求，我怎敢不去效劳？十千钱尽管拿去用，哪里还用得着去典卖衣服。"曹翰闻言，坚辞不受。朝臣只好收下曹翰的一套旧衣，给了曹翰十千钱。

朝臣回京向太宗禀报，言及曹翰典衣之事，太宗听罢，命人取来旧衣，打开一看，在夹层里是一幅画幛，题为《下江南图》，画面上出现的是宋军征伐南唐之战役。在此战役中，曹翰曾为先锋，卓有战功，太宗见画，心中恻隐起来，遂召曹翰回京入朝。（魏泰《东轩随笔》）

河东狮吼

苏东坡被贬黄冈时,与陈慥(字季常,四川眉州人)过从甚密。陈喜好佛学,自称龙丘居士。常与宾客谈佛论经至深夜,每当谈兴浓时,还让歌伎歌舞助兴。陈慥之妻柳氏,性凶悍,以嫉妒闻名。每当她看到陈慥与宾客狎妓饮宴时,便以杖击壁,狂骂不止,客皆散去,陈慥非常惧怕。苏东坡感觉好笑,遂作《寄吴德仁兼简陈季常》一诗相谑,诗云:

谁似龙丘居士闲?谈空说有夜不眠。

忽闻河东狮子吼,拄杖落手心茫然。

柳氏是河东人,东坡用"河东狮吼"暗指柳氏在大庭广众之下无理取闹,又因佛家以"狮子吼则百兽惊"比喻佛教的神威,可谓一语双关。(蔡绦《西清诗话》)

雁足系书

郝经，元代史学家，泽州陵川（今属山西）人。宪宗时，入忽必烈王府，颇得信任。著作有《续后汉书》《陵川集》等。

元世祖忽必烈登基后，想与宋签订和议。于是，以郝经为翰林侍讲学士，佩金虎符，作为国信使出使宋。当时，南宋宰相贾似道怕郝经透露他在襄阳战役中求和冒功的事，便把郝经拘禁在真州（今江苏仪征）的忠勇军营中。郝经被拘禁了十六年，音信全无。

一次，有人给郝经送来四十只大雁，其中有一只无论是体态，还是神情，皆与别的大雁不同。于是，就把它单独饲养起来。后来，那只雁只要见了郝经，就张开翅膀伸长脖子高声叫个不停。面对此情此景，郝经忽然想起了历史上的鸿雁传书，于是，就安排三十七位随从向北焚香礼拜，并把大雁带到面前，取了稠帛，上书：

霜落风高恣所如，归期回首是春初。

上林天子援弓缴，穷海累臣有帛书。

诗后落款"中统十五年九月一日放雁，获者勿杀，国信大使郝经书于真州忠勇军营新馆"。中统十五年，实际是至元十一年，郝经不知已改元。帛书背面盖着"陵川郝氏"印。郝经亲手将稠帛捆绑在雁足上，然后祈祷道："我被贾似道拘禁于此，麻烦雁卿带我信给朝廷，路途遥远，雁卿保重！"郝经正想再拜，不料大雁冲天入云而去，没过多久，汴京管理院苑的人获得此雁，发现足上绑有帛书，遂托近侍献给元世祖。元世祖见了，伤心地说："四十骑留江南，难道没有一个人能像这只大雁吗？"于是，元世祖兴师伐宋，过了两年，宋亡。（王逢《梧溪集》卷一）

卖字葬友

戴易,明末溥初山阴(今浙江绍兴)人。少年时,师从刘宗周。善书,尤工篆隶。膝下有六个儿子,都不愿意出面赡养。于是,戴易独携一子及残书百卷,周游四方以卖字维持生计。经常是整天不吃不喝,手握一只水瓢在不停地量水,或者坐在长松古寺间饮之。书画家、殉节官员徐汧之子徐枋在临终前告诫家人:在我死后,千万不要接受他人的馈赠。徐枋死后,因贫不能安葬。浙江巡抚知道后,赶忙派人送来赠银,请其家人置办棺材,家人拒之。

戴易素来敬重徐枋,闻讯赶来吊唁。当看到家境后,心酸至极,于是,自己就以卖字为徐枋筹措丧葬之费,前后约有两年时间,葬徐枋于青芝山下。回到家后,戴易自我安慰道:"我欲称贷富家,惧先生不纳;故劳我腕,知能得先生心许。"(赵尔巽《清史稿》)

刑场吟联

金圣叹，原名采，字若采，明亡后改名人瑞，字圣叹，江南长洲（今江苏苏州）人。诸生。幼奉庭训，倜傥博学，因批评《水浒传》《西厢记》而闻名于世。

有一次，他到庙里找一位和尚借书，和尚听说他很有才，便出一联要他对：

一夜五更，半夜二更之半；

在此联中，有"一""二""五""半"等数字，并且意义上属天然合成，对起来有很大的难度。他吟哦了很久，未能对出，为此，他觉得是生平一大遗憾。

后来，顺治丧讯传至苏州，金圣叹与其他十七位秀才奔哭孔庙，又拥至府堂，控告吴县知县任维初贪赃枉法之罪，后被江苏巡抚朱治国以"震惊先帝之灵"下狱治罪。被处死的那一天，金圣叹的儿子到刑场哭别，金圣叹仰天长叹，吟出一联：

莲子心中苦；

上联巧妙地使用了谐音，语义双关，此时，儿子悲痛欲绝，只好自己再吟一联：

梨儿腹内酸。

下联用了同样的方法，表达了自己临死前与儿子惜别之情。

此时，金圣叹又想起了自己还欠和尚半副对联，那天正好是中秋节，于是，他在临刑前终于对出了下联：

三秋九月，中秋八月之中。

他嘱咐儿子，让儿子到庙里告诉和尚，和尚听后，被感动得热泪盈眶。

凭棺赋诗

　　方叔郡，明代书法家，安徽桐城人。性豪爽，喜饮酒，工诗善书，尤其是草书，笔走龙蛇，上下飞舞，时人认为他的书法可与唐代草圣张旭相媲美，见者无不以为至宝。

　　崇祯十五年（1642）夏，方叔郡患了牙病，疼痛难忍，坐卧不宁。他没有让家人赶忙去请医生，而是穿戴好衣冠，坐进自己的棺材，然后提笔在棺壁上写道：

　　千百年之乡而不去，争此瞬间而奚为？无干戈剑戟之乡而不去，恋此枳棘而奚为？清风明月如常在，翠壁丹崖我尚归。笔砚携从棺里去，山前无事好吟诗。

　　写罢掷笔，在棺内倒头便睡。临终前遗嘱：不必收殓。（萧良有《龙文鞭影》）

自题诗谶

顾嗣立，清代学者，长洲（今江苏苏州市）人。康熙进士，曾预修《佩文韵府》，授知县，以疾归，喜藏书，尤耽吟咏，性豪于饮，有"酒帝"之称。博学有才名，著作有《秀野集》《闾丘集》。

康熙三十五年（1696）春，顾嗣立寓居北京玄武门外三忠祠，因其四周景致怡人心神，故自题"小秀野"三字于门楣。当时，赴京应试的查嗣瑮、柯煜、刘辉祖、方苞、刘岩、宫鸿历、钱名世、徐永宁、张云章、蒋廷锡、王源、方辰等人与顾嗣立逢十聚饮赋诗为乐。

一次，顾嗣立请负责朝会和宴飨礼节的鸿胪寺序班禹之鼎绘《小秀野图》，图成，顾自序云：

余不到京华十有一年，家居卜筑秀野草堂。五架三间，傍花映竹，几作忘世之想。今岁复理装北上，虽呻吟羸背，而醉欢睡兴，无日不在梦寐中也。入都后，又于宣武门西，三忠祠内，僦屋数椽。推窗北望，雉堞云横。草深院落，颇觉萧疏可爱，因属查二德尹颜之曰："小秀野。漫赋四绝，望诸君子属和焉。"

在当时，和其诗者竟达百余人。顾嗣立其二诗云：

绕墙新插翠芭蕉，根护蔷薇粉欲消。

试听雨声兼叶响，秋来无限可怜宵。

说来也怪，就这年的会试中，在顾嗣立及其这帮文士中，竟无一人及第，事后，查嗣瑮对顾嗣立抱怨道："你那首绝句，恐怕就是众士科举落第的预兆吧！"

添字易像

　　清嘉庆年间，江西某乡村有位读书人，因在家族弟兄中排行十二，人称王十二郎。后来，王十二郎中了秀才，喜不自胜，有邻人建议他去画张像，他颇觉有理，于是，便去县城里找一高明画师，花了一锭银子请人家给画了一幅像。王十二郎回到家，对着墙壁左瞅右瞧，最后决定挂在书房里。越看越高兴，觉得自己一表人才，如今又中了秀才，将来必然前程似锦。高兴之余，挥笔便在画像旁题诗云：

　　一貌堂堂，挂在书房。

　　有人问起，王十二郎。

　　然而，天有不测风云，人有旦夕祸福。两年后，王秀才摊上了一场官司，输得家底朝天。穷途末路之时，他非要把画像卖给他弟弟。他弟弟不情愿买，后来禁不住他的柔缠软磨，就答应了。只是不情愿画像上的题诗，王秀才说这好办。说完提起笔在每句诗的后面各添了两个字，这首诗就变成了：

　　一貌堂堂无比，挂在书房屋里。

　　有人问起何人，王十二郎阿弟。

　　至此，兄弟俩之间倒也相安无事。又过去了几年，王秀才咸鱼翻身了，家道重新兴旺起来，自然又想起要挂张画像的事，可是当年那位画技高明的画师已经作古。于是，王秀才就找他弟弟，想把画像赎回来。他弟弟本来就觉得别扭，一听哥哥要把画像买回去，立马答应。于是，王秀才又在每句诗的末尾添了两个字，变成了：

　　一貌堂堂无比之容，挂在书房屋里墙东。

　　有人问起何人之像，王十二郎阿弟之兄。

　　这不又变成了自己的画像了吗？

巧解三字免杀身

一天，纪晓岚在翰林院率众编纂《四库全书》，时值盛夏，纪晓岚便脱袍光背，伏案编稿。

忽然，他望见乾隆正向院内走来。身为朝廷命官，在宫中赤胸裸背，让皇上瞧见成何体统！然而，此刻穿衣已经来不及了，怎么办？纪晓岚灵机一动，忙挑帘钻入书案下，挡好案帘，暂且回避。谁料，这些都被乾隆看在眼里。他径直踱到纪晓岚案旁坐了下来，并示意惊慌失措的众人不要声张。

纪晓岚躲在案帘内忍了一会儿，便觉得闷热喘不过气来，又听屋内确无异常动静，以为乾隆走了，便撩起案帘，探头问道："老头子走了吗？"就这一句话顿时惹怒了一直坐在案旁的乾隆："纪晓岚，休得放肆，什么老头子？别的罪过朕可以饶恕，你却为何称朕为老头子？若讲不清道理，立即处斩！"

纪晓岚急忙从书案下爬了出来，从容答道："皇上不必动怒，容臣详禀：皇帝称万岁，岂不为老？皇帝乃万民之首，岂不为头？皇帝乃真龙天子，岂不为子？'老头子'乃隐语尊称也。"乾隆听罢，转怒为喜，哈哈大笑道："好你个纪晓岚，果然能言善辩，苏秦张仪再生也不及也！朕赦免你，平身吧。"